庆祝中华人民共和国成立七十五周年书系

新中国史研究文丛

中国国防科技工业的建立与发展
（1949—2012）

姬文波 著

当代中国出版社
Contemporary China Publishing House

图书在版编目(CIP)数据

中国国防科技工业的建立与发展：1949—2012 / 姬文波著 . -- 北京：当代中国出版社 , 2025.4. --（新中国史研究文丛）. -- ISBN 978-7-5154-1449-2

Ⅰ . F426.48

中国国家版本馆 CIP 数据核字第 2024N10X98 号

出 版 人　蔡继辉
责任编辑　焦晓萍
责任校对　贾云华　康　莹
印刷监制　刘艳平
封面设计　宋　涛　鲁　娟
出版发行　当代中国出版社
地　　址　北京市地安门西大街旌勇里 8 号
网　　址　http://www.ddzg.net
邮政编码　100009
编 辑 部　（010）66572264
市 场 部　（010）66572281　66572157
印　　刷　中国电影出版社印刷厂
开　　本　710 毫米 ×1000 毫米　1/16
印　　张　21.5 印张　1 插页　270 千字
版　　次　2025 年 4 月第 1 版
印　　次　2025 年 4 月第 1 次印刷
定　　价　88.00 元

版权所有，翻版必究；如有印装质量问题，请拨打（010）66572159 联系出版部调换。

新中国史研究文丛

编辑委员会

编 委 会

主　任：李正华

副主任：宋月红

编　委：（按姓氏笔画排序）

　　　　王巧荣　王爱云　刘　仓　刘维芳　杨凤城　杨明伟
　　　　吴　超　辛向阳　张金才　欧阳雪梅　周　进　钟　瑛
　　　　姚　力　蔡继辉

办 公 室

主　任：周　进

成　员：狄　飞　郑　珺　王　宇　王　敏

新中国史研究文丛
— 总 序 —

在新中国成立75周年之际,当代中国研究所组织编辑出版的《新中国史研究文丛》第一批成果终于与读者见面了。

当代中国研究所是中共中央批准成立的专门从事中华人民共和国史研究、编撰与宣传工作的科研机构,自1990年成立以来,编写出版了《中华人民共和国史稿》《中华人民共和国简史》《新中国70年》《中华人民共和国史编年》《中国式现代化简史》等国史基本著作。为迎接新中国成立75周年,当代中国研究所组织编写《中华人民共和国史》《新中国史事编年》等学术著作,不断推动新中国史研究事业繁荣发展。《新中国史研究文丛》,既是当代中国研究所肩负"修史、资政、育人、护国"职责使命,为庆祝新中国成立75周年献上的一份厚礼,也是对当代中国研究所成立30余年来科研成果的又一次检阅。

习近平总书记在致国史学会成立30周年贺信中强调，要坚持正确政治方向，坚持历史唯物主义，以马克思主义中国化时代化最新成果为指导，进一步团结全国广大国史研究工作者，牢牢把握国史的主题主线、主流本质，不断提高研究水平，创新宣传方式，加强教育引导，激励人们坚定历史自信、增强历史主动，更好凝聚团结奋斗的精神力量，为全面建设社会主义现代化国家、全面推进中华民族伟大复兴作出新贡献。这不仅为当代中国研究所、国史学会的发展指明了方向，也为我们在新时代新征程上全面推动新中国史研究事业高质量发展提供了根本遵循。

赓续历史文脉，谱写当代华章。习近平总书记指出："重视历史、研究历史、借鉴历史是中华民族5000多年文明史的一个优良传统。当代中国是历史中国的延续和发展。"深入研究新中国史，一方面是继承发扬中国源远流长的史学传统，另一方面可以从中深刻体悟中华文明具有突出的连续性、创新性、统一性、包容性和和平性。在新的起点上深化和拓展中国式现代化，更好担负起新的文化使命，就需要立足中华民族伟大历史实践和当代实践，用中国道理总结好中国经验。这是编辑出版《新中国史研究文丛》的重要使命。

激励人们坚定历史自信，增强历史主动。历史是最好的教科书，也是最好的营养剂。新中国史是中华民族发展史上的时代画卷，是世界社会主义发展史、人类文明发展史上的辉煌篇章。只有坚持以习近平新时代中国特色社会主义思想为指导，不断深化新中国史研究，拿出高质量的研究成果，并加强研究成果的宣传、推广，才能真正把历史智慧和历史经验进一步转化为全国各族人民团结奋斗的精神力量，充分发挥新中国史资政、育人、护国的作用。这是编辑出版《新中国史研究文丛》的重要目的。

推动新中国史"三大体系"建设，建构中国自主知识体系。加快构建中国特色哲学社会科学学科体系、学术体系、话语体系是习近平总书记在哲学社会科学工作座谈会上提出的新时代战略任务。新中国史伴随着新中国的发展而发展，是一个兼具政治性与学术性的新兴学科。经过几十年特别是新时代十余年以来的努力，新中国史"三大体系"建设已经取得了一定的成绩。但毋庸讳言，与其他成熟学科相比，新中国史还有很大进步空间。编辑出版《新中国史研究文丛》，是加快构建新中国史"三大体系"、建构中国自主知识体系的一个重要举措。

展示真实、立体、全面的当代中国，促进文明交流互鉴。习近平总书记强调，要"着力加强国际传播能力建设、促进文明交流互鉴"。新中国史研究在这方面具有独特作用和特殊优势。新中国成立75年来，取得了令世界刮目相看的伟大成就。如何记录好、总结好新中国的辉煌成就和宝贵经验，是时代赋予的重大课题。新中国史研究工作者有责任积极参与国际性的对话和交流，在世界舞台上讲好当代中国故事，传播好当代中国声音，展示一个真实、立体、全面的当代中国，不断增强中华文明传播力和影响力。编辑出版《新中国史研究文丛》，希望有助于发挥新中国史研究在讲好中国故事中的独特作用。

培育新中国史研究力量，壮大人才队伍。"千秋基业，人才为本。"近几十年来，新中国史研究逐步形成了一支政治素养高、专业能力强、学科门类齐的人才队伍。推进科教融合，建立了中共党史系、中华人民共和国国史系，编撰出版教材，注意培养新中国史研究新生力量。但同时也要看到，新中国史研究还面临着成果发表平台不足、方法有待完善等现实问题，很大程度制约了人才的成长与发展。编辑出版《新中国史研究文丛》，有助于"出人、出书、走正路"，不断壮大新中国史研究人才队伍。

我们将编辑出版《新中国史研究文丛》作为一个长期项目，为新中国史研究的优秀成果提供优质的出版服务。期望得到学界同仁的关心和支持，大家一起通过此项目，为新中国史研究事业这座巍峨大厦添砖增瓦，并推动它不断繁荣发展。

李正华

2024 年 5 月

前 言

掌握现代科学技术,建立巩固国防,是中国人民和许多爱国志士的迫切愿望。但是,这种夙愿只有在社会主义的新中国才能成为现实。在中国共产党和人民政府的领导下,我国的国防科技工业得到了前所未有的发展,取得了举世瞩目的成就。在旧中国十分落后的经济、技术基础上,建成了一个完整配套的国防科技工业体系,培养了一支高素质的国防科技队伍,完成了突破尖端的历史任务,掌握了有效的核自卫能力,发展了新型常规武器装备,并在航天等一些高科技领域取得了突破性进展,跻身于世界先进行列,从而大振了国威、军威,提高了我国的国际威望和地位。

改革开放时期,在世界新军事变革浪潮的推动下,中国国防科技工业瞄准世界军事前沿,充分利用国家科技力量发展军工科研生产,加强与各国国防科技工业的合作与交流,促进高新技术武器装备研制，加速科研成果转化步伐，在实现武器装备科研水平技术性跨越方面，取得了显著成效，为人民解放军的现代化建设提供了强有力的保障，走出了一条中国特色的高新技术武器装备建设发展之路。国防科技工业研制的一批具有先进水平的武器装备陆续列装部队，使我军的机械化和信息化建设水平有了巨大飞跃。

在建设和发展国防科技工业的过程中，我们从自己的国情和国防科技的特点出发，形成了由中共中央、国务院、中央军委集中统一领导，科研、生产、使用相结合，统筹规划的国防科技工业领导管理体制和生产工作组织管理的具体形式。新中国成立后，国防科技工业的领导管理体制经过了较为频繁地调整过程。新中国成立初期，以第二机械工业部为主领导了中国国防工业的大规模建设。20世纪50年代中后期，为了发展国防科研事业，先后在航空工业委员会和国防部国防科学技术委员会（简称"国防科委"）直接领导下，迅速组建了国防研究院所，军队系统的国防科研队伍不断壮大。1961—1964年，主管国防科技发展的国防科学技术委员会组建和发展了一批国防研究院所，国防工业部门则陆续分建航空部、兵器部、舰艇部、电子工业部，科研试制与生产的矛盾不断出现。在国防工业办公室成立后，力图实现对国防科技工业的统一领导，并推行"部院合并"，即将国防工业部与有关国防研究院合并。1964年底，中央决定国防部第六、第七、第十研究院分别划归第三、第六、第四机械工业部领导。至此，以国务院国防工业办公室为龙头的、统一的国防科技工业领导体制初步形成。

从20世纪60年代中期开始，按照中央"立足于打仗，抢时间，改变布局，加快三线建设，首先是国防建设"的指示，国防工业按照规模小、专业化和协作的原则，全面展开了三线战略后方的建设。到70年代末，通过大规模的后方基地建设，改善了国防科技工业的战略布局，建成了一批大型的生产、科研战略后方基地，研制、生产出一批部队急需的武器装备，对加强战备、巩固国防和发展内地山区的经济、科技、文化等方面都具有重要的意义。从20世纪70年代后期起，国家逐步对国防工业的建设项目，进行了有计划、有步骤地调整改造，中国的国防工业布局进一步完善，总体科研生产能力大幅度提升。

对国防科技工作的集中统一领导，有利于国防科技重大决策和一系列方针、政策的贯彻执行。在不同时期，国防科技工业领导管理体制虽频繁地进行了调整和改组，但基本适应了当时的政治环境和计划经济体制，满足了武器装备生产和发展的需要。这种体制，有利于动员全国各方面的力量大力协同，联合攻关，使我国迅速地突破和掌握了原子弹、氢弹、导弹和人造卫星等国防尖端技术，在较短时间里建成了具有相当规模、门类齐全、独立完整的国防工业体系，为以后的发展打下了比较坚实的物质、技术基础。在改革开放的新形势下，为适应国家改革开放的大环境和社会主义市场经济的要求，经过长期的多方面的改革和探索，国防科技工业领导管理体制改革取得显著成效，初步走出一条中国特色军民融合发展道路。

新中国成立以来，随着国防科技工业的发展壮大，以及国内政治环境和社会经济情况的变化，国防科技工业领导管理体制经过了较为频繁地调整过程。梳理清晰历次领导体制变革的历史过程，有助于深入分析和研究中国国防科技工业管理模式的现状和成因，总结领导管理体制的特点，较为全面地剖析这一管理体制，从而给出进一步改革调整的建议及对策。长期以来，由于各方面的原因，国内外学界对新中国国防科技工业发展历史，特别是国防科技工业领导管理体制发展演变的历史缺乏系统研究。本书以新中国国防科技工业领导管理体制发展为主线，以军品——军事装备（民品生产不在本书研究之列）的研制发展为中心，以通史的形式，按照国防科技工业发展不同时期的背景特点，根据每一发展阶段的重点和主题，对一些重要问题做些较为详细的梳理总结，以期填补国防科技工业发展历史研究的一些空白，对相关的研究有所助益。

本书写作的另一个目的在于记述老一辈无产阶级革命家呕心沥血，运筹帷幄，为中国国防科技工业的腾飞建立的不朽功勋；宣传新中国陆、海、空三军武器装备研制取得的重大成就；展示以"两弹一星"为代表的国防尖端技术研制取得的丰硕成果，力图使广大读者对中国国防科技工业的发展历史和主要成就有一个较全面的了解，生动体现社会主义优越性，筑牢爱党、爱国、爱军的精神长城。

目 录

前　言 / 001

第一章　创业奠基（1949—1960）/ 001

 第一节　建立国防科技工业领导机构 / 002
  一、以第二机械工业部为主领导中国国防工业的创建 / 002
  二、探索"军民结合"的国防工业领导体制 / 017
  三、成立国防技术研究的领导机构 / 028

 第二节　国防工业大规模建设 / 045
  一、初步建设兵器工业体系 / 046
  二、创立航空工业 / 049
  三、改造和扩建舰船工业 / 055
  四、建立军事电子工业基础 / 062
  五、创建核工业 / 067

 第三节　驻厂军事代表制度的建立与发展 / 072
  一、从驻厂检验代表制度到军事代表制度 / 072
  二、驻厂军事代表队伍迅速扩大 / 076
  三、军事代表工作三项原则和十条措施的提出 / 081

四、颁布《中国人民解放军驻厂军事代表工作条例》/ 087

第四节　仿制现代化武器装备 / 095

　　一、陆军装备 / 095

　　二、军用飞机 / 098

　　三、军用舰艇 / 102

第二章　自力更生（1960—1978）/ 107

第一节　多变的国防工业领导体制 / 108

　　一、成立新的国防工业部 / 108

　　二、成立国防工业办公室和中央专委 / 111

　　三、提出"部院合并"建议 / 115

　　四、实行"部院合并" / 124

　　五、实行"厂所合并" / 140

　　六、军事接管和调整改组国防科研机构 / 145

　　七、再次实行"部院合并" / 152

第二节　三线建设 / 158

　　一、20世纪60年代前期中国国防工业布局基本情况 / 158

　　二、中共中央作出建设大小三线的战略部署 / 162

　　三、三线建设全面展开 / 167

第三节　"两弹为主"突破国防尖端技术 / 177

　　一、自行设计制造地对地导弹和人造卫星 / 178

　　二、自力更生研制核武器 / 182

三、成功研制鱼雷核潜艇 / 189

第四节　常规武器装备从仿制走向自行研制 / 192

一、陆军武器装备研制获得较大进展 / 192

二、军用飞机由仿制转向自行研制 / 196

三、研制成功第一代战斗舰艇 / 199

第三章　开放合作（1978—1992）/ 203

第一节　初步建立国防科研、生产集中统一的领导管理体制 / 204

一、成立中央军委科学技术装备委员会 / 204

二、成立中国人民解放军国防科学技术工业委员会 / 210

三、各国防工业部转交国务院直接领导 / 218

四、调整改革国防工业部门领导管理体制 / 223

第二节　与西方国家开展军事技术合作 / 228

一、中国航空工业代表团对西欧的首次出访及技术引进 / 229

二、中国与美国的军事技术合作 / 254

三、中国与西欧国家的军事技术合作 / 263

第三节　武器装备研制取得突破性进展 / 269

一、陆军武器装备研制水平明显提高 / 270

二、积极抓紧新一代飞机的研制和定型 / 273

三、新型舰艇和新型舰用武器装备研制成功 / 276

四、大力提高军事电子装备水平 / 279

第四章　跨越发展（1993—2012）/ 283

　　第一节　深化国防科技工业领导管理体制改革 / 284

　　　　一、新国防科工委与总装备部成立 / 284

　　　　二、组建十一大军工集团公司 / 288

　　　　三、改组成立国防科工局和新的军工集团公司 / 293

　　第二节　武器装备研制生产能力实现跨代跃升 / 295

　　　　一、优先发展高技术条件下局部战争急需的"撒手锏" / 296

　　　　二、深化国防科技工业体制改革 / 301

　　　　三、开展中（苏）俄军事技术合作 / 308

　　第三节　国庆60周年阅兵展示国防科技工业巨大进步 / 313

　　　　一、战车方队 / 314

　　　　二、炮兵方队 / 316

　　　　三、防空火力方队 / 317

　　　　四、海军装备方队 / 317

　　　　五、无人机方队 / 318

　　　　六、第二炮兵装备方队 / 318

　　　　七、空中梯队 / 319

参考文献 / 321

后　　记 / 325

第一章 创业奠基（1949—1960）

第一节　建立国防科技工业领导机构

中华人民共和国成立后，中共中央在领导经济建设的同时，重视国防建设，把发展国防科技作为国防现代化建设的主要战略任务，集中必要的人力、物力、财力，有重点地建设、发展国防科技工业。在这个过程中，逐步形成了由中共中央、国务院、中央军委集中统一领导，科研、生产、使用相结合，统筹规划的领导体制。随着国防科技工业的发展壮大，以及国内政治环境和社会经济情况的变化，国防科技工业领导体制也不断调整和改变。

一、以第二机械工业部为主领导中国国防工业的创建

在土地革命战争时期，中国共产党领导的武装在各个根据地自力更生兴办修械机构，并不断扩大。1931年10月，根据中央革命军事委员会决定，在江西省兴国县官田镇成立了中央军委兵工厂，并在闽浙赣、鄂豫皖、湘鄂西、东江、左右江、琼崖、川陕、陕甘等根据地也相继建立了兵工厂。1937年8月，红军改编为国民革命军第八路军。1937年9月，国民革命军第八路军改称为国民革命军第十八集团军。为了满足与日俱增的武器弹药需求，1938年10月，毛泽东在中

共中央六届六中全会上指出:"每个游击战争根据地都必须尽量设法建立小的兵工厂,办到自制弹药、步枪、手榴弹等的程度,使游击战争无军火缺乏之虞。"会议通过了《中共扩大的六届六中全会政治决议案》,并提出当前紧急具体任务之一是"提高军事技术,建立必要的军火工厂,准备反攻实力"。据此,各根据地的党、政、军以及部队和游击队,都因地制宜,自力更生,兴办了一批小型军械所和弹药厂。为了加强管理,各根据地相继成立了军工部(局)。陕甘宁边区于1938年初成立了中央军委军事工业局,总参谋长滕代远和后勤部长叶季壮先后兼任局长,后来由李强任局长。1939年4月,晋察冀军区成立工业部,部长刘再生,政委杨成。同年5月,八路军总部成立军工部,部长刘鹏,后由刘鼎接任,政委孙开楚。1941年春,新四军成立军工部,部长韩振纪。此外,胶东、冀鲁豫根据地也组成了军工管理机构。后来为适应形势变化,新四军撤销了军的军工部,以师为单位组建军工部,组织师和旅两级军工生产单位。抗日战争胜利前夕,各根据地拥有固定厂房、设备10台以上的兵工厂达50余个,兵工队伍3万余人。人民兵工从修理武器为主转入制造武器为主的阶段。解放战争时期,人民兵工事业,特别是东北解放区的人民兵工事业迅速发展壮大。1947年10月,东北军区军工部在哈尔滨市成立,部长何长工,政委伍修权(兼),统一领导全区兵工生产,辖9个办事处和2个直属工厂,成为人民兵工事业的重要生产基地。根据战争形势的发展,其他解放区的兵工机构也都进行了调整。到1947年秋,各解放区的人民兵工都形成了一定规模。1947年底,中共中央工作委员会在河北平山西柏坡召开了华北兵工会议,制定了以自力更生为主,既要满足当前的需要,又要作好长期打算的兵工建设方针。人民兵工逐步调整,逐步扩大。随着人民解放军胜利的步伐,到1949年11月,共接收了国民党政府的68个工厂、近10万名职工。

解放战争取得决定性胜利后,中共中央及时作出调整军事工业的决策。1949年6月,中央军委总后勤部召开了兵工减产、转业会议,要求兵器工业从旧的、小规模的军事工业,向新的、大规模的军事工业转变;从国内战争的军事工业向国防军事工业转变;从殖民地军事工业向独立的军事工业转变。根据这个战略部署,按大区范围进行调整。在兵工体制上从军事系统划归大区政府系统,纳入大区经济体系;在管理上从战时供给制向企业化转变;在布局上从分散向集中转变,把山区和偏远地带的工厂向城镇转移,组成大型企业。华北地区率先纳入华北人民政府系统,并将工厂向太原、阳泉、长治集中。其他地区也相继作了调整。在新中国成立之前,华北和华东地区已相继完成了管理体制的转变。人民兵工的94个工厂和接管的68个工厂经过调整,重新组建起72个工厂,成为新中国国防工业的基础。

(一)成立第二机械工业部,统一管理国防工业

中华人民共和国成立后,兵器工业开始了从战时生产向国防建设、从战时状态向平时状态的转变,归口管理也从中共中央军委后勤部划归政务院重工业部领导。1950年5月,重工业部成立兵工办公室,由副部长刘鼎兼任主任。[1]兵工办公室是兵器工业的归口管理机构,对全国兵器工业的调整、生产计划、产品规格和财务结算实施统一归口管理。兵器工业进行了管理体制的转变。重工业部兵工办公室下辖兵工企业45个,各种设备近3万台,职工10万余人,形成了东北、华北、华东、中南和西南5个兵工生产基地。

1950年10月,刘鼎主持召开了第一届全国兵工会议,各地区军

---

[1] 吴殿尧:《刘鼎传》,中央文献出版社2012年版,第398—399页。

（兵）工局长参加。这次会议是从地区调整向全国性全面调整和建设转变的会议。会议通过了《三年兵工建设方针草案》和《兵器工业恢复建设方针》，提出用3年时间，使陆军的全部武器弹药基本自给；可部分供应海空军使用的武器弹药。抗美援朝战争爆发后，兵器工业进入紧急战备生产。为了加强对兵工生产和建设的领导，1951年1月，中共中央批准成立中央军委兵工委员会（简称"中央兵工委员会"）[1]，周恩来总理兼任主任，代总参谋长聂荣臻、中央财经委员会副主任李富春为副主任。空军司令员刘亚楼、海军司令员萧劲光、军委装甲兵司令员许光达、军委炮兵司令员陈锡联、军委总后勤部部长杨立三、重工业部代部长何长工、刘鼎、李涛[2]、宋邵文[3]等9人为委员，雷英夫为秘书长。中央军委兵工委员会的成立，改变了此前兵器工业由各大行政区分散管理的状况。[4]1951年4月，政务院第80次会议决定撤销兵工办公室，在重工业部下成立兵工总局，统一管理全国兵器工业，并受中央军委兵工委员会领导，刘鼎兼任局长，副局长为钱志道、郑汉涛。兵工委员会负责确定兵工建设的方针与原则，重工业部兵工总局则负责组织军队武器装备的生产。中央军委兵工委员会和兵工总局的成立，加强了对军工生产的集中统一领导，为建立统一的国防工业管理体制积累了经验。[5]

1952年8月，中央人民政府第17次会议通过了《关于调整中央人民政府机构的决定》，决定成立第二机械工业部（简称"二机部"），

---

[1] 1954年9月，中央军委兵工委员会撤销。
[2] 时任军委作战部部长兼第一局局长兼人民革命军事委员会工程学校校长。
[3] 时任中央人民政府政务院财政经济委员会财经计划局局长、中财委秘书长。
[4] 吴殿尧：《刘鼎传》，中央文献出版社2012年版，第405页。
[5] 《中国人民解放军》（上），当代中国出版社1994年版，第505页。

统一管理国防工业。赵尔陆任部长，张霖之、万毅、刘鼎为副部长，统一管理国防工业。二机部下设数个管理局，其中二局主管兵器工业，局长刘鼎（兼），后张连奎接任；六局主管坦克工业，局长刘雪初；四局主管航空工业。同时撤销兵工总局和大行政区的兵工管理机构，实行部—管理局—企业的三级管理体制，从分区管理改为中央集中领导、统一管理。船舶工业局则划归第一机械工业部（简称"一机部"）领导，改名为船舶工业管理局。9月1日，赵尔陆就二机部初建等情况向中央呈送报告。报告说，原隶属重工业部的航空、兵工、坦克三个工业局的领导机构与所辖工厂已正式拨交二机部领导。目前工作重心拟定为建立、健全与调整机构，调配干部，充实工厂，熟悉情况，并为迎接新的生产建设任务准备条件。[1]1953年3月，电信工业局从一机部划归二机部管理，改名为第二机械工业部第十局。1953年9月，二机部调整兵器工业管理机构，二局分为3个管理局：一局主管枪炮和枪弹行业；二局主管炮弹、火工品行业；三局主管火炸药行业。同时撤销西南分局、东北办事处、山西办事处。1956年1月31日，二机部二局和三局合并为二局，主管炮弹、火化工行业。[2]至此，国防工业实现了集中统一管理，并开始具体组织国防工业的大规模建设工作。

（二）船舶工业领导机构的建立

船舶工业承担着为海军装备建设和国家航运事业服务的重要任务。新中国成立初期，船舶工业没有全国统一的管理机构，基本上处于分散状态。各地主要船厂，多半是在当地解放以后，由人民解放军军事管制委员会（简称"军管会"）先行接管，嗣后由各地按系统分别管

---

[1]《建国以来毛泽东文稿》第3册，中央文献出版社1989年版，第529页。
[2] 王立、庞天仪、于桂臣主编：《当代中国的兵器工业》，当代中国出版社1993年版，第578、580页。

理。为集中管理船舶工业,国家决定建立船舶工业的管理机构。刘鼎经过考察,建议在重工业部下设立船舶工业局。当时,船舶工业的大部分力量集中在上海。刘鼎与华东工业部副部长程望磋商后,征得华东局的同意,报上级批准,于1950年10月在上海成立船舶工业局,隶属重工业部。[1]同年12月29日,政务院任命程望为船舶工业局局长。[2]船舶工业局的成立,标志着中国船舶工业第一次有了全国统一的领导机构。随着社会主义经济建设的发展和国家经济管理体制改革的深化,船舶工业管理机构的隶属关系、名称和体制也相应地有过一些变更。

1952年,重工业部撤销,成立第一、第二机械工业部;船舶工业局划归主管民用机械的一机部,改名船舶工业管理局。1954年,船舶工业管理局由上海迁往北京,陈扬任局长。船舶工业局创建时,直属企业只有一家江汉船舶机械公司(今武昌造船厂),后来逐步扩大,到1956年,该局已拥有包括江南、沪东、求新、中华、大连、武昌和芜湖造船厂等在内的9个直属企业,同时组建了船舶研究设计机构,并着手筹建一批船用配套设备专业厂。

在新中国成立初期,海军系统的修船厂基本上由各军区海军分头领导。1951年12月,海军召开有关军区海军领导干部会议,会上提出《关于有效地管理海军修造工作的建议》,要求迅速建立起各级舰船修造部门,确立上下技术业务指导关系,以便统一管理舰船修造工作。1952年9月,海军成立舰船修造部,林真任部长,于笑虹任政治委员。该部成立后,陆续接收、合并和建设了一批工厂作为海军的修船基地。1955年,华东海军、中南海军、海军青岛基地和旅顺基地都

[1]吴殿尧:《刘鼎传》,中央文献出版社2012年版,第419页。
[2]程望主编:《当代中国的船舶工业》,当代中国出版社1992年版,第747页。

相应地建立起舰船修造部门，分别领导和管理各自管辖下的军船修理工作，其主要修造船厂于当年开始实行企业化管理。1958年前，隶属海军的4家船厂（101厂、201厂、301厂和401厂）由海军舰船修造部直接管理。其后，海军东海舰队、南海舰队和北海舰队相继建立，各管辖区的海军修造船厂即归属各舰队管理。海军初创时期，舰船修理改装中最大的困难是材料、配件严重不足。为了抓好配件试制工作，1954年12月海军专门成立了配件试制委员会，并在上海成立了办公室，以统一组织配件的试制与生产工作。到1955年底，配件供应的紧张状况逐渐有所缓和。[1]

各地一些船舶修造厂，主要由交通部系统领导，并由各省、市、自治区的交通厅、航运局或招商局、港务局等有关部门管辖，以分散管理为主。1950年3月，交通部下设航务总局，统一管理全国各交通厅、局的业务工作，其下属的各船舶修造厂基本上仍由交通厅、局管理。随着航运事业的发展，修造船厂不断发展和增多。交通部随即采取相对集中的管理方式，于1951年8月，分设海运管理总局和河运管理总局，分工归口领导较大的修造船厂，中小船厂仍分散管理；到1957年，交通部的直属船厂共有14家。为了适应直属船厂和地方船厂发展的需要，交通部于1960年前后成立交通工业局，下设船舶修造处和工厂处，分管修造船舶和港口机械、筑路机械等。

1958年，一机部与二机部合并，改称一机部，统一领导全国国防工业和民用机械工业的科研、生产和建设；船舶工业管理局隶属一机部，改名第九工业管理局（简称"九局"），邓存伦任局长。

---

[1] 杨国宇主编：《当代中国海军》，中国社会科学出版社1987年版，第65页。

（三）航空工业领导机构的建立

1949 年 3 月，中国共产党中央革命军事委员会决定从东北老航校抽调一批人员，组成军委航空局，负责统一领导中国人民的航空事业。常乾坤任军委航空局局长，王弼为政治委员。军委航空局建立后，一方面加强组织建设，开展航空业务工作；另一方面抽调干部组成航空接收组，分赴华东、华中、西北各地，接管缴获的航空器材和收容航空技术人员。到 1949 年 10 月底，共接收国民党空军飞机 113 架，航空发动机 1278 台，各种航空物资器材 4 万余吨；接管飞机修理厂、航空配件厂、飞机装配厂、氧气厂、通信器材厂等 32 个；收容航空技术人员 2267 人。[1]这就使得人民空军在初建时拥有的航空技术人员增加到 2938 人，飞机增加到 159 架。

在新中国成立之初，人民空军建设和航空工业建设就被提到了重要的议事日程。1949 年 11 月 11 日，中国人民解放军空军领导机构宣告成立。为解决空军需要的大量装备，必须建立航空工业，大批量地制造飞机。根据中共中央指示，空军司令员刘亚楼，副司令员常乾坤、王弼进行了调查研究，并于 1950 年 2 月向中共中央写出报告，提出建立航空工厂，培养航空人才，以及设立航空工业领导机构和统一的航空研究院等建议。同年 3 月，重工业部设立了航空工业、汽车工业筹备组，任命副部长刘鼎兼任该组组长。由此开始了新中国航空工业的组建准备工作。1950 年 6 月，空军考虑到建设空军和建设航空工业是两项重大的全国性的工作，两项工作都非常艰巨而复杂，一个机关难以领导，应由两个机关分别负责。因此，经与国家重工业部协商后，由空军与重工业部共同向中共中央提出建议："将空军当时所辖的

---

[1]《中国空军百科全书》编审委员会编：《中国空军百科全书》下卷，航空工业出版社 2005 年版，第 1230 页。

航空工厂,属于制造装配性质的交给重工业部,属于修理性质的仍留空军。"后来,空军又考虑到旧中国航空工业底子过于单薄,在开始建设阶段不如将制造和修理合二为一,以便经过从修理、装配到制造的步骤来建设完整的航空工业。因此,同重工业部协商后,向中央军委建议:除少数几个小型修理厂以外,将空军所属的工厂全部先交工业部门管理。待航空工业有了一定基础之后,再将空军所需的修理工厂从工业部门分出,交空军管理。

朝鲜战争的爆发,大大推进了中国航空工业创立的进程。战争的进程表明,加速建立航空工业,尽快自己生产飞机,已是刻不容缓。1950年12月,周恩来连续召集会议,研究中国航空工业的建设问题。人民解放军代总参谋长聂荣臻、空军司令员刘亚楼、重工业部代部长何长工,以及中央人民政府财政经济委员会(以下简称"中财委")的沈鸿和重工业部的段子俊等参加会议。会议确定:中国航空工业的建设道路,是先修理后制造,再发展到自行设计;要争取苏联的帮助。为加强对航空工业建设的领导,1951年4月17日,中央军委和政务院颁发了《关于航空工业建设的决定》,指出:(1)中国航空工业建设在目前阶段的任务,是全力保证中国空军所有飞机的修理,尔后再逐步向制造方向发展。(2)航空工业在目前阶段必须实行统一经营管理的原则,在航空工业发展到能集中力量制造飞机时,再把制造和修理分开。因此,决定将空军所管辖的工厂,包括人员、设备、资材、厂房、厂址全部移交给航空工业局。(3)航空工业局接收工厂后,即行承担空军的飞机修理和零备件供应任务,并按经济核算制办理。(4)为提高产品质量,航空工业局和空军司令部应分别成立检验机构和验收机构。(5)为加强对航空工业建设的领导,决定成立航空工业管理委员会,置于军委领导之下,并决定以聂荣臻、李富春、刘亚楼、何长工、段子俊、马文等为委员,聂荣臻为主任,李富春为副主任。[1]4月18日,中共中央向各中央局、分局、军区并财委发出通知,决定成立重工业部航空工业局,统一负责一切飞机的修理工作,由段子俊任局长。4月29日,周恩来签发中央人民政府文件,正式批准航空工业局成立,地点在沈阳。[2]同年7月,政务院任命重工业部代部长何长工兼任航空工业局局长,具体负责航空工业的组建工作,段子俊、陈一民、陈平任副局长。

1951年5月至9月,空军将全部航空工厂移交重工业部管理。重工业部航空工业局接收空军划归的工厂16个,兵器工业局划归的工厂2个,共18个,职工近万人。这就为中国的航空工业从修理起步,逐步转入制造打下了基础。

(四)电信工业领导机构的建立

新中国成立前后,国家先后接管了国民党政府资源委员会、国防部、交通部、联合勤务总部以及国民党中央广播事业管理处等所属的电信企业12个,其中收音机厂、广播机厂、通信机厂4个,电话机厂、交换机厂2个,电线厂、电池厂、电灯泡厂5个,雷达修理厂1个。职工总共不到4000人,加上后来征用美商经营的上海奇异安迪生电器公司(生产灯泡)和中美合资的上海中国电气股份有限公司(生产有线电设备),职工总数也只有4500人,设备1000多台。

为统一管理天津地区接管的几个电信工业企业,1949年7月1日,中国人民革命军事委员会电信总局工业管理处在天津成立。当时,其他地区接管的企业还分别由各地人民政府有关部门分散管理。为适应

---

[1] 孟广荣、孙广运:《新中国航空工业史稿(1951—1965年)》,航空工业部档案馆1982年编印(内部发行),第12页。
[2] 段子俊主编:《当代中国的航空工业》,中国社会科学出版社1988年版,第664页。

形势发展的需要,把十分薄弱的电信工业的力量组织起来,1950年4月,中国人民革命军事委员会通信部向政务院财经委员会提出《关于成立全国性电信工业管理局的报告》。电信工业管理局在中国人民革命军事委员会电信总局工业管理处基础上扩大组成。同年5月,政务院批准在重工业部建制内成立电信工业局,负责统一管理全国的电信工业企业。"由于目前重工业部尚无暇直接照顾",决定委托军委通信部负责日常领导,并由军委通信部部长王诤兼任电信工业局局长。10月19日,电信管理局正式开始运转。[1]电信工业局成立后,逐步对除东北、华东地区外的电信工业实行了统一管理,所属工厂共计8个企业单位,分布为:天津4个、重庆2个、汉口和泸县各1个。其中2个无线电厂、1个有线电厂(规模很小)、3个干电池及蓄电池厂、1个电线厂、1个电机厂,职工5600余人,其中工程技术人员280人。[2]

1952年8月,国家决定对整个工业管理体制进行调整。此时,军委通信部代管的电信工业局面临归属的问题。军委通信部部长王诤与副部长刘寅商议后认为,电信工业局面临三种前途:一是如归属到邮电部,面临被饿死的命运,因为邮电部是"以邮养邮、以电养电",没有投资;二是归属到一机部会面临被吃掉的危险,因为一机部的领导认为电信工业没有发展前途,把他们此前接管的一部分电信工厂改掉了,阿城电表厂就是由一个无线电工厂改建的;三是归属到二机部,电信工业归属到二机部,才有可能被列入重点建设的行业。但电信工业是军民两用的工业,二机部不知是否愿意接收。[3]他们积极争取把电

---

[1] 鲁之玉等:《王诤传》,电子工业出版社1998年版,第231页。
[2] 《刘寅文集》,电子工业出版社1995年版,第68页。
[3] 中国中共党史人物研究会编:《中共党史人物传》第88卷,中共党史出版社2016年版,第328页。

信工业局纳入国防工业的建制序列。

就在此时，主持政务院财政经济委员会日常工作的薄一波副主任打电话到通信部询问此事。拟将电信工业局划归一机部领导。财经委工业处则发出书面通知："第一机械工业部建议将华东地区有线、无线及电子管工厂等4个企业单位交给电信工业局接管……另，拟将该局现辖之电池、电机、电线与电灯泡5个企业单位划出归第一机械工业部电器工业局接管"，并称"电信工业局领导关系属军委抑政府工业部门领导，要该局提出具体意见，以便及早确定领导关系和专业分工"。刘寅立即发电报向正在苏联的王诤请示。11月4日，王诤回电："按苏联现行分工，电信工业部门主管业务是：通信与广播机（器）材生产；电子管与电灯泡生产；干电池与蓄电池生产。建议凡属上述性质的国营工厂逐步统一由电信工业局管理。今后电信工业产品范围扩大，必须统一于国家工业计划之内，以利于发展与良好的配合。但军事性生产仍属复杂，建议将该局交第二机械工业部领导。"[1]

电信工业局遂向二机部部长赵尔陆征询意见。赵尔陆表示，目前没有一分钱投资，连一平方米房子也没有，请军委通信部带投资过来，并派一位懂行的人来当局长，最好是王诤任二机部副部长兼电信工业局局长。如果同意就写报告给周总理，中央批准我就接受。1952年11月20日，刘寅按照王诤意见，起草了《关于电信工业统一领导隶属确定问题》的报告，上报聂荣臻转呈周恩来。1953年4月10日，经政务院财经委员会批准，电信工业局改属第二机械工业部（国防工业部）建制，同时，电信工业局改名为"第二机械工业部第十局"，刘寅任局长。1954年刘寅调第二机械工业部任副部长后，由蒋崇璟接任第十局

---

[1]《刘寅文集》，电子工业出版社1995年版，第69页。

局长。

作为军民结合的电信工业（现在一般称为电子工业）归属国防工业，这是由当时的形势决定的。20世纪50年代初期，电信工业处于萌芽阶段，产品很少，它在国民经济中的作用，还没有被普遍认识，而在长期战争环境中，人们对军用电子装备的重要性却有深刻的体会，归口国防工业系统，可以得到部队和国防工业部门的关心和支持，有利于通过国防建设带动电子工业的发展。电子工业归属国防工业以后，第二机械工业部第十局加强了对全国电子工业的规划和统一领导，从体制上解决了建设投资渠道问题。同时，苏联和民主德国援建的工程项目也正式列入国家基本建设计划。所有这一切，都为电信工业（电子工业）有计划地进行大规模的建设准备了条件。[1]

（五）核工业领导机构的建立

中国共产党和人民政府十分重视核科学技术的研究和应用，从建立机构、配备领导干部、抽调科技骨干、培养青年科研人员，到提供经费、仪器设备和房舍等各个方面，都给予了有力的支持和充分的保证，使核科学研究工作，迅速开展起来。中国科学院成立后，即于1949年11月15日和1950年4月6日先后接管了旧北平研究院原子学研究所以及旧"中央研究院"物理所的一部分，并以此为基础，于1950年5月19日，成立了中国第一个核科学研究机构——中国科学院近代物理研究所（以下简称"近代物理所"），吴有训为所长，钱三强为副所长（不久，吴有训调任中国科学院副院长，由钱三强继任所长，王淦昌、彭桓武任副所长）。一方面从国内外延聘人员，扩大科研队伍；另一方面尽量争取国内科学家、教授和技术人员到近代物理所

---

[1] 刘寅、张挺等主编：《当代中国的电子工业》，中国社会科学出版社1987年版，第32—33页。

工作。当时我国的核物理实验技术，相当于国际上20世纪40年代的水平。为了便于核科学研究工作的开展，国家先后拨款在北京东皇城根建成了新的物理楼（与中国科学院应用物理所合用），在北京市海淀区中关村建成了近代物理所大楼，为开展核科学研究创造了必要的物质条件。从1950年到1955年，全国核科研工作所取得的成果，不仅使我国有了一定的核科学技术储备，更重要的是培养了一批核科学技术人才，为我国核事业的发展积蓄了力量，打下了初步的基础。[1]

从1953年1月至1956年8月，中苏两国政府在核领域共签订了4个协定，苏联在中国的铀矿勘探、核科学技术研究和核工业建设方面提供了援助。

中央十分重视铀资源的发现和勘探工作。1954年，地质部在综合找矿中，第一次在广西发现了铀矿资源的苗头。国务院第三办公室副主任、地质部副部长刘杰等，向毛泽东、周恩来作了汇报。1954年冬，根据中央的决定，为开发我国铀矿地质事业做筹备工作，成立了一个临时工作机构，即地质部普查委员会第二办公室（简称"普委二办"），隶属于国务院第三办公室。1955年1月，中苏两国联合签订了关于中苏合营在中国勘探放射性元素的议定书。为执行这一协定，成立了中苏委员会，中苏双方各派两位代表参加，刘杰任委员会主席。原普委二办于同年4月改为地质部第三局，雷荣天为局长，仍隶属国务院第三办公室领导。[2]

1955年1月15日，毛泽东在中南海主持召开了中共中央书记处

---

[1] 李觉、雷荣天等主编：《当代中国的核工业》，中国社会科学出版社1987年版，第11页。

[2] 李觉、雷荣天等主编：《当代中国的核工业》，中国社会科学出版社1987年版，第12—13页。

扩大会议。刘少奇、周恩来、朱德、陈云、彭德怀、彭真、邓小平、李富春、薄一波等出席会议。会议听取了李四光、刘杰、钱三强的汇报，研究了我国发展原子能事业问题。会议作出了发展原子能事业、研制原子弹的决定，标志着中国核工业建设的开始。周恩来亲自组织实施。为了做好苏联援助的研究性反应堆和回旋加速器的建设工作，1955年7月1日，国务院决定设立国家建设委员会建筑技术局，刘伟任局长，负责建设包括上述"一堆一器"在内的新的核科研基地。为了加强领导，同年7月4日，中共中央指定陈云、聂荣臻、薄一波组成三人小组，负责指导原子能事业的发展工作，由薄一波任主任、刘杰任副主任的国务院第三办公室负责具体管理并统筹规划核科技、核工业的发展和建设工作。[1]国务院第三办公室设立了专门办事机构，直接指导国家建委建筑技术局、地质部第三局、近代物理所的工作，并组织协调各方面的关系。

随着原子能事业的发展，1956年7月28日，周恩来向毛泽东、中共中央报告，建议成立原子能事业部。同年11月16日，第一届全国人民代表大会常务委员会第51次会议通过决议，成立第三机械工业部，主管核工业建设和核武器研制工作，宋任穷任部长，刘杰、袁成隆、刘伟、雷荣天、钱三强任副部长。二机部开始建设兰州铀浓缩厂、酒泉原子能联合企业、青海西北核武器研制基地。1958年2月，第三机械工业部改为第二机械工业部（简称"二机部"）。9月，建工部北京第三工业建筑设计院划归二机部，改名为二机部设计院。12月，冶金部第三司划归二机部，改名为二机部第十二局（铀矿冶局）。

为加强核武器研究设计的组织领导工作，1958年1月，成立了三

---

[1] 谢光主编：《当代中国的国防科技事业》（上），当代中国出版社1992年版，第27页。

机部九局（1958年2月后改称二机部九局）。同年7月，二机部又在北京成立了核武器研究所（"北京第九研究所"），主要任务是接收、消化苏联提供的原子弹教学模型和图纸，以及调集、培训人员，而核武器的研究设计由同时开始建设的西北核武器研制基地（221厂）承担。中国科学院近代物理研究所更名为原子能研究所，受二机部和中国科学院双重领导，以二机部为主。到1960年上半年，原子能研究所已发展到4300多人，其中大专以上文化程度的科技人员近1500人，在20个学科60个学科分支开展了工作，填补了一批学科空白，逐步建成为一个比较完整的综合性的核科学技术研究中心，为中国自力更生发展核工业、研制核武器做了人才和技术准备。[1]由于西北核武器研制基地尚未建成，为了争取时间，先在北京核武器研究所进行第一颗原子弹的前期研究工作。

二、探索"军民结合"的国防工业领导体制

1956年初，我国生产资料的社会主义改造出现高潮。社会主义经济建设，也有了几年的实践经验。总结自己的经验，探索一条适合中国国情的建设社会主义道路的任务，已经摆在党的面前。1956年4月21日，毛泽东等中央领导人听取李富春关于第二个五年计划的汇报。在讨论关于战时和平时工业生产的互相转化问题时，毛泽东说："学两套本事，在军事工业中练习生产民用产品的本事，在民用工业中练习生产军事产品的本事。这个办法是好的，必须如此做。"[2] 4月25日，毛泽东在中共中央政治局扩大会议上讲了著名的十大关系问题，提出要正确处理国防建设和经济建设的关系。他提出要把军政费用降到一

---

[1]谢光主编：《当代中国的国防科技事业》（上），当代中国出版社1992年版，第197页。
[2]《毛泽东年谱（1949—1976）》第5卷，中央文献出版社2023年版，第565页。

个适当的比例,增加经济建设费用。只有经济建设发展得更快了,国防建设才能够有更大的进步。[1]

(一)二机部与一机部合并

为贯彻毛泽东的指示,朱德于1956年8月撰写了《我对主席指示的十大关系的体会和想到的一些意见》报送中央,提出:"关于经济建设和国防建设的关系。经济建设和国防建设是密切关联在一起的,前者是后者巩固的基础,后者是前者的保障。没有国家的工业化,就谈不上国防的现代化。特别是现代的国防建设,是建立在最新的科学技术和最新式的装备上的,这就需要有充足的资金来建设强大的现代工业基础。为此,就应该尽量减少军费的支出,集中更多的资金加强经济建设,以便给国防建设打下牢固的基础。只有这样,国防建设的速度才能真正加快,才能够生产更多的最新式的装备来充实国防力量。经济建设和国防建设不是平行的,而是相互适应的。民用工业和国防工业应该结合起来,使二者能够在平时为经济建设服务,在战时迅速地转向为战争服务。最新式的技术装备要研究制造,基本的军事工业(如航空、造船、无线电、坦克等工业)要搞起来,搞起来有备无患。同时各种机械工厂都是有用的。问题是建厂之后的生产要很好地研究和计划。在这个时代,科学技术发展很快,旧的东西不断被新的东西代替、更换,因此军火装备不宜大量生产、过多积压,而要充分运用这些工厂的设备能力,进行多种生产,使之服务于经济建设,并使投资有所收益。因此,可以考虑,把第一、二机械工业部合并起来,共同规划一个统一的、对平时生产和战时动员两不误的长远计划,以

---

[1]《建国以来毛泽东文稿》第6册,中央文献出版社1992年版,第86页。

适应当前经济建设和国防建设的需要。"[1] 9月4日，朱德在中央军委第84次扩大会议上发言，就军工厂的建设问题谈了自己的意见，他说："建设军事工厂是必要的，因为如果不建设军事工厂，将来一旦打起仗来就没有办法。同时，军事工厂在平时也可以生产民用产品。但是，军事工厂建起后只生产武器存起来就不合算。将来的战争是核子战争，只凭人的数量和枪炮是不行了，要有战略的预见性。所以，要考虑将第一机械工业部和第二机械工业部合并起来的问题，要多生产几种产品，如可以制造机器、大铸件、手表等，使工厂有收益，不能搁起来。"[2]

中共八大之后，中央决定，每一个中央委员要联系一个部和一个省，朱德负责联系第一机械工业部和四川省。[3] 经过调研，朱德更加主张将第一机械工业部和第二机械工业部合并，搞军民结合。1957年1月2日，朱德指示身边工作人员将他的几点意见转告主持中央军委日常工作的彭德怀，意见说："军队的干部要大力支持国家的经济建设。战争时期，要全国总动员支持战争；和平时期，要动员全国支持经济建设，原军工厂要转为和平生产。第一机械工业部和第二机械工业部要共同拟定出和平时期和战争时期的协作生产的计划。如果把第二机械工业部的第二个五年计划的投资转为民用生产，对国民经济的发展将是最有利的。"[4] 1月5日，朱德和国务院副总理兼国家经济委员会主任薄一波讨论了军工生产应转为和平生产问题。朱

---

[1] 朱德：《我对主席指示的十大关系的体会和想到的一些意见（一九五六年八月）》，《党的文献》2007年第3期。

[2]《朱德年谱（新编本）》（下），中央文献出版社2006年版，第1558页。

[3]《朱德年谱（新编本）》（下），中央文献出版社2006年版，第1563页。

[4]《朱德年谱（新编本）》（下），中央文献出版社2006年版，第1575页。

德表示说："我看短期内，世界大战打不起来，因此，相当数量的军工厂可以改为民用工厂，军队也可以大大裁减。军工厂不改为和平生产是要犯错误的。第一机械工业部和第二机械工业部应合并。"[1]同年3月，朱德对四川（包括重庆）的工厂企业进行了视察，认为重庆各军工厂的生产任务不足，人员、设备浪费很大，需要很好地解决，否则，将给国家造成严重损失。3月19日，朱德致电中共中央，报告在重庆市的视察情况。报告说："军工厂转民用生产或军工厂生产与民用生产相结合的问题，是迟早非解决不可的，要转还是早转好，早转少损失些，越转得晚，损失越大。应充分发挥和利用军工设备等的有利条件，为国家生产建设服务。"[2] 8月14日，朱德在和李先念讨论机构改革问题时再次明确表示："第一机械工业部、第二机械工业部和电机工业部三个部应该合并起来，重新给他们分配任务。"[3]

1957年底，为落实中共中央提出的国防工业要"平战结合，军民结合""学会两套本领"的方针，国务院酝酿将一机部与二机部合并为一个机械工业部。对此，主管国防工业生产与导弹研究与仿制工作的聂荣臻元帅表示不赞同。聂荣臻在同黄克诚、赵尔陆等座谈时明确表示："一机部、二机部大合并是行不通的，一部分合并也有困难。一机部的任务已够繁重，最近电机部已合并进去，一机部的任务更重了。如果二机部再与一机部合并，其结果势必削弱对常规武器方面的领导，新武器的试制、研究技术等将受到影响，一旦战争爆发，很难应付。我国兵工生产的技术力量还很弱，除步兵轻武器的生产技术刚刚熟练

---

[1]《朱德年谱（新编本）》（下），中央文献出版社2006年版，第1576页。
[2]《朱德年谱（新编本）》（下），中央文献出版社2006年版，第1594页。
[3]《朱德年谱（新编本）》（下），中央文献出版社2006年版，第1621页。

一些外,对大炮、坦克的生产刚在摸,生产还没有开始,谈不上掌握了苏联已有的技术水平。至于科学研究,还没有筹组,如果减弱了对它的照顾,对我国国防威力的增强是不利的。"[1] 11月28日,聂荣臻邀请黄克诚、黄敬(一机部部长)、赵尔陆对国防工业与一般机械工业统一安排的看法、做法交换意见。这两个意见,一个是黄敬的"缩小个性(指兵工生产)打乱混编",另一个是黄克诚和赵尔陆的"保存个性,统一安排"。第一种意见的具体做法是在上面把第一、第二两个机械工业部合二为一,在下面除了导弹、飞机、无线电工业工厂之外,其他工厂(包括坦克、仪表、枪炮及弹药等厂)打乱混编。第二种意见的具体做法是在第二个五年计划期间,两个机械工业部维持现状,不合并,但在国防工业方面必须在国家对机械工业统一安排的方针下,采取积极措施,组织民用产品的生产,尽力安排一般机械工业吃不消的民用产品。[2] 两种意见各不相让,未能统一。

12月3日,聂荣臻向周恩来、李富春报送了《关于机械工业体制问题的报告》,将上述两种意见作了说明。聂荣臻认为:"两种意见分歧的主要根源是对于中央有关时局形势估计的看法问题。我认为应该把十年、十五年不打仗和战争危险仍然存在这两者统一起来。""现有的军事工业的技术也是刚站起来,站的并不稳固。同时,从即将组织生产的导弹的一般结构来看,许多部件、散件肯定将要由现在生产常规武器的工厂来担负生产。把这许多情况综合起来看,过早的采取打乱混编的办法,是不大适宜的。""此外,对于一般机械工业的现有技术水平,对于现代常规武器的复杂性和军事工业的现有技术水平,都应有个

---

[1] 周均伦主编:《聂荣臻年谱》(上),人民出版社1999年版,第627页。
[2] 周均伦主编:《聂荣臻年谱》(上),人民出版社1999年版,第628—629页。

较全面的估计和较接近于实际的看法。"聂荣臻表示赞同黄克诚和赵尔陆的意见,一机部和二机部从上到下维持现状,不作变动。"但赵尔陆同志必须在机械工业统一安排的方针下,对黄敬同志所提出的民用产品的生产,要亲自掌握规划,尽最大努力挖掘潜力组织生产,计划既定之后,除了特殊任务——例如导弹的试制需要之外,不要轻易变动。"[1]这样做可能较为稳妥。但中央的意见仍然是主张将一机部、二机部合并。

1958年2月,根据一届全国人大五次会议的决定,第一机械工业部、第二机械工业部和电机制造工业部合并组成新的第一机械工业部(简称"一机部"),赵尔陆任部长。在新的一机部成立大会上,朱德讲话指出:国务院对所属机构进行调整,把三个部合并起来,更容易统一调配,充分发挥作用,提高工作效率,为工农业生产"大跃进"服务。特别是军用生产和民用生产二者结合起来,不论是对国防建设还是对经济建设,都有很大好处。[2]新的一机部按专业组成生产管理局,原二机部主管兵器工业的一局、二局和六局合并,组成第五生产管理局。[3]坦克局先与机车车辆局合并,组成七局,后又从七局分出合并到五局。[4]航空工业局由原二机部四局改为一机部四局。船舶工业管理局改名为第九工业管理局(简称"九局")。[5]同时,相当部分国防工业企业下放到所在省,实行中央主管工业部与地方双重领导、以地方为主。

---

[1] 周均伦主编:《聂荣臻年谱》(上),人民出版社1999年版,第629页。
[2] 《朱德年谱(新编本)》(下),中央文献出版社2006年版,第1657页。
[3] 王立、庞天仪、于桂臣主编:《当代中国的兵器工业》,当代中国出版社1993年版,第55页。
[4] 王立、庞天仪、于桂臣主编:《当代中国的兵器工业》,当代中国出版社1993年版,第581页。
[5] 程望主编:《当代中国的船舶工业》,当代中国出版社1992年版,第754页。

（二）成立中央军委国防工业委员会

经过 10 年艰苦创业，到 1959 年底，中国国防科技工业已初具规模。兵器工业中的骨干企业进行了全面的技术改造。在苏联援建下，兵器工业新建了 21 个大型骨干企业。在航空工业方面，苏联援建了 13 个重点项目。船舶工业管理局以建造苏联转让的 6 种型号的舰艇为工作重点，投资 1 亿元，对上海江南造船厂（建造鱼雷潜艇）、上海沪东造船厂（建造护卫舰）、上海求新造船厂（建造猎潜艇）、芜湖造船厂（建造鱼雷快艇）和武昌造船厂（建造鱼雷潜艇、扫雷舰）等 5 家老厂进行了改建和扩建，同时新建了广州第一造船厂（今广州造船厂）。在国庆 10 周年的阅兵大典中，受阅的兵器都是中国自己制造的，其中有不少大型武器装备，如 59 式中型坦克、59 式 130 毫米和 152 毫米加农炮、59 式 100 毫米高射炮等，标志着中国兵器工业初步形成了较完整的生产体系，使中国的制式武器装备全部立足于国内，结束了武器装备依赖进口的历史。

随着国防工业规模不断扩大、工业部门类别复杂齐全，国防科技工业的领导管理体制也必须相应作出调整和改变。同时，国防工业生产受"大跃进"的影响，产品质量严重下降，国防工业的整顿和领导管理体制的调整已势在必行。

1959 年 9 月，中共中央组成新的军事委员会。军委副主席贺龙分管国防工业，聂荣臻分管尖端技术、新武器的研制工作。新的中央军委就国防工业的管理体制问题进行了研究。初步形成三个方案：第一，国防工业部门属于国务院建制，由国务院领导，重大事项由国务院、中央军委研究确定，军队与国防工业部门之间主要是订货、试验、鉴定、验收的关系；第二，国防工业受国务院、中央军委双重领导，以中央军委为主，国防工业部门归军队管理；第三，国防工业受国务院、中央军委双重领导，国务院为主，军委直接管理。贺龙倾向于第三个方案。并报告周恩来。[1]

为加强对国防工业的领导，1959年下半年，一机部局部调整管理体制，重点加强对国防工业的管理。一机部将所属航空、兵器、造船和电子工业等4个管理局一并划定为国防工业管理机构，但这些措施没有从根本上解决国防工业部门领导机构薄弱的问题。

1959年10月30日，国防部副部长、国防科委副主任陈赓向中央军委呈送《关于导弹研究生产情况和对军工生产管理体制的意见》。陈赓提出，一机部本身任务很重，既要生产民用产品，又生产军工产品，既有常规，又有尖端，头绪很多，势难兼顾。他建议军委考虑，以导弹技术为中心，包括全部军工生产，重新组建一个国防工业部，建制属国务院，日常业务归军委领导。[2]

11月2日，聂荣臻审阅陈赓的报告后批示同意，并将报告转交总参谋长罗瑞卿。7日，贺龙主持中央军委常委第四次会议，听取一机部部长赵尔陆关于国防工业现状的汇报。[3]在讨论国防工业体制问题时，聂荣臻说，为加强对国防工业的领导，建议成立国防工业委员会。会议采纳了这一建议。9日，聂荣臻代中央军委起草给毛泽东、中共中央的报告。报告稿说："目前我国机械制造工业还比较薄弱，如将原第二机械工业部从第一机械工业部分出来，则双方都不能配套，对整个机械制造工业和国防工业都不利；在这样一个过渡时期，既要充分满足国民经济高速度发展的需要，又要尽可能照顾国防工业的发展和统

---

[1] 方强：《为国防而战》，海潮出版社1991年版，第93—94页。
[2] 《陈赓军事文选》，解放军出版社2007年版，第775—777页。
[3] 李烈主编：《贺龙年谱》，人民出版社1996年版，第648页。

一规划"[1]，"建议在军委领导下，成立国防工业委员会，吸收计委、经委、建委负责同志参加，并在这个委员会下边，成立一个小的办事机构，处理日常工作"。中央如同意这一建议，"我们提议调方强同志任第一机械工业部副部长兼国防工业委员会秘书长"。10日，中央军委常委第五次会议同意将聂荣臻拟写的报告稿报送中共中央。[2]

11月29日，方强向贺龙作了书面报告。报告中提出"为了贯彻军委在国防工业上的工作方针，办公室的组织既要精干，又要有足够的力量开展各方面的工作，建议办公室由6个小组组成"。报告中还对办公室的任务作了初步考虑，即："负责组织国防工业基本建设布局、生产安排等方面的规划协作，调整平衡，检查督促，沟通国防工业内外关系，提出问题，交贺总和国防工业委员会讨论解决。"这份报告还对国防工业委员会提出了6项具体任务。即：（1）编订国防工业建设计划和生产计划；（2）组织四结合，即生产、科学研究、使用部队和学校的协作，并编制协作计划；（3）监督检查基本建设、设计、生产等方面的执行情况，及时提出调整平衡的意见；（4）参加新产品的试验鉴定工作；（5）搜集各军种兵种在各种条件下，使用新产品的情况，及时沟通对科学研究设计、制造、使用方面的意见，提出改进意见；（6）解决军民工业两用问题。平时组织国防工业民用，同时计划战时民用工业的动员并在战争开始时组织实施。[3]聂荣臻建议，国防工业委员会办事机构设置的各组应按军种、兵种性质设7个组：组织动员组、空军组、海军组、通信组、装甲坦克及工程组、火炮牵引车辆步兵武

---

[1]《中华人民共和国国民经济动员史（1949—1978）》，军事科学出版社2014年版，第271页。

[2]周均伦主编：《聂荣臻年谱》（下），人民出版社1999年版，第691—692页。

[3]方强：《为国防而战》，海潮出版社1991年版，第95页。

器组、秘书组。办事机构的人员要起三方面的作用：对委员会起专家参谋作用；对工厂企业起督促检查作用；对各军种、兵种起联络通气作用。[1]

1960年1月5日，中共中央批准成立中央军委国防工业委员会（简称"国防工委"）。贺龙为主任，贺龙、聂荣臻、李富春、薄一波、罗瑞卿、萧劲光、刘亚楼、赵尔陆、张爱萍、宋任穷、王鹤寿、彭涛、柴树藩、方强为委员，方强为秘书长。1月6日，贺龙主持召开国防工业委员会全体委员会议。贺龙在讲话中说明，国防工业委员会是在中共中央、国务院、中央军委领导下，负责研究、规划的委员会，是协商办事的组织，不是一级行政机构，不代替国家各级行政机关行使职权。[2]

（三）成立第三机械工业部

1959年10月底，中央军委召集第一机械工业部、各军兵种和总部领导人开会，讨论军工生产和国防工业建设计划。会上，第一机械工业部部长赵尔陆提出：为解决军工生产的统筹安排问题，应成立国防工业部。[3]

1959年10月30日，国防部副部长、国防科委副主任陈赓给中央军委报送了《关于导弹研究生产情况和对军工生产管理体制的意见》，汇报了导弹研究、生产的情况，对军工生产管理体制提出了意见。其中建议："可否恢复过去的办法，以导弹技术为中心，包括全部军工生产，组建一个国防工业部，建制属国务院，日常业务归军委领导。这

---

[1] 周均伦主编：《聂荣臻年谱》（下），人民出版社1999年版，第699页。
[2] 方强：《为国防而战》，海潮出版社1991年版，第96页。
[3] 《中华人民共和国国民经济动员史（1949—1978）》，军事科学出版社2014年版，第271页。

样做的好处有：第一，可以从组织上保证导弹技术的统一领导，使研究、生产和原材料供应三个方面密切协调。第二，可以密切研究设计、试制和使用三方面的结合，加速我军装备的发展。第三，可以通盘考虑军事工厂的发展和布局，平时按国家计划担负一部分民用生产，一旦有事，就可全力以赴，作为战时工业的骨干。"聂荣臻阅后批："同意，并交（罗）瑞卿同志阅。"[1]

鉴于一机部统管国防工业存在着许多难以克服的问题，1960年6月23日，聂荣臻召集陈赓、刘亚楼、张爱萍、安东、王诤、张震寰等，座谈国防工业体制调整问题。聂荣臻在会上提出："当前国防工业的问题很多，近两年来，导弹、飞机等没有拿出什么东西来。一机部对军工生产照顾不过来。我曾向林、贺两位副主席谈了，把造船、无线电、导弹的生产从一机部分出来，单独成立几个工业部。分出来后的工业部不要大，但要管细些。把研究、设计、试制三者结合起来，把研究设计、生产试制和使用三者结合起来。分出的几个工业部，要置于国防部的领导之下。"同月，中共中央决定：国防工业一律由国防工委直接领导。过去下放的国防工业企业一律收回。[2]

6月29日，聂荣臻再次约请罗瑞卿、陈赓、杨成武、萧华、张爱萍、宋任穷、安东等座谈国防工业体制问题。首先请罗瑞卿谈了国际形势。随后，聂荣臻在会上提出："根据国际国内形势，当前国防工业在科研和生产中的问题很多。国防工业几年来没有正式出过什么东西。仿制的P-2导弹原计划今年完成小批生产，但从现在的情况来看，得推迟到明年。我一直主张科研、生产、使用三者要结合起来。为加强对国防工业的领导和管理，建议把国防工业常规武器部分组成航空、

---

[1]周均伦主编：《聂荣臻年谱》（下），人民出版社1999年版，第691页。
[2]《中共中央文件选集》第36册，人民出版社2013年版，第98页。

电子、兵器、舰船4个工业部，由中央军委统一领导研究和生产，对国务院负责。"[1]

7月2日，中央军委常委第十七次会议就国防工业分部和国防工业的领导体制问题进行了讨论。聂荣臻在会议上正式提出建议，把国防工业常规武器部分组成航空、电子、兵器、舰船4个工业部，由中央军委统一领导研究和生产，对国务院负责。[2]军委会议讨论通过了聂荣臻的这个建议。在中央军委提议下，1960年9月，中共中央决定国防工业仍从第一机械工业部分出。1960年9月13日，二届全国人大常委会第二十九次会议通过决议，将一机部所属国防工业管理机构及其所属的科研、生产、建设单位划分出来，单独成立第三机械工业部（简称"三机部"），设航空、兵器、造船和电子工业等专业总局。张连奎任部长。

9月中旬，方强代中央军委起草了给中共中央的《关于国防工业委员会今后工作的意见》的报告稿。报告提出了国防工业从一机部分出成立一个部后，在新形势下国防工业委员会的任务、工作、体制等问题。1961年1月，国防工委与三机部合署办公，孙志远任三机部部长。[3]

三、成立国防技术研究的领导机构

中国国防工业在初步掌握现代制造技术之后，建立相应的科研机构，着手自行研究和设计武器装备，就成为继续前进的目标。如果没有自己的科学研究工作，只是单纯地按照苏联技术资料仿制，根本不

---

[1] 周均伦主编：《聂荣臻年谱》（下），人民出版社1999年版，第724页。
[2] 周均伦主编：《聂荣臻年谱》（下），人民出版社1999年版，第726页。
[3] 1962年1月，国防工业委员会办公室和第三机械工业部分署办公。

可能建立独立自主发展的国防工业。根据中央的精神，国防工业在"二五"计划中，开始把发展科学研究和产品设计放到了重要的地位。

（一）成立国防部航空工业委员会

20世纪50年代中期，中国的国防工业、基础工业和科学技术都有了较快的发展。在尖端技术领域，已汇集了一些优秀的高水平的科学技术专家，并在相关领域开展了一些科研工作，有了一定的基础。同时，苏联政府也表示愿意在原子能及导弹技术方面给予援助。发展国防尖端技术被提上了国家的议事日程。1956年2月，受周恩来委托，钱学森起草了关于《建立我国国防航空工业的意见书》（以下简称《意见书》），提出了我国火箭、导弹事业的组织方案、发展计划和具体措施，特别指出健全的导弹航空工业，除了制造工厂外，还应该有一个强大的为设计而服务的研究和试验单位以及一个作长远和基本研究的单位。2月22日，周恩来将《意见书》送毛泽东审阅。[1]

1956年3月14日，周恩来主持中央军委会议，决定组建导弹航空科学研究方面的领导机构——航空工业委员会（简称"航委"）。会议决定按照钱学森的建议，组建导弹航空事业的科研机构、设计机构和生产机构。周恩来委托聂荣臻领导航委的工作，并于本周提出委员会成员名单，然后报中央批准。随后，聂荣臻向周恩来并中央军委、中共中央写报告，建议成立航空工业委员会，负责导弹研究机构的组建，组织导弹研究与试制工作，通盘协调导弹与航空工业的研制、生产的方针、方向等问题。4月13日，国防部办公厅通知："国务院决定，为了发展航空工业，成立航空工业委员会（对外不公开），直属国防部，人选如下：主任：聂荣臻；副主任：黄克诚、赵尔陆；委员：王

---

[1]《钱学森年谱》（上），中央文献出版社2015年版，第126页。

士光、王诤、安东、刘亚楼、李强、钱志道、钱学森；秘书长：安东（兼）。"[1]5月10日，聂荣臻向国务院、中央军委提出《建立我国导弹研究工作的初步意见》的报告。报告建议：在航空工业委员会下设立导弹管理局，统一领导导弹的研究与生产工作，由钟夫翔任局长，钱学森任总工程师。建立导弹研究院，钱学森兼任院长。建立自动控制研究所、无线电定位研究所，加速建立无线电元件研究所。[2]航委还商议，军队建立军事技术科学研究院同苏联军事技术科学研究机构建立联系，取得直接援助。

5月26日，中央军委第71次会议讨论通过了聂荣臻提出的《建立我国导弹研究工作的初步意见》的报告。在讨论时，周恩来指示，导弹研究工作发展的方针应当是：采用突破一点的办法，不能等待一切条件都具备了才开始研究生产。建立导弹研究及有关工作所需要的技术专家及行政干部，同意由工业建设和高教研究部门以及军队中抽调。但必须进行说服工作才有可能，要说服更多的人，都来帮助和支持导弹的研究工作，为研究和制造导弹而努力。军队要起模范作用，要人要钱首先拿出来。关于从各方面抽调人员、建立机构、解决房舍等问题，请聂荣臻主持，在最近一个星期内召集各方面有关的同志开一次会，进行具体研究。[3]6月2日，聂荣臻根据周恩来指示，邀集国务院、军队各有关部门负责人开会，商讨为筹组导弹研究等机构抽调所需要的各类工程技术人员和政治、行政干部以及后备技术人才的培养、解决导弹研究机构急需用房等问题。聂荣臻指示，由国务院科学

---

[1] 谢光主编：《当代中国的国防科技事业》（下），当代中国出版社1992年版，第507—508页。
[2] 周均伦主编：《聂荣臻年谱》（上），人民出版社1999年版，第577页。
[3] 周均伦主编：《聂荣臻年谱》（上），人民出版社1999年版，第578—579页。

规划委员会委员兼秘书长范长江主持,中国科学院、高等教育部、国家计委等有关部门负责人参加,成立一个专门小组,对为筹组导弹等研究机构抽调各类科学技术人才数量、具体人选及后备技术人才的培养数量,进行磋商与平衡。导弹研究等机构所需政治、行政干部由总政治部、总干部部包干。请天津、北京为导弹管理局各抽调出一所工业学校。导弹研究机构所需房子问题,请习仲勋、薛子正、萧向荣、安东等研究解决。

(二)组建导弹研究院——国防部第五研究院

为加快导弹研究院的组建工作。1956年7月3日,聂荣臻约请赵尔陆、安东、钱志道、钟夫翔就一些问题进行商谈。聂荣臻提出五条意见:(1)导弹的制造不能单设工厂进行,必须利用全国各有关工业部门的力量。导弹研究院只是进行研究、设计、试制,这要走在制造的前边。我们要在苏联现有的水平上进行试制,同时在此基础上进行研究设计。导弹研究院要向由二机部和总参通信兵部代管的无线电雷达、无线电控制等研究所提出技术要求。(2)在近几年内,军队要把导弹管理局、导弹研究院管起来。由二机部和总参通信兵部代管的与导弹研制有关的几个研究所,由二机部、总参通信兵部在行政、生活、组织等方面分别管起来。(3)航委与二机部在国家是两个户头,导弹研究需要的人、财、物,由航委导弹管理局统一做出计划向国家申请后,再分配到导弹研究院和二机部、总参通信兵部代管的各研究机构。(4)导弹管理局与导弹研究院的组织机构要由军队总政治部、总干部部按编制配齐干部。(5)所需的中等技术人员,商请天津与北京的两所工业学校每年要有一定的比例支援导弹研究事业。同时,商请化工、冶金、机械、电机、无线电、航空等部门每年也合理负担支援一些。

以上五条，后报经周恩来批准。[1]为保密和便于对外联络，军委决定将航空工业委员会所属导弹管理局、导弹研究院改称国防部第五局、国防部第五研究院（简称"五院"）。

由于五院迟迟未能建立起来，钱学森向钟夫翔等领导对此提出意见，认为人员调集等项工作抓得不紧。钱学森提出，究竟还搞不搞火箭、导弹，要搞就应很快着手，有多少人就搞多少，不应再拖延。7月28日，钟夫翔向聂荣臻写了报告，转述了钱学森的意见。报告还说，为把导弹研究院的机构迅速组建起来，建议将前曾商由各部抽调的工程技术人员做最后确定，早日调集，并将院的主要负责同志调来，以便先搭起架子，开始工作。对即将陆续分配来的201名大专学生拟进行政治思想动员，组织学习导弹基本知识和有关理论技术课程、补习外文，到有关工厂、研究所参观实习等进行初步安排。8月1日，聂荣臻将报告转呈周恩来总理、国防部部长彭德怀、军委秘书长黄克诚。2日，周恩来批示，请钱学森一起商定一个可行的目前计划，包括调人在内，提国务会议通过后付诸实施。

1956年10月8日，经中央军委批准，国防部第五研究院正式成立。钟夫翔为国防部第五局局长，钱学森为国防部第五局第一副局长兼总工程师、国防部第五研究院院长。有关无线电电子学方面的研究组织工作，由王诤负责。先组建的自动控制、无线电定位两个研究所，由国防部第五局直接领导。12月3日，聂荣臻对国防部第五局和国防部第五研究院的工作做出指示：（1）为加强第五研究院的领导，决定调林爽兼任该院副院长，负责技术管理事宜。（2）根据整个缩编精神，同时照顾到工作需要，局、院的政治处机构应合二为一，并设于五院，

---

[1] 周均伦主编：《聂荣臻年谱》（上），人民出版社1999年版，第584页。

由院负责领导,统管局、院的政治工作(局设政治协理员);局、院的行政管理处机构,亦应合二为一,并设于五局,隶属于局的领导,统管局、院的行政、管理工作。[1]

当时的组织形式是:航空工业委员会领导国防部五局,五局领导五院。五局是管理机关,而五院却没有办事机构。经过再三考虑,钟夫翔认为应该将五局同五院合并,精干机构,提高效率。1956年12月8日,钟夫翔致信聂荣臻,建议将五局撤销,并将五局现有的职能部门充实到五院,使五院成为一个健全的研究机构。1957年2月14日,钟夫翔在会议上就这一问题作了说明。聂荣臻表示同意钟夫翔等的意见。[2] 3月1日,国防部第五局正式撤销并入国防部第五研究院。

1957年10月15日,中苏两国政府签订《关于生产新式武器和军事技术装备以及在中国建立综合性的原子工业的协定》(简称"10月15日协定"或"国防新技术协定")。为适应"10月15日协定"所产生的新情况和新任务,1957年11月15日,聂荣臻向彭德怀并周恩来写报告。报告说:"曾由黄克诚、粟裕、陈赓等同志召集有关人员对导弹研究工作的领导和机构的组织形式等问题进行了研究,均认为必须统一领导国防部第五研究院和军事电子科学研究院的工作,以便集中现有的人力、物力。并一致同意以国防部第五研究院为总院,军事电子科学研究院则作为一个分院(定名第二分院),其党政工作、物资保证和行政管理等均由总院统管。同时,为集中现有研究力量用于新技术的研究,拟将通信兵部所属的通信研究室合并于第二分院,合并后,军队通信的一般研究工作,在不影响第二分院主要课题研究的情况下,由该院承担"。报告还建议:增调王诤任五院副院长全力领导五院的工

---

[1] 周均伦主编:《聂荣臻年谱》(上),人民出版社1999年版,第598—599页。
[2] 周均伦主编:《聂荣臻年谱》(上),人民出版社1999年版,第599、603页。

作；请苏联派遣的专家组早日来华帮助工作；将二机部所属211厂拨给五院担负研究中的试制和生产；由航委统一掌握军事工程学院、北京航空学院等4所院校的专业安排、培训计划、师资与研究工作的调配、协作等事项。16日，周恩来任命钱学森为五院院长兼第一分院院长，刘有光为政治委员，刘秉彦为五院副院长兼第一分院副院长，王诤为五院副院长兼第二分院院长。[1]

1957年末，中央酝酿调整国家行政管理体制。二机部部长赵尔陆提出将五院合并到二机部。聂荣臻表示：不同意将五院合并于二机部。因为五院的成立，就是要在我国国防科学研究方面成为一个拳头，国防部要亲自领导这个机构的成长，并使其在短期内在苏联的援助下迅速发展壮大。并到二机部后，会使科学研究工作因生产任务繁重而减弱。目前不仅不能合并，而且要求把沈阳搞"歼教一型"飞机的技术力量及北京二机部四局搞仪表的和北京航空学院、南京航空学院可以调集的人才集中到五院去，以便在苏联专家帮助之下，担当起五院的任务。12月25日，聂荣臻召集总干部部部长萧华、副部长甘渭汉及王诤、邱创成、安东等开会，商讨五院和所属分院的名称、级别、机关设置、领导干部配备，以及为导弹试验靶场筹建机构选调干部等问题。会议决定，五院仍沿用国防部第五研究院和一分院、二分院的名称；五院机构按兵团一级、分院按军一级行使职权；对外协作、联系工作等使用代号。[2]为加强国防尖端技术的研究工作，1960年春，军委任命空军司令员刘亚楼兼任国防部五院院长；钱学森任技术副院长；空军副司令员王秉璋为副院长，主管行政工作。

为适应"国防新技术协定"签订后的新情况和新任务，国防部五

---

[1] 周均伦主编：《聂荣臻年谱》（上），人民出版社1999年版，第626页。
[2] 周均伦主编：《聂荣臻年谱》（上），人民出版社1999年版，第627、631页。

院在原10个研究室的基础上成立2个分院,分别承担导弹总体、火箭发动机和控制导引系统的研究工作。随着导弹仿制工作全面展开,中央军委决定加快国防部五院一分院、试验站、空气动力研究所、二分院等4项工程的建设。到1961年,五院已建成了3个分院,为导弹研制奠定了基础。

(三)成立军事电子科学研究院

为配合导弹研究,必须集中力量开展无线电电子科学研究工作。聂荣臻对此十分重视。1956年11月19日,聂荣臻召集王诤、安东、李强、钟夫翔、林爽[1]开会,讨论如何集中力量开展无线电电子科学研究工作的问题。经过商议,大家同意在导弹研究院之外,另成立一个无线电电子技术研究院。聂荣臻表示,导弹研究院要有一个小的自动控制研究组,从导弹总体上提出技术要求,交由无线电电子技术研究院自动控制研究所进行研究。这样,五院才能成为总体设计的导弹研究院。聂荣臻指示:五院的自动控制研究组的人选和组织,请王诤主持研究解决;无线电电子技术研究院要首先组建起自动控制研究所;导弹的自动控制中无线电部分由总参通信兵部的工厂负责试制,机械控制部分的试制商请二机部承担。[2]

12月2日,聂荣臻就组建军事电子科学研究院一事,致信彭德怀并中央军委:"为适应我军现代化的需要,特别是配合国防新技术的发展,急需大力组织对电子科学技术的研究工作。这是保证我军新装备现代化的必要条件。"我国电信工业正在发展壮大,为使其产品方案能与未来军事要求相适应,"急需有一专门科学技术研究机构,以便研究发展雷达、通信、导航和遥远操纵、自动控制的全部技术体制问题,

---

[1] 林爽,原为邮电部教育司副司长,当时刚被调到国防部第五研究院。
[2] 周均伦主编:《聂荣臻年谱》(上),人民出版社1999年版,第596页。

并通过各体系中各个设备的设计与实际试验，为工业产品做好先行的探索工作。此事经与陈赓、李强、王诤等同志交换意见，均认为急需筹建电子科学研究机构。现国防部五院已成立，如离开上述研究机构的配合，不管在研究与运用方面都是很难设想的。""为此，建议将通信兵部现有电信科学技术研究所为基础组成'军事电子科学研究院'（包括导航、无线电波、侦察和抗干扰、电信、无线电定位等研究所若干个），由王诤同志兼任院长，加强组织领导密切与有关单位协作，逐步完成国防军事电子科学技术研究工作的长远规划的任务。""该研究院的工作方针和任务的确定，拟直接隶属于国防部航空工业委员会为宜，并由航委负责其基本建设和研究费用。""鉴于航委机构新建，有关筹组和保证工作仍责成由通信兵部暂时负责，待时机成熟再转。"3日，彭德怀阅后批："军委讨论一次再定"。12月10日，中央军委第93次会议讨论决定，同意成立军事电子科学研究院，并由王诤兼任院长，报中央审批。[1]

1957年1月7日，聂荣臻签发中央军委就组成军事电子科学研究院及由王诤兼任院长一事给中共中央的报告。9日，邓小平在报告上批："拟同意。主席、刘（少奇）、陈（云）核示后退克诚。"毛泽东、刘少奇均圈阅。10日，陈云阅后批："鉴于政府工业部门的研究机构人员质量很低，但人数很多，开支大效果小，因此，军事电子科学研究院，应由小而大，研究人员宜精不宜滥，水平低的无济于事。水平高的只要几个人就顶事。"14日，聂荣臻看了陈云的上述批语后，要安东转告王诤：在编制上应注意陈云的批语。[2]军事电子科学研究院随即成立，王诤兼任院长。1958年2月，该院划归五院二分院。

---

[1]周均伦主编：《聂荣臻年谱》（上），人民出版社1999年版，第598页。
[2]周均伦主编：《聂荣臻年谱》（上），人民出版社1999年版，第601—602页。

（四）成立国防部国防科学技术委员会

根据"10月15日协定"，苏联政府答应在建立综合性的原子工业、生产与研究原子武器、火箭武器等方面对中国政府进行技术援助。为适应"10月15日协定"所产生的新情况和新任务，周恩来建议在国防部下设立一个委员会统一管理原子能工业和导弹的研究制造等工作。聂荣臻与彭德怀、黄克诚商量后，起草了一个报告，提议由彭德怀、黄克诚、粟裕、陈赓、宋任穷、聂荣臻等6人组成委员会，名称为国防新技术委员会或军事科学技术委员会。彭德怀任委员会主任，聂荣臻、黄克诚为副主任。报告说："关于导弹的研究制造问题，工作和关系都较复杂些，五院下有两个分院，院外与各部的协作较多，似应仍设一委员会主持其工作为好，建议仍旧用航委名义，组成人员予以更动如下：黄克诚、陈赓、钱学森、王诤、赵尔陆、聂荣臻、李强等7人组成之，以聂荣臻为主任，黄克诚、赵尔陆为副主任，安东为两委员会的秘书长。"[1]1957年12月12日，这个报告以彭德怀的名义报送周恩来。[2]后来国防新技术委员会未成立。

在落实"10月15日协定"的过程中，苏联提出，不能由总参装备计划部接受苏方提供的导弹物资，中国应仿照苏联的做法，在国防部下设第五部（苏联这方面的工作由其国防部第五部负责），负责领导各型导弹武器的仿制工作。[3]经过慎重考虑，中央军委决定在国防部设第五部，负责领导全军武器装备的科学技术研究和特种部队的组建及其装备计划等工作。5月19日，国防部发出通知，成立国防部第五部，总参装备计划部部长万毅兼任部长。

---

[1]周均伦主编：《聂荣臻年谱》（上），人民出版社1999年版，第629—630页。
[2]王焰主编：《彭德怀年谱》，人民出版社1998年版，第666页。
[3]《万毅将军回忆录》，中共党史出版社1998年版，第248页。

为了适应形势的发展,加强国防科技研究工作的组织领导和规划协调,1958年9月,聂荣臻代中央军委起草了给周恩来并毛泽东、中共中央的《关于改组国防部航空工业委员会为国防部国防科学技术委员会的报告》。报告说,随着全国形势的发展,"国防科学技术研究工作已广泛地展开,不仅军内各军兵种、院校和研究机构在大力进行国防尖端技术和常规武器的研究;科学院所属各所,各有关高等院、校,各工业部所属有关的研究机构和工厂也都展开了这方面的研究工作。国防科学技术的研究已经掀起了一个高潮,并且获得了一定的成就。但是也出现了一些问题:有些相同的项目,几个单位都在设计和试制;各研究机构之间相互通情报交流经验不够;试制赶不上设计;设计、试制和使用单位之间缺乏必要的联系等。为了适应这一形势的发展,充分发挥各方面的积极因素,统一组织力量,把研究设计、试制和使用三方面紧密结合起来,加强国防科学技术研究工作的组织领导、规划协调(包括各方面的年度计划安排),并进行监督检查,建议把国防部原航空工业委员会的工作范围加以扩大,改为国防部国防科学技术委员会,在军委(国防部)、中央科学小组(国务院科学规划委员会)领导下进行工作"。[1]

1958年9月25日,军委第157次会议通过了聂荣臻起草的《关于改组国防部航空工业委员会为国防部国防科学技术委员会的报告》。10月16日,中共中央批转了中央军委的报告,中央在指示中说,为了适应形势的发展,目前极需把研究设计、试制和使用三方面密切结合起来,同意成立国防部国防科学技术委员会(简称"国防科委")。[2] 聂荣臻任主任,陈赓任副主任,万毅、王诤、王鹤寿、刘亚楼、刘居

---

[1] 周均伦主编:《聂荣臻年谱》(下),人民出版社1999年版,第653页。
[2]《中共中央文件选集》第29册,人民出版社2013年版,第167页。

英、萧劲光、陈士榘、陈锡联、安东（兼秘书长）、宋任穷、李强、罗舜初、赵尔陆、范慕韩、许光达、张爱萍、张劲夫、黄克诚、彭涛、钱学森、韩光为委员。1960年4月1日，国防部任命刘亚楼、张爱萍兼任国防科委副主任。

经中共中央批准，国防科委在国家建立单独户头，自1960年起作为国家统一分配物资的申请单位。国防科委是国防科学技术方面的领导机构，又是国务院、中央军委领导国防科学技术的参谋和办事机构，任务是统一领导核武器、导弹武器和常规武器装备的科学研究工作。组织、协调研究、生产、使用三个方面的结合，审定科研计划、研究方向、战术技术要求，制订技术干部培养、分配计划（直接领导军事工程学院和军事通信工程学院），审定科研成果，组织试制、试验、定型等工作。新型原材料由冶金、化工等部门研究解决。国防科学技术的保卫保密工作由总政治部保卫部管。国外订货由外贸部李强负责。国防科委的成立，标志着在中共中央、国务院、中央军委领导下，有了统一管理国防科技发展工作的机构，加强了对国防科技工作的集中统一领导，有利于国防科技重大决策和一系列方针、政策的贯彻执行，从而加速了国防科技事业的发展。

国防科委成立后，鉴于国防部五部和国防科委在全军特种武器（导弹和原子弹）管理工作上存在机构重叠、职责不清等问题，万毅在向聂荣臻汇报工作时，提出建议：第一方案是，撤销国防部第五部，由国防科委统一管理特种武器的研制。第二方案是，在国防科委之下设第五部，负责管理导弹、原子弹的研制，并代表国防科委指导有关单位的工作。聂荣臻表示：这两个方案都可以，他个人同意第一方案。聂荣臻请万毅与陈赓、安东等具体研究后，把这两个方案及其设置的机构与职责整理出来向中央军委写一个报告，请中央军委决定。[1]1959年4月16日，军委会议同意将国防部第五部的机构和人员并入国防科委，并报中共中央备案。

4月20日，中央军委给总书记邓小平并毛泽东呈送报告。报告说："为使工作趋于统一，组织机构比较合理，经过军委会议讨论，决定将国防部五部的机构和人员全部合并到国防科委，并明确今后有关火箭导弹和原子能在军事上的利用两项技术领导工作，在军委领导下，统归国防科委负责，国防部五部自合并之日起撤销。""原五部部长万毅同志拟调国防科委工作，任副主任。"22日，邓小平批示："拟同意"。[2]毛泽东等圈阅同意。4月27日，国防部发出撤销第五部机构的通知，决定将国防科委和国防部第五部合并。总参谋部装备计划部负责常规武器的科研处也合并到国防科委。规定了特种武器管理体制。按照这个规定，凡属特种武器的研究设计、试制、试验、生产、装备、部队训练、组建部队、物资供应等一系列的工作都由国防科委管理。经过半年多的实践，国防科委感到有许多行政工作与总参各部重复，很难管理，于是向军委请示后决定，相关的参谋行政业务划归总参管理。

1959年10月20日，中央军委常委第二次会议决定："今后国防科学技术委员会的工作，先向中央军委、国防部作报告。经军委讨论后，用军委、国防部长名义报告中共中央和国务院。至于具体业务问题，国防科委仍可以直接同中央有关部门、科学研究机关联系。"[3]

---

[1]周均伦主编：《聂荣臻年谱》(下)，人民出版社1999年版，第664页。
[2]周均伦主编：《聂荣臻年谱》(下)，人民出版社1999年版，第670页。
[3]周均伦主编：《聂荣臻年谱》(下)，人民出版社1999年版，第689页。

（五）组建国防部第六、第七、第十研究院

新中国成立后的10多年里，国家投入数十亿元建设了100多个大中型国防工业项目，至20世纪60年代前期，中国国防工业已初具规模。在此期间，为了适应武器装备发展的需要，国防工业部门先后组建了一些国防科研机构。中国人民解放军各军兵种也相继成立了一些研究机构，对常规武器装备的研制，起了一定的积极作用，但从总体来看，这些科研机构研制力量分散重复，专业门类不全，不能形成集中的攻坚力量。

为加强对国防科学技术研究工作的组织领导，中共中央批准成立国防部国防科学技术委员会，负责加强对军内外有关国防科学技术研究工作的组织领导、规划协调、监督检查。聂荣臻任主任，陈赓任副主任。陈赓经过充分调研后提出：在常规武器的发展上，以仿制为主的阶段已成过去，今后应着重设计和生产新装备。但现行体制下，研究机构力量分散，再加上有些认识问题尚未统一，试制新产品的工作开展得并不好。[1]陈赓认为，常规武器规划的指标和措施远远达不到要求，首先是队伍问题，现有的技术力量太分散，研究仪器设备也非常缺乏。对这个问题，陈赓同许多同志进行了讨论研究，大家的认识都基本一致。因此陈赓建议按照国防部五院、九院的做法，组建常规武器研究院。像当年组织军队那样组织研究队伍，不但把科技人员组织起来，还要充实必要的仪器设备。他主张，和平时期不打仗，可以少建些生产厂，少生产些武器装备，少养些兵，多腾出钱来建设研究机构。他这个"三少一多"的思想，得到聂荣臻的赞同。[2]

---

[1]《陈赓军事文选》，解放军出版社2007年版，第777页。
[2] 范济生、柳鸣：《永怀科技大将》，《百年追思——陈赓大将诞辰100周年纪念文集》上册，解放军出版社2003年版，第247页。

为进一步加强对国防科学技术研究工作的组织领导，国防科委在国防部五院建设经验的基础上，于1959年12月向中央军委呈送报告，提出，为进一步加强对国防科学技术研究工作的组织领导，加速国防科学技术的发展，拟向军委领导并中央军委书面报告，建议组建无线电电子学研究院、航空研究院和海军舰艇研究院。12月11日，聂荣臻审阅了国防科委的报告草稿后批示："此事牵动面较大，问题也很复杂，请将报告草稿先送一机部赵尔陆部长阅并提出意见"。12日，赵尔陆看了报告草稿后表示："我完全同意。这样做，其结果肯定是多快好省的。"29日，国防科委把这个报告正式报送中央军委。[1]12月30日，中央军委常委第九次会议讨论了国防科委的报告。在讨论时，聂荣臻表示同意国防科委的这一报告，并建议军委予以批准。军委领导没有出席这次会议，此前曾有先不成立航空研究院，而把它并入国防部第五研究院的意见。聂荣臻在会上表示："关于航空研究院，还是成立好，如果把它并入国防部第五研究院，则抽不出多少人，而且既然从一机部挖出来了，根子也就断了，对今后发展也不利。"贺龙、罗荣桓、徐向前、叶剑英、罗瑞卿都表示同意国防科委的报告。会议决定：同意国防科委的建议，"为了加速建设国防科学技术各方面的研究、设计体系，除积极建设第五研究院、原子研究院和准备组建空气动力研究院外，再组建：无线电电子学研究院、航空研究院和海军舰艇研究院等三个研究院"。会议还决定空军司令员刘亚楼兼国防科委副主任。[2]

1960年1月5日，中央军委就组建3个研究院问题向中央写了报告。报告上送后，因一机部党组有不同意见而拖了下来。聂荣臻表示：成立航空、舰艇和无线电3个研究院的问题，还是应该坚持搞。国防

---

[1] 周均伦主编：《聂荣臻年谱》（下），人民出版社1999年版，第700页。
[2] 周均伦主编：《聂荣臻年谱》（下），人民出版社1999年版，第703页。

工业6所高等院校也应考虑由国防部来管，以端正方向，提高教学质量，有计划地为国防工业培养专门技术人才。1960年9月，中共中央决定国防工业从一机部分出，成立第三机械工业部（简称"三机部"）。陈赓抓住机会，就研究院组建问题同各方面领导交换意见，并两次向邓小平汇报。[1] 聂荣臻也多次表示：从研制新型飞机可以看得很清楚，研究机构不集中不行。生产、研究、使用三者不结合是不行的。那样复杂的协作关系，那样多的项目，没有个研究机构是不行的。他督促新组建的三机部党组尽快就这个问题讨论一下。在中央书记处协调下，10月间，三机部党组同意了军委组建3个研究院的建议。1960年10月，中央军委责成副总参谋长兼国防科委副主任张爱萍负责邀请总参谋部、总政治部、国防科委、空军、海军、通信兵部、三机部等有关部门负责人，共同研究筹建研究院的有关问题。随后，空军、海军、通信兵部分别组成了筹备小组，负责建院的筹备工作，并提出了具体的建院方案。[2]

12月9日，聂荣臻就组建航空、舰艇、军事无线电电子学等3个研究院的问题，代中央军委起草给中共中央的报告。报告说："关于集中原一机部的科学研究机构组建航空、舰艇和军事无线电等三个研究院的问题，在征得原一机部赵尔陆同志同意后，军委于今年1月5日报告了中央。但由于一机部党组提出了某些不同的意见，故这三个研究院的组建迟迟未决，拖延了将近一年。今年10月间，三机部党组又同意了军委组建三个研究院的意见，我们即召集了有关部门进行了研究，一致认

---

[1]《百年追思——陈赓大将诞辰100周年纪念文集》上册，解放军出版社2003年版，第247页。
[2] 谢光主编：《当代中国的国防科技事业》（上），当代中国出版社1992年版，第37—38页。

为事不宜迟，应迅速组建起来。"报告还就组建的具体方案提出了意见。12月14日，中央军委将这个报告报送邓小平并中共中央。20日，邓小平批示："这个问题搁了很久了，应迅速解决。故拟予同意。"[1]

1960年12月27日，中央军委发出了《关于组建航空、舰艇、军事无线电电子学等三个研究院的通知》。通知说，上述3个研究院从1961年1月，正式列入军队编制，番号分别为国防部第六、第七、第十研究院，业务工作由国防科委统一领导。[2]唐延杰、刘华清、孙俊人分别任3个研究院的院长，王振乾、戴润生、黄远分别任政治委员。3个研究院的主要任务是负责军用飞机、舰艇、军事电子装备的研制，并解决仿制、引进中的技术问题。

1961年2月6日，中共中央通知，将原属三机部的哈尔滨工业大学、北京航空学院、北京工业学院、南京航空学院、成都电讯工程学院、西北工业大学、原属高教部和上海市的上海交通大学等7所国防科技工业高等院校，划归国防科委领导。1962年7月5日，中央军委又决定将太原机械学院划归国防科委领导。按照中央军委决定，军事电信工程学院自1963年9月1日起，划归国防科委建制。此外，还有22个军兵种的科研单位的业务工作归属国防科委指导。中国科学院新技术局所属研究机构由中国科学院与国防科委双重领导。

为加强国防科委对国防科研工作的组织领导，国防科委的领导机构也做了调整和扩充。1961年5月26日，国防部任命刘西尧（兼）、钟赤兵、安东为国防科委副主任，路扬为秘书长。1962年5月，聂荣臻同意刘亚楼不再兼五院院长，院长由王秉璋担任。刘亚楼对五院、

---

[1] 周均伦主编：《聂荣臻年谱》（下），人民出版社1999年版，第749—750页。
[2] 1963年1月，中央军委决定，第六、第七研究院统一由国防科委领导，在业务上分别接受空、海军的指导。

六院的工作，统以国防科委副主任的身份出面。聂荣臻提出，张爱萍副总参谋长[1]要把主要力量转到国防科委，主持国防科委的日常工作。

国防科委承担的工作范围也有所扩大。根据中央军委的决定，军工产品定型委员会（1956年成立，聂荣臻任主任）的工作由总参谋部移交国防科委承办，办公机构也同时移至国防科委。1963年12月28日，国务院决定成立国务院特种武器（导弹、原子弹）定型委员会。聂荣臻任主任，罗瑞卿、张爱萍、安东（兼秘书长）任副主任。1964年3月13日，在国防科委设立第一（导弹）办公室和第二（原子弹）办公室，具体领导"两弹"研制工作。

到20世纪60年代初，国防科委拥有38个单位，约8万人，形成了一支尖端和常规武器装备的研制队伍，初步建立了一个比较配套的国防科研体系。

第二节 国防工业大规模建设

1953年至1960年，是中国国防工业第一次大规模建设时期。这一时期兵器工业围绕武器装备制式化这个中心，以提高技术水平为先导，改造老企业，兴建新工厂，试制生产出国家规定的制式武器和弹药，全面更新了陆军武器装备。与此同时，贯彻军民结合的方针，探索兵工生产平战结合的途径，支援国民经济建设。至20世纪60年代初，兵器工业初步形成了行业基本齐全、技术比较先进的工业体系。中国的航空工业已能够成批生产歼击机、教练机、直升机和小型运输机，并开始了自行设计，成为初具规模的新兴产业。中国船舶工业从

---

[1] 1962年12月，张爱萍任国防工业办公室副主任。

以建造苏联转让的 6 种型号的舰艇为工作重点以后，加快了科研、生产和建设的步伐。到 20 世纪 60 年代初，全国船舶工业面貌与新中国成立之初相比，已经发生了显著的变化。这个时期，是中国电子工业初创和奠定基础的时期。在元器件方面，已掌握了以电子管为基础的真空器件成套工艺以及通用元件的生产技术，从仿制走向自行设计。同时，开始了半导体器件的研制工作，初步形成了多种产品门类。

一、初步建设兵器工业体系

1953 年，兵器工业全面进入产品制式化阶段。为了尽快地用制式武器装备部队，必须对老企业进行技术改造，担负起第一批制式武器的生产任务。按照中央军委兵工委员会确定的《现有工厂调整方案》，二机部二局在北京召开厂长会议，要求各企业按照确定的专业方向和产品纲领进行全面技术改造，共确定了 41 个专业化企业，计有枪械制造厂 5 个、火炮制造厂 5 个、枪弹制造厂 6 个、炮弹制造厂 11 个、引信火工品制造厂 5 个、火炸药制造厂 4 个、航空炮弹制造厂 1 个、光学仪器制造厂 1 个、坦克及发动机修配厂 3 个。为适应制式武器生产的要求，企业技术改造尽可能采用新技术、新工艺、新设备。企业技术改造的工作量大小不一。大致可分为三类：第一类改造工程量较小，如枪械和枪弹厂，属于小改小补型，由企业自行设计和改造；第二类改造工程量比较大，如炮弹厂、小口径火炮厂等，属于修复与充实相结合型，由工程设计院协同工厂进行设计，工厂组织施工；第三类改造工程量很大，属于改扩建工程，如大口径火炮、火炸药厂，需按照建设项目组织实施。后两类属重点技术改造项目，共 33 个。[1]

---

[1] 王立、庞天仪、于桂臣主编：《当代中国的兵器工业》，当代中国出版社 1993 年版，第 40 页。

这些技术改造项目，在两年左右时间都完成了。所有企业在技术上向现代化迈进了一大步，生产能力有了大幅度提高。这次技术改造是新中国兵器工业发展历程中具有历史意义的重大步骤。兵器工业依靠老企业的技术改造，担负起了第一批制式武器及配套弹药的生产任务。生产能力虽有成倍地提高，但仅及装备规划需要的40%左右，而重型武器和空海军的特种武器还是个空白。中央军委兵工委员会在《关于兵工建设问题的报告》中提出《五年新建工厂大纲》，计划新建15—17个企业，并纳入争取苏联援建项目清单。

1953年5月15日，以周恩来总理为首的中国政府代表团在莫斯科与苏联政府签订了《关于苏维埃社会主义共和国联盟政府援助中华人民共和国中央人民政府发展中国国民经济的协定》，规定援建成套工程91项，其中兵器工业18个项目，计有坦克、发动机、大口径高射炮、机载航空炮、水中兵器以及炮弹、火药、炸药、防毒器具和光电观瞄仪器等工厂。

兵器工业即将进行大规模建设。二机部二局、六局相继成立了新厂筹建机构，在苏联专家的指导下，开始了筹建工作。遵照中央关于开发大西北的战略部署，重点勘察了西北地区和华北西部地区，逐项选定厂址。同时，国家计划委员会对重点建设地区进行了全面规划，统筹安排。在工程设计方面，苏方负责生产技术，中方负责辅助工程和生活福利设施。每个新厂都组织从总工程师到关键工序技术工人的配套队伍，派往苏联工厂对口学习。到1954年底，建设的前期工作相继完成。二机部决定1955年为新建企业大规模建设的一年，根据各地区的实际，按轻重缓急，逐项排队，运用集中力量打歼灭战的方式，组织施工建设。陕西地区第一批开工建设的847厂、248厂，仅用了两年多的时间，就全面竣工投产。包头地区把617厂列为重中之重的工程项目,在内蒙古自治区政府的支援下,协同施工单位,重点组织大型厂房和关键设备的施工和安装,在不到4年的时间内就建成投产。

当第一批工程全面施工后,为了搞好武器装备的补缺配套工作,又着手筹备第二批建设项目。经中苏两国政府协商,于1956年4月7日在北京签订了《关于苏联援助中国建设55个成套项目的协定》,其中国防工业有6个项目,计有大口径火炮、航空武器、观瞄和照相设备,以及为水中兵器配套的仪表等制造工厂。1956年下半年,正当各项工程进入施工高潮时期,国家的建设资金和物资供应出现了缺口。中共中央、国务院决定全面调整基本建设规模,适当压缩建设项目。国防工业系统为确保航空、电子以及核和导弹等新兴工业,决定放慢兵器工业建设速度,压缩年度投资。兵器工业主动提出撤销2个项目、压缩6个项目,使有限的投资保证了重点工程。到1957年底,在开工的17个工程项目中,有6个项目竣工投产,6个项目完成了主体工程,超额完成了"一五"计划目标。

进入第二个五年计划时,新厂建设速度加快了,到1959年底,第一批工程18个项目大部建成,个别项目虽未全面竣工,但也初步形成了生产条件。特别是建成了坦克和发动机、大口径高射火炮、机载火炮以及配套的弹药和水中兵器等骨干企业,填补了兵器工业的空白,对提高军队装备现代化的水平具有十分重要的意义。这些新建企业都采取"边建设、边试制"的方针,在建成或基本建成的同时,就相继试制出新产品。在中华人民共和国国庆10周年的阅兵大典中,受阅的兵器都是中国自己制造的,其中大型武器装备,如59式中型坦克、59式130毫米和152毫米加农炮、59式100毫米高射炮等,大多是这些新建企业生产的。这批新企业的建成投产,标志着中国兵器工业初步形成了较完整的生产体系,使中国的制式武器装备全部立足于国内,结束了武器装备依赖进口的历史。[1]

二、创立航空工业

抗美援朝战争中,刚刚组建的中国人民志愿军空军英勇顽强,敢打敢拼,给敌机以沉重打击,取得了保护后方重要目标安全、保障交通运输线畅通的重大胜利。战争的进程表明,加速建立航空工业,壮大人民空军,已刻不容缓。1950年12月,周恩来连续召集会议,研究中国航空工业的建设问题。人民解放军代总参谋长聂荣臻、空军司令员刘亚楼、重工业部代部长何长工等参加会议。周恩来在作总结时指出:中国航空工业的建设道路,是先修理后制造,再发展到自行设计。原则是由小到大,在设计修理厂时,就要考虑到日后转变为制造厂的安排和部署。同时,要和苏联谈判,争取他们帮助我们建设航空工业。

1951年1月,以何长工为团长的代表团,启程赴苏联,就争取帮助中国建设航空工业问题进行谈判。苏联对这次谈判十分重视,组成了以外交部长维辛斯基为首的7人委员会专理此事。谈判进展顺利,很快就苏联援助中国改建航空修理厂,然后逐步扩建为完整的制造厂,以及派遣顾问、专家等达成协议。1951年5月初,从苏联租用的飞机修理列车,即流动工厂,抵达沈阳。紧接着,苏联顾问、专家和大批航空器材陆续到来。航空工业局一方面组织技术人员和工人向苏方人员认真学习,逐步掌握飞机和发动机的修理技术;另一方面在苏联专家帮助下,对接收的工厂进行调整和改建。在苏联专家建议下,重

---

[1]王立、庞天仪、于桂臣主编:《当代中国的兵器工业》,当代中国出版社1993年版,第48—49页。

工业部代部长兼航空工业局局长何长工、副局长段子俊拟定出航空工业建设计划的初步意见,于1951年8月上报中央军委。朱德总司令批示:"即照计划执行"。与此同时,聂荣臻、李富春写报告给毛泽东并中央书记处,提出航空工业的建设方针、生产规模及厂址选定等原则,计划由沈阳飞机制造厂和航空发动机厂修理喷气式歼击机,哈尔滨飞机制造厂和航空发动机厂修理轰炸机,南昌飞机制造厂和株洲航空发动机厂修理活塞式教练机,并进行扩建,作为今后发展的基础。刘少奇、周恩来、陈云先后核准此报告。8月21日,毛泽东批示"照办"。[1]10月,两国政府正式签订了《苏维埃社会主义共和国联盟给予中华人民共和国在组织修理飞机、发动机及组织飞机厂方面以技术援助的协定》。在当时新中国受到西方国家严密封锁的形势下,苏联提供的这种援助,对中国航空工业迅速创建和成长起了重要作用。随之,航空工业展开了紧张的工厂调整和改建扩建工作,把全行业80%的人员和70%的设备集中到上述6个重点厂。积极推进工厂建设,扩大职工队伍,增加技术力量。到1952年底,航空工厂已调整为13个(包括接收民航局的2个厂),并初步组建起基本建设设计院1个,学校12所;职工增加到3万人,金属切削机床增加到2020台,厂房面积扩大到16万平方米。6个重点厂都已具有新型大修理厂的规模,完成的飞机修理量节节上升。1951年修理飞机70架、发动机336台,1952年修理284架、2027台,1953年修理475架、1626台。[2]刚刚起步的航空工业积极支援了抗美援朝战争,并为顺利地执行第一个五年计划的大规模建设奠定了一定的基础。

1953年5月,中苏两国政府签订了苏联援助中国建设141个重点

---

[1] 段子俊主编:《当代中国的航空工业》,中国社会科学出版社1988年版,第20页。
[2] 段子俊主编:《当代中国的航空工业》,中国社会科学出版社1988年版,第20—21页。

项目（以后增加到 156 项）的协定。其中，航空工业有 13 项，包括飞机制造厂、航空发动机制造厂和机载设备制造厂，构成了航空工业的第一批骨干企业，也是航空工业"一五"计划大规模建设的重点。整个建设是按照确保飞机制造的进度、尽快发挥投资效果的要求，分梯次展开的。从 1953 年起，首先建设南昌飞机制造厂（制造活塞式教练机）、株洲航空发动机厂（制造活塞式发动机）、沈阳飞机制造厂（制造喷气式歼击机）和沈阳航空发动机厂（制造喷气式发动机）。其中，除沈阳航空发动机厂是依靠老厂支援建设的新厂之外，其余 3 个厂都是由原来的修理厂改扩建而成的。这几个主机厂，即飞机、发动机厂建成以后，从 1956 年起，建设重点转移到配套的辅机厂，即机载设备厂，主要有西安的飞机附件厂和发动机附件厂，陕西兴平的航空电气厂和机轮刹车附件厂、宝鸡的航空仪表厂等。[1]

这批骨干企业在建设中，充分利用多数厂坐落在大、中城市，地质、水文情况清楚，交通运输便利，以及生产产品对象明确，并有定型的图纸技术资料等有利条件，果断地采用一边设计、一边建设、一边生产的做法。加上当时又实行以老带新、老厂包建新厂的办法，有效地缩短了建设周期，提高了投资效果，迅速形成生产能力。最有代表性的是沈阳航空发动机厂。工厂在组织上实行"一长双跨"、统一指挥，即老厂的厂长同时是新厂的厂长。总工程师和各职能机构负责人也同样"双跨"。在新厂建设的时候，老厂就开始试制新的喷气发动机的零组件。新厂建成一个车间，老厂就连人带工艺装备、带新产品向新厂转移一个车间，并立即投入试制生产，大大赢得了时间和效益。这个新厂全部投资 2.1 亿元，生产建筑面积 23 万平方米，设备 2000

---

[1] 段子俊主编：《当代中国的航空工业》，中国社会科学出版社 1988 年版，第 23 页。

台，职工1.3万人，从开工到建成投产只用了一年半时间。工厂建成之日，也是新的喷气发动机试制合格之时，比原订计划提前了一年多，实现了中国第一个喷气发动机工厂建设和试制新产品的高速度。此外，聘请成套的苏联专家到中国帮助航空工厂设计和施工，也是第一批航空工厂得以迅速建成的重要因素。更重要的是，这样做，有利于中方配备成套的技术人员向苏联专家"跟班"学习，迅速掌握设计和施工技术。到"一五"计划末期，中国航空工业基本建设设计队伍就初步具备了独立工作能力。从1958年1月起，设计工作即由原来的苏联专家负责制改变为专家顾问制了。[1]

航空工业取得了第一个五年计划建设的丰硕成果。南昌飞机制造厂和株洲航空发动机厂，沈阳飞机制造厂和航空发动机厂，哈尔滨飞机制造厂和航空发动机厂的基本建设工程分别于1956年10月、12月和翌年4月，陆续由国家验收委员会鉴定验收，工程质量优良。5年间共建成企事业单位42个，平均每年建成8个以上。其中，工厂19个、学校19所、仓库4座。原定5年的基本建设计划提前一年完成，完成的项目经国家验收，质量全部达到"良好"。工厂建成后迅速投产，使固定资产投资动用率达到82.7%。到1957年底，航空工业拥有建筑面积355万平方米；金属切削设备11160台，是1952年的5.5倍；职工10万人，是1952年的3.3倍。与此同时，航空工业局还先后创办了3所航空高等院校和8所中等专业学校、11所技工学校。到"一五"计划末期，航空院校共毕业研究生96人、大学本科生1980人、专科生2137人、中专生5558人、技工学校毕业生26144人。这样一大批层次配套的技术力量，基本上满足了航空工

---

[1] 段子俊主编：《当代中国的航空工业》，中国社会科学出版社1988年版，第24—25页。

业发展的急需。"一五"计划期间，中国自己制造的教练机、喷气式歼击机和运输机相继试制成功，并投入成批生产、交付使用。新中国航空工业从一个只能进行飞机修理的比较小的行业，变成了具备成批制造活塞式教练机和喷气式歼击机能力的新兴产业，成为国家重要的高级精密机械制造部门。这是新中国成立初期经济建设中的一项重大成就。

为了适应飞机品种增加和生产发展的需要，"二五"计划期间，一批新的航空工厂相继开工建设。航空工业在"二五"计划期间，除了在沿海地区新建少数机载设备工厂外，建设的重点开始向内地转移。特别是制造飞机、发动机的主机厂都安排在内地，并采用沿海老厂包建内地新厂和投资包干的办法，加快了建设进度。到1960年，在成都和西安各建设起一套飞机厂和航空发动机厂；在兰州、北京和长春建设起航空仪表厂、电器厂、电机厂和附件厂。同时改建扩建了一些老厂，包括哈尔滨飞机制造厂和航空发动机厂、南京航空液压附件厂等。经过这一时期的建设，航空工业规模进一步扩大，布局初步展开，在内地西南、西北建立起航空工业基地，开始改变主要航空工厂濒临沿海的状况。

航空工业建设进入"二五"计划的初期，恰逢1958年全国范围内掀起的"大跃进"运动。这个运动给蓬勃发展的航空工业带来了很大挫折和损失。在以高指标、瞎指挥、浮夸风为主要标志的"左"倾错误严重泛滥的影响下，航空工业出现了一味追求多和快，夸大主观作用，不顾实际可能的情况。首当其冲的是产品质量受到破坏，新机试制尤其严重。1958年开始试制的歼-6和直-5两种飞机，同"一五"计划期间仿制的机种比较，性能有很大提高，结构也有很多变化。歼击机由亚音速发展到超音速，喷气发动机由离心式发展到轴向式，直升机是首次试制,技术难度都比较大。本应认真汲取"一五"计划时期的成功经验,谨慎从事。但是,在"大跃进"的形势下滋长了骄傲自满和急于求成的情绪,强调采取违反科学的"快速试制"方法。没有吃透引进技术,就轻率地大量更改工艺,盲目压缩必需的工艺装备和标准样件的选用数量,取消许多必不可少的鉴定、检验工序,造成了严重的产品质量问题。从1958年到1960年,歼-6、直-5这两个机种没有交付一架合格的飞机和一台合格的发动机。在新飞机的设计中,则搞不切实际的高指标。1958年开始设计的东风-107歼击机性能指标已经很高,几乎在同时又接受试制由一所军事工程学院设计的指标更高的东风-113歼击机。在缺乏必要的研究试验条件和技术储备的情况下,竟想突破"热障",达到"双二五",即飞机升限达到2.5万米,最大平飞速度达到2.5倍音速。后来尽管东风-107让路下马,以集中力量攻取东风-113,但终因它距离现实太远,最后也不得不停顿下来。基本建设质量问题也很多。在建设资金"二顶三、一顶二"(两个钱顶三个钱用,一个钱顶两个钱用)的口号下,大上建设项目,降低设计标准,搞不顾质量的"快速施工"。结果,1958年到1960年的25个施工单位中,有102万平方米建筑因质量不好而需要返修加固或拆除重建,占总面积的70%左右。加之50多个大项目齐头并进,进度拖得很长,投资效果很差,直到1962年,新建工厂还没有一个达到全部竣工验收的标准。[1]

"大跃进"的三年给航空工业造成的损失是很大的。但是,在这以前的七年中,航空工业发展迅速,成就巨大。即使在"大跃进"的三年中,在某些方面,也还取得一些开创性、奠基性的明显进展。到

---

[1] 段子俊主编:《当代中国的航空工业》,中国社会科学出版社1988年版,第49—50页。

1960年，中国的航空工业已经成为初具规模的新兴产业，能够成批生产歼击机、教练机、直升机和小型运输机，并开始了自行设计，为后来的发展铺下了基石。[1]

三、改造和扩建舰船工业

为了建设海军的舰艇装备，必须发展国家的造船工业，建立完整的舰艇制造工业体系。海军创建之初，人民海军武器装备的来源主要是缴获和接收国民党的各种旧装备，由于国内造船基础薄弱，积极争取向苏联购买海军舰艇装备和制造技术，有特殊重要的意义。1950年5月18日，毛泽东致函斯大林，提出：为了更快地巩固中国国防，加强中国海军建设，请苏联政府给予经济援助。函中具体提到，为建造护航驱逐舰、大型猎潜艇、基地扫雷艇、远航鱼雷快艇、装甲艇等，请许可输入材料、发动机、辅助机器和武器，在中国船厂建造。

经多次协商，1953年6月4日，中苏两国政府全权代表在莫斯科正式签订了《关于海军交货和关于在建造军舰方面给予中国以技术援助的协定》（简称"'六四'协定"）。协定规定中方向苏方订购战斗舰艇81艘以及飞机、海岸炮等技术装备。协定还规定，苏方同意将部分舰艇及其建造技术有偿地转让给中国，在中国船厂进行装配建造。在中国船厂建造期间，苏联向中国派遣技术专家给予指导，并接受中国造船人员在苏联工厂进行培训。上述协定执行期间，共有5种型号的舰艇由中国6家船厂建造。这5种型号的舰艇是：6601护卫舰、6602木质鱼雷快艇、6603中型鱼雷潜艇、6604大型猎潜艇和6605基地扫雷舰，后又增建6610基地扫雷舰。为执行"六四"协定，1954年，

---

[1] 段子俊主编：《当代中国的航空工业》，中国社会科学出版社1988年版，第52页。

海军与一机部签订了《建造苏联转让军舰协议书》。双方议定，海军负责提出建造军舰提货单，支付建造费，组织监造和试验试航工作；一机部负责从苏联取得图纸、材料、设备和武器，组织工厂建造，限期交付海军。围绕"六四"协定的组织实施，船舶工业管理局把工作的重点转移到建造苏联转让舰艇上来。一机部厂长会议上提出发展船舶工业的方针是"军船第一"。

1954年3月，苏联派出以白浩东为首的造船专家委员会来华，为帮助中国建造苏联转让舰艇进行调研、规划和准备工作。根据苏联专家组在武汉、芜湖、上海和广州等地的调研情况，苏联专家委员会提出了报告和建议方案。报告认为，中国船舶工业部门原有的6家船厂经过必要的改造和扩建，可以承担建造苏联转让舰艇的任务。建议方案中规定，护卫舰由沪东造船厂建造；木质鱼雷快艇由芜湖造船厂和广州造船厂建造；中型鱼雷潜艇由江南造船厂建造；大型猎潜艇由求新造船厂建造；基地扫雷舰由武昌造船厂建造。1954年6月，一机部报请国家计划委员会批准此报告。后来，由于南海舰队的需要，而台湾海峡当时已被封锁，建造大型猎潜艇和基地扫雷舰的任务改由大连造船厂和武昌造船厂派出生产和管理人员，随同成套供应的材料和设备，分别到设在广州黄埔的404工地和广安工地进行建造。同时，鉴于潜艇建造基地布局的需要，决定由武昌造船厂建造中型鱼雷潜艇。

"一五"计划期间，船舶工业部门的主要任务是，建造苏联转让的6种型号舰艇以及当时急需的沿海和内河运输船舶，同时着手研究建造万吨级远洋货船。1956年5月，国务院办公会议确定：第一个五年计划期间，船舶工业局的主要力量应放在军用舰艇方面，主要是"转让制造"苏联6种型号的舰艇。船舶工业管理局以此为全局的中心工作，集中力量全面贯彻执行。为了建造这些舰艇，国家投资 1 亿元，改建和扩建了 6 家船厂。1953 年到 1956 年，船舶工业管理局根据由国家计委审批的计划，对江南造船厂、沪东造船厂、求新造船厂、武昌造船厂和芜湖造船厂等 5 家老厂进行了改建和扩建，同时开始新建广州第一造船厂（今广州造船厂）。大连造船厂的香炉礁第一期扩建工程也开始实施。老厂在改建和扩建中，按照建造苏联转让的 6 种型号舰艇的生产需要，重点建设了船台、滑道和码头，从而使这些船厂的船体建造能力有了较大的提高，不仅能建造中型鱼雷潜艇和中小型水面舰艇，而且能建造 7000 吨级以下的民用船舶。1955 年，鉴于海军南海舰队装备建设的急需，而华南地区造船力量又十分薄弱，台湾海峡又长期被封锁的实际情况，国家决定参照芜湖造船厂建造木质鱼雷快艇的办法，新建广州第一造船厂的各主要车间。与此同时，在广州的黄埔 404 工地和广安工地，分别进行了一些改建和新建工程，由大连造船厂和武昌造船厂组织生产队伍前往造船。[1] 经过改建和扩建的 6 家船厂，为完成这些舰艇的建造任务作出了贡献，日后都成了船舶工业的骨干企业。有近百名干部和技工赴苏联学习和培训，回国后大部分成了技术骨干或领导干部。同时在国内举办了各种技术人员训练班，共培训各类专业人员 5000 多名，其中包括工程技术人员和工段长以上技术骨干 1000 多名。他们在配合这些舰艇的设计、建造、调试和试航中发挥了重要作用。

在充分利用原有船厂进行扩建和改建，以承担建造苏联转让舰艇任务的同时，根据统一安排，为逐步立足国内解决船用材料和配套设备的生产，国家有计划地新建了一批关键配套设备生产厂。这批新建

---

[1] 程望主编：《当代中国的船舶工业》，当代中国出版社 1992 年版，第 47—48 页。

工厂，都是中央直属的大中型骨干企业，其中有船用高、中速柴油机厂，船用仪器仪表厂，水声设备厂，船用特辅机厂，水中兵器厂以及船用蓄电池厂等。此外，经一机部和国家计委决定，还将原拟由渤海造船厂承担的船用特机和铸锻件生产任务分离出来，单独筹建武汉船用特种机械厂和武汉铸造厂。上述新建工厂，属于156项苏联成套技术援助的国家重点建设工程项目的共有7个，其中除1家船厂外，其余6家都是配套设备厂。这些新厂的建设虽然中间出现了一些困难和波折，但在20世纪60年代基本建成，达到了预期的目标。"二五"计划期间，在船舶工业部门和国防工业部门建设上述新厂的同时，为生产船用特种钢材和舰艇动力设备，鞍山钢铁厂、舞阳钢铁厂、哈尔滨汽轮机厂、哈尔滨锅炉厂和湘潭电机厂等也相应开展了第二期工程建设。据统计，1952年到1960年，船舶工业局系统的基本建设投资6.05亿元，其中船厂3.61亿元，占59.6%；机械工厂2亿元，占33%；仪表仪器厂800万元，占1.32%；电池厂1183万元，占1.95%；科研教育2499万元，占4.13%。这批投资大部分用在发展船厂的生产能力，重点保证了6种型号舰艇的总体建造。[1]

根据中苏"六四"协定的规定，1954年11月到1955年1月，以祖鲍夫为首的苏联技术援助委员会来华，指导和帮助中国解决这些舰艇建造、试航和交船中的重大问题。该委员会由达盖叶夫、米金、依伏奇金担任副主席，按设计、建造、工艺、安装、调试、交货以及基建等专业配备专家，其中有7名海军专家。委员会在华期间，共有288名专家参加了技术指导工作。苏方及时把这些型号的舰艇的首批材料和设备运抵中国，其中大多数是成型材料、制成品和成套设备。

---

[1] 程望主编：《当代中国的船舶工业》，当代中国出版社1992年版，第49页。

各型舰艇的首艇,按预定计划于 1955 年 1 月至 4 月在 6 家船厂先后开工;中型鱼雷潜艇的第二个建造点——武昌造船厂也于 1957 年 1 月开工建造该艇。1955 年 12 月和 1956 年 3 月,芜湖造船厂和求新造船厂先后建成木质鱼雷快艇首艇和大型猎潜艇首艇。1956 年 12 月,基地扫雷舰首舰在武昌造船厂建成。到 1957 年底,护卫舰首舰和中型鱼雷潜艇首艇分别在沪东造船厂和江南造船厂相继建成,并通过验收,列入海军装备序列。6 种型号的舰艇在各船厂建成后,船舶工业管理局与海军密切配合,针对中国的生产条件、使用要求和其他实际情况,组织科研设计人员、工厂技术人员和海军驻厂军代表,进行了一系列的设计改进工作,为保证后续舰艇的顺利建造创造了条件。到 1959 年,上述各型舰艇都已基本建成。"六四"协定补充协议中规定转让给中国建造的后续舰艇,也于 20 世纪 60 年代初全部建成。据统计,到 1960 年,船舶工业管理局系统共建造 6 种型号的舰艇 116 艘,连同其他各种军用舰艇在内,共计 484 艘。

"六四"协定是中国船舶工业史上一次大规模的技术引进,是在当时中国工业基础薄弱这一特定历史条件下成功的尝试。一机部部长黄敬在给国务院的报告中总结道:通过建造 6 种型号的舰艇,提高了船厂的技术水平,掌握了焊接技术、机械自动靠模气割技术、船体分段和总段装配工艺等先进技术和工艺,并在民船建造中逐步推广应用。同时,也学到了苏联在产品设计和工厂设计方面的先进经验,特别是通过对部分舰艇的中国化修改设计,为自行设计打下了基础;在科学管理方面,学会了运用编制船舶工艺计划和其他工艺文件组织生产,提高了企业管理水平。总之,通过这次大规模引进苏联技术,提高了中国船舶工业生产技术水平,缩短了与世界造船技术水平之间的差距。[1]"六四"协定的成功执行不仅及时为海军提供了必需的装备,加强了海军初创时期的实力;也促进了船舶工业本身的发展,通过建造6种型号转让的舰艇,锻炼和提高了船舶工业的技术队伍,打下能生产各种舰用材料和设备的基础,为日后自行研制积累了经验。

在国家统一领导和各有关部门的大力协同下,船舶工业通过"一五"计划期间的初步建设,到20世纪50年代后期,在建的舰艇已开始部分地采用国产材料和设备,如海军自行设计制造的巡逻艇,除部分主要设备需向国外购买外,其余普通材料包括艇体用的钢材等均已开始使用国内产品。芜湖造船厂自1956年9月起开工制造的第二批10余艘鱼雷艇的材料、设备,由国内供应的项目已达全部项目的75%;1958年开工的第三批已达到88%。[2]在执行"六四"协定接近尾声时,海军和国家有关部门就酝酿下一个重大步骤,目的是在建造6种型号舰艇的基础上,过渡到购买新型舰艇配套设备和技术资料,由国内工业部门进行仿制和改进,重点掌握导弹舰艇新技术,为自行研制新型舰艇创造条件。

1958年5月,海军领导部门向中央军委提出了向苏联引进新型舰艇设备和技术的建议。同年6月,国务院总理周恩来致电苏联部长会议主席赫鲁晓夫,希望苏联对中国海军建设给予新的技术援助。赫鲁晓夫复电表示同意,并邀请中国代表团赴苏商谈。经过商谈,两国政府于1959年2月4日签订了《关于在中国海军制造舰艇方面给予中华人民共和国技术援助的协定》(简称"'二四'协定")。"二四"协定规定,苏联政府向中国提供5种型号的舰艇(6631常规动力导弹潜艇,6633中型鱼雷潜艇,6621、6623大型和小型导弹艇以及6625水

---

[1] 程望主编:《当代中国的船舶工业》,当代中国出版社1992年版,第44—45页。
[2] 杨国宇主编:《当代中国海军》,中国社会科学出版社1987年版,第233页。

翼鱼雷艇)、2 种导弹(潜对地弹道导弹和舰对舰飞航式导弹)以及有关 51 项设备的技术图纸资料及 9 种型号的主机和部分装备器材;同时将上述导弹潜艇、鱼雷潜艇和 2 型导弹艇的建造特许权转让给中国,并派专家来华指导。[1]

"二四"协定是第二次"转让制造",与"六四"协定的第一次"转让制造"不同,它除了以引进导弹技术为主的新型舰艇以外,主要任务是仿制苏联舰艇,并组织舰用材料设备及武器装备的国产化,消化引进技术,向自行研制过渡。这是一个重大的变化。1960 年,船舶工业部门与海军和有关工业部门共同组成了造船工业及科研专业小组,着重研究和协调开展引进苏联导弹舰艇的仿制工作。船舶工业主管部门适时调整了科研、生产的原先安排,把工作重点转向从苏联引进导弹舰艇新技术。船舶工业系统和海军在有关工业部门和各省、市、自治区的支持下,进行了一系列准备工作,分别调整了一批科研设计机构,充实了一批工程技术力量。同时,为实现配套设备逐步立足国内生产,加强了骨干配套厂的建设,并着手把一批地方厂改造成为船舶配套设备专业厂,在业务上归口九局指导。正当中国船舶工业部门为执行"二四"协定着手进行各种准备工作的关键时刻,中苏关系发生了变化。1960 年 7 月,苏联政府单方面撕毁与中国政府签订的包括"二四"协定在内的一切协议,撤走专家,停止提供技术资料和器材设备,给"二四"协定转让舰艇及其器材设备的国产化工作造成重重困难。船舶工业的发展遭受重大挫折。

总的来看,新中国船舶工业在第一个发展时期的 12 年中,由于有一批老厂作为基础,又有苏联的技术援助,加上海军、交通运输部门

---

[1] 程望主编:《当代中国的船舶工业》,当代中国出版社 1992 年版,第 46 页。

和国家其他工业部门的有力支持等有利条件，发展是比较顺利的。从1952年到1960年的9年间，船舶工业年建造量平均增长30%，高于机械工业生产增长的速度。中国船舶工业从以建造苏联转让的6种型号的舰艇为工作重点以后，加快了科研、生产和建设的步伐。到20世纪50年代末，全国船舶工业面貌与新中国成立之初相比，已经发生了显著的变化。首先，通过执行"六四"协定，为新中国海军提供了一批新型舰艇；与此同时，中国自行研制的小型炮艇以及第一代沿海和内河中小型运输船舶、机动渔船，也开始成批建造。其次，通过建造转让舰艇的生产实践，船舶工业骨干船厂的工艺技术水平有了很大的进步。全国各地船厂，经过有计划的技术改造和基本建设，更新和充实了工艺设备，增强了船坞和船台的生产能力，提高了机械化程度，并从以修为主逐步转移到以造为主。此外，中国船舶工业的科学技术力量已经初步聚集起来，开始建立起第一批军民船舶的科研设计机构和技术队伍以及小型的试验研究设施，为船舶科学研究事业和技术发展创造了有利条件。

四、建立军事电子工业基础

在三年经济恢复期间，电子工业自力更生，艰苦创业，迅速恢复与发展生产，有力地支援了抗美援朝战争。

1953年，中国进入国民经济和社会发展第一个五年计划建设时期，国家对整个工业管理体制进行了调整。1953年4月，国家决定电信工业局改属第二机械工业部（国防工业部）建制。同时，电信工业局改名为第二机械工业部第十局。电子工业归属国防工业以后，第二机械工业部第十局加强了对全国电子工业的规划和统一领导，从体制上解决了建设投资渠道问题。同时，苏联和民主德国援建的工程项目也正式列入国家基本建设计划。所有这一切，都为电子工业有计划地进行大规模的建设准备了条件。

根据中共中央制定的过渡时期总路线的精神，为了改变电子工业严重落后的面貌，1953年，第二机械工业部确定电子工业在第一个五年计划时期的主要任务是：第一，建设无线电基础工业和一些缺门工业，把电子管厂和无线电元件厂的建设放到优先位置；为适应国防现代化建设的急需，要建设一批雷达工厂和为航空配套的飞机电台及导航设备工厂；在民用工业方面，主要建设自动电话交换机工厂。同时，相应地建设科研和教育事业，以奠定电子工业发展的基础。第二，用现代化先进技术，逐步对原有电信工业企业进行技术改造和扩建改建工作。第三，对私营电信企业实行社会主义改造。

"一五"计划期间，国家将电子工业的建设摆到了重要位置，进行大规模的重点建设，共投资5.55亿元（占全国总投资的1.1%），列入重点建设项目的有11个。其中9个是苏联援建的全国156个重点项目，有1个是民主德国援助建设的无线电元件联合厂，还有1个是自行设计、苏联帮助技术指导建设的无线电广播发射机厂。苏联援助的9个项目中，有雷达厂3个，元件厂、电子管厂、自动电话交换机厂、高炮指挥仪厂、无线电复杂通讯机厂和探照灯厂各1个。高炮指挥仪厂因选址变更，推迟到"二五"计划时期开工。探照灯厂由于技术比较落后，不能适应现代战争的要求，后决定撤销，改为另建1个电子束管厂。因此，"一五"计划的11个重点项目，实际上马的有9个，其中有5个于1957年建成投产。"一五"计划期间，电子科学研究和教育事业也蓬勃发展。开工兴建了1所大专院校、6所中等专业学校、7所技工学校，共完成投资2171万元，其中有5所中等专业学校、2所技工学校建成开学。有5个研究所开始建设，共完成投资2153.4万元。此外，还建成 1 所基本建设设计研究院（第十设计院）。[1] "一五"计划时期，共完成建筑面积 171.8 万平方米，新增固定资产 3.8 亿元。建成的项目，一般建设周期短，工程质量好，经济效益高。

1956 年，毛泽东发表《论十大关系》以后，国家加速了电子工业沿海地区老企业的技术改造，共安排投资 7337 万元，占"一五"计划时期电子工业基本建设投资总数的 13.2%。由于老厂已有一定的基础，经过适当的改建扩建，很快成了电子工业的骨干厂。原有企业进行技术改造的主要任务是提高生产能力，使之成为具有一定水平的生产制造厂，改变过去只能搞维修装配的落后状态。为了达到这个目标，在技术改造中，一是建立基础车间，提高自给能力。二是提高机械加工和零组件装配能力。三是大力抓紧新产品试制。

在第一个五年计划期间，电子工业集中力量建设了一批骨干项目，做到了基础与整机、生产建设与科研、教育配套发展。在集中力量建设新厂的同时，也抽出力量对老厂进行了技术改造，推广了一批先进工艺。在"一五"计划胜利完成时，中国电子工业已经具备了一定的生产能力。在整机方面，已能生产多种雷达、导航设备、广播发射设备、无线电通信设备、自动交换机和电子仪器等产品，收音机已全部立足国内配套。在元器件方面，已掌握了以电子管为基础的真空器件成套工艺以及通用元件的生产技术，从仿制走向自行设计。同时，从 1956 年开始了半导体器件的研制工作，初步形成了多种产品门类。1957 年，电子工业总产值完成 1.07 亿元，比 1952 年增长 3 倍，平均每年增长 32%。这个时期，是新中国成立后电子工业发展的最好时期

---

[1]刘寅、张挺等主编：《当代中国的电子工业》，中国社会科学出版社 1987 年版，第 33—34 页。

之一。[1]

在总结第一个五年计划经验的基础上，1956年，国务院制定了《1956年至1967年科学技术发展远景规划纲要》（简称"十二年科技规划"），其中，把电子计算机、半导体、超高频、电子仪器和遥控等电子技术列为国家重点科学技术项目。同年9月，周恩来在中国共产党第八次代表大会上作的《关于发展国民经济的第二个五年计划的建议的报告》中特别强调，要"积极进行工业中的落后部门——石油工业、化学工业和无线电工业的建设"。1960年，中央军委确定把国防工业建设作为国防建设的首要任务，并提出"努力发展喷气技术与无线电电子技术"的方针。大力发展电子工业，已经提到了重要日程。

从1958年起，中国开始执行国民经济和社会发展第二个五年计划。电子工业在这一时期的主要任务是：配合导弹技术、原子能技术和航空工业发展的需要，建立相应的配套电子设备基地，并在建设进度上，力求同以上各工业部门的进度相适应；解决防空方面和舰艇配套方面所需要的主要无线电装置，逐步满足合成军所需要的一系列通信设备；在民品方面，主要发展广播、电视设备，建设供应邮电及国民经济各部门所需要的通信设备厂、电报机械厂，以及与之配套的电子器件和电子元件厂；逐步地把电子测量仪器及电子专用设备这两个行业建立起来，以加强电子工业自我武装的能力；加速建立电子学与无线电技术的科学研究机构，积极开展科学研究工作；继续进行中等技术学校和成都、西安两个电讯工程学院的建设，抓紧培养建设

---

[1] 刘寅、张挺等主编：《当代中国的电子工业》，中国社会科学出版社1987年版，第39页。

人才。[1]

"二五"计划实施初期,电子工业的发展是比较顺利的。但是,就在全国电子工业迅速发展之际,"大跃进"和人民公社化运动开始了。电子工业的生产、建设也遇到严重挫折。许多电子工业企业正常的生产秩序被打乱,产品质量严重下降,经济效果越来越差。电子工业的基本建设也出现混乱状况。1960年,电子工业的建设投资由原计划2.86亿元,增加到3.7亿元,原"二五"计划安排的48个项目,除已上马的20个外,其余大多在1960年内全面铺开,加上"一五"计划时期未完工的项目,同时在建项目达50多个。由于片面追求高速度,把战线拉得过长,超过了当时国民经济和电子工业本身可能承担的限度,因而造成人力、物力、财力全面紧张。于是,设计标准被随意降低,甚至偷工减料,加上管理工作混乱,施工质量低劣,工程质量普遍下降,造成大量的返修加固。此外,1960年8月苏联政府单方面废止合同,撤走专家,停止设备和材料供应,给生产、建设造成了严重困难。由于出现上述问题,加上三年经济困难,第二个五年计划的任务已经很难按原定部署执行下去了。[2]

至1960年底,随着重点企业的陆续建成投产,老厂的扩建改建和科研机构的建立与发展,军事电子装备的生产能力和技术水平有了提高,仿制成功一批重要的军事电子装备。通过仿制和引进技术的消化、吸收,不仅逐步掌握了设计、制造技术,而且培养了一批技术人才。到20世纪50年代后期,我国开始自行研制对空、对海警戒雷达,12

---

[1] 刘寅、张挺等主编:《当代中国的电子工业》,中国社会科学出版社1987年版,第41页。

[2] 刘寅、张挺等主编:《当代中国的电子工业》,中国社会科学出版社1987年版,第41—42页。

路载波机等军事电子装备。[1]

五、创建核工业

中国核工业创建于1955年初。当时，抗美援朝战争结束不久，大规模的有计划的经济建设刚刚开始，国家的经济力量还很薄弱，科学技术和工业基础还很落后。但是，经过几年的经济恢复，中国的工业建设和科学研究毕竟都已有了新的发展。在核领域，已开展了一些科学实验和理论研究工作，汇集了一些优秀的高级专业人才；在地质普查中，已发现了一些有工业价值的铀矿资源；并且苏联政府表示愿意在核能和平利用的研究方面给予技术援助，这些都表明中国已初步具备了建设核工业的条件。

1950年到1955年，全国核科研工作所取得的成果，不仅使我国有了一定的核科学技术储备，更重要的是，通过科研实际工作、系统讲课和开展技术讨论，培养了一批核科学技术人才，为我国核事业的发展积蓄了力量，打下了初步的基础。

1955年1月15日，毛泽东在中南海主持召开了中共中央书记处扩大会议，出席会议的有刘少奇、周恩来、朱德、陈云、彭德怀、彭真、邓小平、李富春、薄一波等。会议听取了李四光、刘杰、钱三强的汇报，研究了我国发展原子能事业问题。这是一次对中国核工业具有重大历史意义的会议。它作出了中国要发展核工业的战略决策，标志着中国核工业建设的开始。

1955年1月20日，中苏签订关于两国合营在中国勘察铀矿的协定。1月31日，国务院举行第四次全体会议，通过了关于接受苏联帮

---

[1] 谢光主编：《当代中国的国防科技事业》(下)，当代中国出版社1992年版，第300页。

助中国研究和利用原子能问题的决议。4月27日，中苏双方签订《关于苏维埃社会主义共和国联盟援助中华人民共和国发展原子能核物理研究事业以及为国民经济需要利用原子能的协定》。4月，地质部三局成立，雷荣天任局长，由国务院第三办公室领导，主管铀矿地质勘探工作；原地质部普查委员会第二办公室撤销。7月1日，国家建设委员会建筑技术局成立，刘伟任局长，主管苏联援助的研究性重水反应堆和回旋加速器的建设工作。7月4日，中共中央指定陈云、聂荣臻、薄一波3人组成领导小组，负责领导原子能事业的发展工作。1956年4月，原子能的和平利用被列为全国科学技术发展的12年（1956—1967）远景规划中12项重点任务的第一项。4月23日，中共中央发出《关于抽调干部和工人参加原子能建设工作的通知》，从全国15个省、市、自治区和中央37个部门抽调干部和工人参加原子能事业的建设工作。4月25日，毛泽东在中共中央政治局扩大会议上的讲话中指出，要有原子弹，"在今天的世界上，我们要不受人家欺侮，就不能没有这个东西"。5月25日，研究性重水反应堆和回旋加速器开工兴建。随着原子能事业的发展，1956年7月28日，周恩来向毛泽东、党中央报告，建议成立原子能事业部。同年11月16日，一届全国人大常委会第51次会议通过决议，设立中华人民共和国第三机械工业部具体组织领导我国核工业的建设和发展工作。首任部长宋任穷，副部长刘杰、袁成隆、刘伟、雷荣天、钱三强，部长助理张献金、何克希。[1]

积极争取苏联援助。1956年8月17日，中苏两国政府签订了关于苏联援助中国建设原子能工业的协定。协定规定，苏联援助中国建设一批原子能工业项目和一批进行核科学技术研究用的实验室。1957

---

[1] 李觉、雷荣天等主编：《当代中国的核工业》，中国社会科学出版社1987年版，第562页。

年 10 月 15 日，中苏两国政府在莫斯科签订了关于国防新技术的协定。协定规定，为援助中国研制原子弹，苏联将向中国提供原子弹的教学模型和图纸资料。1958 年 9 月，中苏两国政府又签订了关于 1956 年 8 月 17 日协定的补充协定。协定对每个项目的规模都有明确具体的规定，对项目设计完成期限和设备供应期限也都有大致的规定。多数项目的完成期限是 1959 年和 1960 年。中苏之间签订的这些协定，使我国核工业建设有了有利的外部条件。第二机械工业部（1958 年 2 月，第三机械工业部改为第二机械工业部）调集力量，组建队伍，利用苏联的援助，使全国铀矿资源勘察、核科学技术研究和核工业建设工作迅速开展起来。[1]

核科学技术研究，是核工业发展的基础和先行。根据中苏协定，反应堆和加速器工程的初步设计由苏方负责，中方负责为初步设计提供勘探资料和总平面草图，参加审查初步设计、编制设计任务书，并做施工图设计。这项工程于 1956 年 5 月动工，在工程土建、安装、施工和设备调试启动过程中，苏方都派出了专家进行指导。1958 年春，反应堆和加速器先后建成。6 月 13 日，反应堆达到临界。9 月移交生产。由苏联援助的反应堆和加速器建成的同时，我国科学技术人员自己设计制造的能量为 2.5 兆电伏质子静电加速器也建成投入运行；自己研制的中子谱仪、零功率装置、磁镜型绝热压缩等离子体实验装置等重要仪器设备设施 50 台件也先后交付使用。从此，我国核科学研究的技术装备和实验手段有了比较显著的改善。在新的技术装备下，堆物理、堆工程技术、钚化学、放射生物学、放射性同位素的制备、高能加速器技术、受控核聚变等研究工作，都先后开展起来。同时在核科

---

[1] 李觉、雷荣天等主编：《当代中国的核工业》，中国社会科学出版社 1987 年版，第 22 页。

学基础研究和应用基础研究等方面的工作，也取得了较好的成绩。到1960年上半年，原子能所的职工队伍由1954年底原物理所的170人，发展到4300多人，其中大专以上文化程度的科技人员近1500人。所属核科学技术单位，由1954年的5个研究组，发展到1957年的8个研究室和2个技术单位（即反应堆室和加速器室）；1959年又增加到22个研究技术单位。从事研究的学科，从1957年的6个发展到1959年的22个，包括60个学科分支，填补了我国一大批学科"空白"，为核工业的建设和发展做了大量技术储备和人才培养工作。至此，原子能所名副其实地成为我国第一个比较完整的、综合性的核科学技术研究基地。这个基地在核工业建设和发展过程，起到了"老母鸡"的作用，逐渐派生了一系列核科学研究机构，并培养出一大批日后成为核工业各单位科研生产骨干的科技人才。[1]

在铀矿地质勘探取得成果的基础上，从1956年8月至1957年初，国家先后确定了第一批建设的三矿（湖南郴县铀矿、湖南衡山大浦铀矿和江西上饶铀矿）、一厂（湖南衡阳铀水冶厂）的项目和厂址。根据中苏协议，苏方负责三矿一厂和铀矿冶科学研究试验室（即后来的北京铀矿冶研究所）的初步设计，中方负责施工设计。从1958年5月起，这批铀矿冶工程项目陆续开工建设。

核燃料厂和核武器研制基地的建设也同时展开。1958年5月31日，中共中央书记处批准了二机部上报的核燃料厂选厂报告。接着，核燃料生产厂和核武器研制基地的设计、施工、生产准备等工作即全面展开。由于中苏两国设计人员密切合作，1959年4月就基本上完成了铀浓缩厂厂区全部工号的施工图设计。核燃料元件工厂一期工程

---

[1] 李觉、雷荣天等主编：《当代中国的核工业》，中国社会科学出版社1987年版，第25页。

21个子项目的全部施工图设计，只用48天就完成了。各个辅助工程项目的设计也都相继提前完成。1958年下半年，内蒙古包头核燃料元件厂、甘肃兰州铀浓缩厂、甘肃酒泉原子能联合企业、西北核武器研制基地等我国核工业的首批主要工程项目的基础工程和附属工程，都陆续开工。1959年是核工业建设大发展的一年。这一年，核燃料生产和核武器研制两个系统，完成了几万人的调集与组建队伍的工作。核工业完成的基本建设工作量比1958年增加7倍，完成的建筑面积比1958年增加3—4倍。1960年4月，经中央批准，二机部把铀-235生产线列为重点工程，并集中力量加快了建设进度。到8月底，兰州铀浓缩厂已经安装了部分机组；与之配套的有关工厂的土建工程也大多接近尾声。[1]

为了迅速掌握相关技术，1955年7月至1959年末，核工业各建设单位先后选送了260余名干部和工人赴苏联进行专业实习、专题考察和参加工程设计工作。同时聘请专家来华对有关人员进行专业培训。1960年7月，苏联政府突然提出要撤走全部在华苏联专家。到8月23日，在中国核工业系统工作的233名苏联专家，全部撤走回国，并带走了重要的图纸资料，同时设备材料的供应也随即停止。此时，湖南郴县、衡山大浦、江西上饶等第一批铀矿临近建成，湖南衡阳铀水冶厂开始设备安装，兰州铀浓缩厂安装了部分机组，与之配套的甘肃酒泉原子能联合企业、内蒙古包头核燃料元件厂的有关项目的土建工程也接近完工。核工业建设的顺利发展，为解决核武器的核装料问题创造了物质条件。[2]

---

[1] 李觉、雷荣天等主编：《当代中国的核工业》，中国社会科学出版社1987年版，第27—28页。

[2] 谢光主编：《当代中国的国防科技事业》（上），当代中国出版社1992年版，第200页。

第三节　驻厂军事代表制度的建立与发展

驻厂军事代表制度（简称"军事代表制度"）是由军队向武器装备承制单位派出现场代表，对装备合同履行情况实施监督，对交付的装备进行检验和验收的制度。新中国成立后，为监督工厂履行订货合同和进行产品的检验验收，军队向军工企业派驻检验代表。1953年9月，全军检验代表会议召开，决定将驻厂检验代表改为军事代表（简称"军代表"），并制定了《区域军事代表暂行条例》及《驻厂军代表暂行工作条例》，初步建立了军代表制度。随着国防科技工业的发展，军事代表的职责范围不断扩大，军代表队伍迅速壮大，军代表与工厂的矛盾开始出现。为改进军事代表工作，彭德怀代表中央军委提出了军事代表工作三项原则和十条措施。经过多年实践经验总结，1964年10月正式颁布了《中国人民解放军驻厂军事代表工作条例》，解决了驻厂军事代表工作中具体政策和工作方法等方面的问题，推动了驻厂军事代表工作的开展。

一、从驻厂检验代表制度到军事代表制度

实行驻厂检验代表制度是军工产品质量管理的重要组成部分。新中国成立后，在国防工业部门中，兵器工业最早实行了驻厂检验代表制度。1950年1月，新中国成立后由总后勤部、重工业部、东北军工部共同签订的第一个军工生产合同开始执行，根据合同规定，总后勤部军械部于当年4月，首次派出24名干部担任驻东北、华北、华东地区兵工厂的检验代表，负责监督工厂履行订货合同和进行产品的检验验收。[1]这是驻厂军事代表的雏形。1950年12月，总后勤部颁

---

[1] 晏光义主编：《当代中国军队的后勤工作》，当代中国出版社、香港祖国出版社2009年版，第313页。

布了《军工生产驻厂检验代表工作条例（草案）》，统一了驻厂检验代表的编制体制，明确了工作任务和工作制度。总后勤部随即在兵器工业的部分企业派出驻厂检验代表，设立军事代表室，进行成品验收工作。[1]1951年，驻厂检验代表制度在兵器工业的工厂企业中全面推行，驻厂检验代表工作成为武器装备工作的重要组成部分。

航空工业也是较早实行驻厂检验代表制度的国防工业部门。1951年4月，中央军委、政务院在《关于航空工业建设的决定》中规定："为提高生产质量，使生产合乎作战、训练要求之规格，航空工业局应成立检验机构，空军司令部则成立验收机构，今后凡航空工厂所承制、承修、承配之各种机件，必须经过检验机构与验收机构检查认为合格后，始能办理交接手续。"[2]起初，送修飞机都是由送修部队机械员、飞行员驻厂监修和验收。[3]由于没有统一的要求，部队人员与工厂在承修飞机交接过程中，因质量和管理等方面的问题，经常发生分歧，产生矛盾。在1951年航空工业局召开的厂长联席会议上，大家一致要求空军派代表驻厂，办理飞机修理交接验收手续。[4]航空工厂认为这种办法不仅可以减少纠纷，便利手续，而且能够促进修理任务的迅速完成。1951年9月27日，航空工业局致函空军，正式提出了派代表驻厂的要求，空军采纳了航空工业局的意见。[5]1952年2月，空军正式派出蒋

---

[1] 王立、庞天仪、于桂臣主编：《当代中国的兵器工业》，当代中国出版社1993年版，第436页。

[2] 段子俊主编：《当代中国的航空工业》，中国社会科学出版社1988年版，第560页。

[3] 张开帙：《情系人民航空——一个航空工程机务老兵的回忆》，蓝天出版社2008年版，第157页。

[4] 张开帙：《情系人民航空——一个航空工程机务老兵的回忆》，蓝天出版社2008年版，第219—220页。

[5] 王定烈主编：《当代中国空军》，当代中国出版社、香港祖国出版社2009年版，第347页。

越英、唐俊、姜吉才、张振君等11名人员组成的空军第一批驻厂见习检验人员，分别进驻了沈阳、哈尔滨、南昌、株洲等地的6个航空装备承制工厂。[1]经过一段时间的实践后，空军与航空工业局对驻厂检验员的工作效果进行了共同调查，认为有些工厂把驻厂检验员置于工厂检验科的领导之下，不能独立地履行自己的职责，起不到应有的作用，1952年5月，空军与航空工业局联合下发通知，明确了"军事代表是同工厂厂长为平行之执政机关之负责人"，并就双方的工作关系作了具体规定。空军又相继抽调了与工厂领导职务大体相当的7名干部到工厂担任总军事代表工作。[2]为了使军事代表和工厂双方有一个共同遵循的章程，空军与第二机械工业部于1953年5月联合颁发了《中国人民解放军空军工程部驻中央第二机械工业部第四局各工厂军事代表暂行工作细则》。[3]

海军派出驻厂检验代表，是从1952年底开始的。海军首先在江南造船厂派驻舰船监造组，负责舰船监造工作。建造苏联转让舰艇工作开展以后，又在沪东造船厂、武昌造船厂、求新造船厂、广州造船厂、芜湖造船厂等陆续派驻舰船监造组（后改称驻厂军事代表室），负责产品质量检验和验收工作。当时还相应地制订了有关军事代表工作的一些规定和制度。他们的主要职责是：负责对装备项目的研究、设计、试制、生产以及对成本、质量等实行审查、控制、监督，并负责对产品进行检查验收，确保部队按质、按量、按时地得到性能优良、价格

---

[1] 吴占新、马超臣、杨春源：《锻造铁翼神剑铸就蓝天长城——空军军事代表派驻60周年纪实》，《军工文化》2012年第7期。
[2] 王定烈主编：《当代中国空军》，当代中国出版社、香港祖国出版社2009年版，第347页。
[3] 王定烈主编：《当代中国空军》，当代中国出版社、香港祖国出版社2009年版，第347—348页。

合理的军事技术装备,沟通生产与使用的渠道。[1]海军装备科研生产在其具体实施过程中,从20世纪50年代起就形成了一种传统的做法,即由海军、研究设计单位和工业生产部门"三结合"开展工作。海军驻厂军事代表除负责海军武器装备的监造验收外,还参与了海军装备科研试制各个方面的工作,在"三结合"中起到了重要的作用。[2]

1953年9月,军委军械部召开全军检验代表会议,决定将驻厂检验代表改为军事代表,并制定了《区域军事代表暂行条例》及《驻厂军代表暂行工作条例》。1953年12月,政务院、中央军委决定,在国防工业企业全面实行军事代表验收产品的制度。[3]1954年7月正式建立军代表制度。军代表人数不断增加,工作范围也不断扩大。随着军事装备由国外订货逐步转向国内订货,军事代表的任务也逐步由修理质量监督向制造质量监督转变。不仅验收产品成品,而且开始对主要生产过程进行监督。到1955年11月,总军械部派出的军代表达数百人,其中师级区域代表室5个,团级驻厂代表室30个。[4]空军和海军等军兵种派出的军代表也有几百人。

实行驻厂军代表制度,对企业出厂产品统一验收、集中移交,简化了工厂与部队的关系,促进了工厂树立质量第一的思想和加强了技术检验工作,推动了产品质量的改进提高。[5]军事代表在对产品的检验

---

[1]程望主编:《当代中国的船舶工业》,当代中国出版社1992年版,第620页。

[2]杨国宇主编:《当代中国海军》,当代中国出版社、香港祖国出版社2009年版,第188页。

[3]王立、庞天仪、于桂臣主编:《当代中国的兵器工业》,当代中国出版社1993年版,第578页。

[4]《王树声军事文选》,军事科学出版社2000年版,第479页。

[5]孟广荣、孙广运:《新中国航空工业史稿(1951—1965年)》,航空工业部档案馆1982年编印(内部发行),第109页。

和监督过程中，发现了不少零件、成品以及工艺规程、生产工序中所存在的问题，并提出了不少合理的建议，对保证产品质量起了很大作用。[1]同时，军事代表在完成生产计划、降低产品价格以及沟通工厂与部队的联系等方面，也起到了一定的促进和桥梁作用。

二、驻厂军事代表队伍迅速扩大

为集中统一管理军械工作，1954年11月，中央军委决定将军委军械部改称中国人民解放军总军械部。[2]1955年3月，王树声任总军械部部长。王树声非常重视军代表工作，反复强调："军代表是军方保证产品质量的第一道关口，因此责任是重大的。"[3]

为了保证军械产品的质量，加强军代表工作，1955年5月20日至30日，总军械部召开军事代表会议，总结交流军事代表工作经验，研究部署今后的工作。总军械部首席顾问沙夫钦科报告了关于制定军事代表条例的问题。随后，在1955年下半年，总军械部对东北、太原、南京等地十几个兵工厂进行了调研，发现工厂方面对产品质量重视不够，浪费现象比较严重。军代表工作存在一些问题：一是没有认真贯彻质量第一的精神。二是存在较严重的官僚主义作风。三是只根据检验的结果决定对产品收不收，但在检验方法上，对原材料不加严格控制，对工艺过程不重视。四是技术水平低，对技术资料掌握不深透。[4]

针对兵工生产和验收工作的情况，1955年11月15日，总军械部

---

[1]《王树声军事文选》，军事科学出版社2000年版，第546页。
[2]《当代中国军队的军事工作》(下)，中国社会科学出版社1989年版，第22—23页。
[3]《王树声传》，当代中国出版社2003年版，第586页。
[4]《王树声传》，当代中国出版社2003年版，第587—588页。

向中央军委作了专题报告，提出了改进生产工作和检验工作的一些具体意见。1955年11月28日至12月20日，总军械部在武昌举行了全军军械部长集训并召开全军军械工作会议。在充分听取意见的基础上，王树声主持总军械部党委会议研究起草了《目前军械工作存在的问题及对今后工作的意见》（以下简称《意见》），于1956年1月20日呈报中央军委。《意见》提出，目前兵工生产工作中存在着一些严重问题：产品质量不高，生产潜力未能充分发挥，浪费现象仍较严重。在验收工作中，有些军代表业务技术水平低的情况仍然严重。另外由于生产的品种、产量增加得很快，而军代表人员未能相应地增加，因此对资料消化不透，致使在工作中发生错误，检验中顾此失彼，检验不细，也放松了对产品质量的严格控制。[1] 总军械部认为，随着兵工生产任务的增加，检验人员也应该相应增加。另外二机部在今后四年内将有几十个新建的大型军工厂投入生产，相应也必须增建军代表机构。总军械部建议：必须充实军代表的力量，根据工作需要，今后三年需建立军代表机构21个，共需军代表及检验人员6025名，其中干部2214名，检验员3681名，其他行政事务人员130名。[2]

1956年2月4日，中央军委批复了总军械部的报告，同意建立新厂验收机构和原来工厂适当增加军事代表机构的力量。[3] 从1956年后，军代表人数大量增加，监督范围进一步扩大，从技术资料的制定到更改，从原材料入厂化验、工艺过程到成品验收，从清洁卫生到财务成本，都进行了全面的监督。人数最多时，仅112厂军代表曾经达到

---

[1]《王树声军事文选》，军事科学出版社2000年版，第505—506页。
[2]《王树声军事文选》，军事科学出版社2000年版，第506页。
[3]《王树声军事文选》，军事科学出版社2000年版，第497页。

120人。[1]

  总军械部关于加强军代表力量的建议，对于已出现的工厂和军代表之间的矛盾没有足够重视。在工厂派驻的军代表普遍过多。南京迫击炮厂有军代表68名，实际有41名就够用了。一些工厂，每个工序都必须由军代表来检验和签字。军事代表多半采取月终验收策划成品的办法，在一些工厂中由于验收工作不能按时完成，工厂即不能按时上报任务和领取奖金。军代表单独规定自己的工作、学习时间，和工厂的生产时间不一致。工厂方面在原材料的监督和检验、成本的监督、理化室和中央测量室的监督；工艺规程的监督等几个问题上，意见较多。由于当时缺乏经验，特别是军代表工作细则中对军代表的权力强调过多，而对如何行使权力则强调不够；过多地强调了使用与生产矛盾对立的一面，忽视了矛盾统一的一面，加上1956年后军代表人数越来越多，监督工作搞得过细，妨碍了工厂党委对产品质量的领导以及党委领导下的厂长负责制和以总工程师为首的技术责任制的贯彻落实，造成了一些军代表与工厂关系非常紧张。[2]在电子工业方面，军代表制度当时基本照搬了苏联的做法，存在一些问题：搬用先进国家的技术标准，但工厂确实达不到的不合理现象；国家缺乏经验又订不出适合我国国情的技术标准作为军代表验收的根据。经常发生虽然工厂十分努力，仍达不到指标要求，军代表拒绝验收，产品不能出厂，工厂发不出工资的情况。[3]

---

[1] 孟广荣、孙广运：《新中国航空工业史稿（1951—1965年）》，航空工业部档案馆1982年编印（内部发行），第109页。

[2] 孟广荣、孙广运：《新中国航空工业史稿（1951—1965年）》，航空工业部档案馆1982年编印（内部发行），第110页。

[3] 中国人民解放军总参谋部通信部：《怀念王诤》，电子工业出版社1992年版，第211—212页。

总军械部则认为，造成军代表与工厂关系紧张的主要原因是：1956年上半年反右倾保守思想以后，二机部的某些工厂生产计划有些冒进，出现了片面追求数量，质量普遍下降的现象。在此情况下，军代表更加强调了质量，致使军代表与工厂的矛盾尖锐起来。总军械部认为二机部及其工厂的某些同志对军事代表制度认识上有偏差，也是造成相互间关系不好的一个重要因素。总军械部党委给中央军委的报告说，二机部及其所属工厂的某些同志认为军代表对生产实行检验和监督是"对企业的不信任"，没有把这种检验和监督看成解决矛盾、促进生产的积极因素，相反地看成"制造矛盾""阻碍生产"的消极因素。有的同志把军事代表制度与党委集体领导制度和群众路线的工作方法对立起来，因而认为这一制度并不适合我国情况。[1]

中央军委领导对于军代表与工厂之间已出现的种种矛盾非常关注。聂荣臻在1955年上半年视察重庆、成都、昆明等地的军工厂时，多次要求：要在保证质量的基础上求数量；军代表与工厂领导，双方要搞好团结，协商办事。[2]他在听取总军械部副部长封永顺关于军工生产情况的汇报时，再次强调军代表与工厂领导要切实注意搞好团结，协商办事。[3]

主持军委日常工作的国防部部长彭德怀对军事代表工作非常重视。1956年2月，彭德怀视察重庆兵工厂时，专门与工厂领导和技术人员、驻厂军代表进行了座谈。针对军代表在工作中出现的矛盾，彭德怀提出了军代表工作的三条原则：(1)广泛联系群众；(2)尊重厂方领导，

---

[1]《王树声军事文选》，军事科学出版社2000年版，第553页。
[2]周均伦主编：《聂荣臻年谱》(上)，人民出版社1999年版，第570页。
[3]周均伦主编：《聂荣臻年谱》(上)，人民出版社1999年版，第570页。

虚心学习；（3）正确坚持职责。[1]回京后，彭德怀召集各总部领导开会，汇报外出视察情况，他对军工厂的驻厂军代表制度表示了肯定，并重申了军代表工作的三条原则。随后，这三条原则在军械部系统的军代表和工厂中作了传达，但未在军兵种系统的军代表中传达。

1956年3月16日至24日，总军械部在北京召开军事代表工作会议，传达、学习彭德怀对军事代表工作的指示：（1）坚守职责；（2）向工厂工程技术人员、工人学习；（3）尊重工厂的领导。检查和改进军代表工作。[2]会议要求要把这一指示作为军事代表工作的指导原则，坚决贯彻，在任何时候都要坚守工作职责，搞好质量，完成订货任务；同时，对掌握产品质量标准、检验验收方法、资料控制、处理权限以及参与成本管理等问题做了规定。但是，由于会议"没有从思想上解决问题"，[3]会后不久有的军代表与工厂的关系就更恶化了，个别人员甚至挨了打，军代表与工厂的关系搞得很紧张。6月，总军械部又召开会议纠正偏差，9月，又开了一次座谈会，但只是缓和"紧张局势"，未能从思想上彻底解决问题。[4]

为解决军代表与厂方之间的矛盾，1956年7月至8月王树声商请第二机械部对军代表工作进行了联合检查，[5]并分别于6月、11月召开了部分军代表参加的座谈会。11月23日，中国人民解放军总军械部颁发《驻国营工厂军事代表暂行工作条例（草案）》。[6]12月6日，海军司令部、第一机械部联合下发了《海军舰船监造军事代表工作试行条

---

[1] 王焰主编：《彭德怀年谱》，人民出版社1998年版，第614页。
[2]《王树声军事文选》，军事科学出版社2000年版，第549页。
[3]《王树声军事文选》，军事科学出版社2000年版，第623页。
[4]《王树声军事文选》，军事科学出版社2000年版，第623页。
[5]《王树声传》，当代中国出版社2003年版，第589页。
[6]《王树声纪念文集》，军事科学出版社2005年版，第741页。

例（草案）》，对海军驻厂军事代表的任务、职责及工厂的职责作了规定。[1]总军械部认为，在采取一系列措施以后，军代表与工厂的关系已较普遍地有所好转。[2]

但实际情况并非如此。一些军代表和厂方的关系依然很紧张，有工厂向中央告状，把矛盾闹到了中央。[3]这样就造成一些军代表感到工作很棘手。在这种情况下，空军司令员刘亚楼曾几次提议取消驻厂军代表，但是中央军委没有通过。[4]刘亚楼的态度反映了当时军内外流行的一种意见，认为军队和工厂都是共产党领导的，由工厂负责产品质量，军队只管验收就行，主张取消军代表制度，恢复检验代表制度。而以总军械部为代表的一方则主张实行军代表制度是必要的。

三、军事代表工作三项原则和十条措施的提出

对于军代表和厂方的矛盾，彭德怀认为，应该按照毛泽东的指示——"军队与地方关系不好，首先应该责备军队"[5]——来检查与地方的关系。1957年1月28日，总政治部主任谭政向总部各单位领导传达毛泽东在各省市委书记会议上的讲话，该讲话中提到军队与地方关系的问题。彭德怀在听完传达后说，处理这个问题有一个好办法，就是军队多责备自己。军队对地方工作的缺点，不可提得太多，提多了反而得不到解决，搞坏事情。军队里的问题要改变，是比较容易的。地方没有军队那样集中，工作环境分散得很，要解决问题就比较困难

---

[1] 中国人民解放军历史资料丛书编审委员会：《海军·综述 大事记》，解放军出版社2006年版，第308页。
[2] 《王树声军事文选》，军事科学出版社2000年版，第554页。
[3] 《王树声传》，当代中国出版社2003年版，第591页。
[4] 《刘亚楼军事文集》，蓝天出版社2010年版，第425页。
[5] 王焰主编：《彭德怀年谱》，人民出版社1998年版，第639页。

一些。[1]

　　为从根本上解决军代表和厂方的矛盾，彭德怀决定亲自到军工厂对有关问题进行调研。1957年2月底，彭德怀赴南京军区视察工作。3月15日，彭德怀到上海考察造船工业。16日，彭德怀邀集上海沪东造船厂、江南造船厂、求新造船厂的领导人了解军代表检验制度中的问题。一位厂长说，彭老总呀！我们像亡国奴一样啦！反映了对军代表"权威行为的不满情绪"。[2]18日，彭德怀再次召集几个工厂的驻厂军代表座谈军工产品检验工作和制度问题。21日，彭德怀邀集上海6个军事工业工厂的党委书记和驻厂军代表举行联席会议，重申他在1956年2月在重庆视察军工厂时提出的驻厂军代表工作的三条原则：（1）虚心学习，联系厂里的工人群众；（2）尊重工厂厂长和党委的领导；（3）坚持自己的职责。总之要打掉军代表的权威思想。[3]4月9日，彭德怀在南京召集军工厂厂长、党委书记座谈，请他们谈对于军队派驻工厂的军代表制度的看法，征求他们对军代表的意见，并讨论如何改进军代表制度。10日上午，继续听取了驻厂军代表的意见。[4]4月13日回京后，彭德怀在上报中央的《在南京军区视察工作的报告》中，专门提出了派遣驻国防工厂军事代表制度的问题。关于驻厂军代表的职责，在三项原则基础上提出十条规定。[5]毛泽东于5月29日批示："此件请书记处处理。"邓小平于7月2日批示："拟同意彭总对于五个问题的意见。刘、周、朱指示后退彭总。"[6]

---

[1] 王焰主编：《彭德怀年谱》，人民出版社1998年版，第640页。
[2] 王焰主编：《彭德怀年谱》，人民出版社1998年版，第644—645页。
[3] 王焰主编：《彭德怀年谱》，人民出版社1998年版，第645页。
[4] 王焰主编：《彭德怀年谱》，人民出版社1998年版，第646—647页。
[5] 王焰主编：《彭德怀年谱》，人民出版社1998年版，第649页。
[6] 王焰主编：《彭德怀年谱》，人民出版社1998年版，第650页。

在了解了有关的情况后，总军械部在 1957 年 4 月召开军代表座谈会。王树声在座谈会上发言指出：应正确估计我们的工作成绩。事实证明了军事代表制度是先进的，军代表工作是可以做好的，取消观点是错误的。[1]王树声认为，军代表工作中存在的问题主要是：（1）检验的范围过宽，分兵把关，重点不明。结果由于力量不足，关键性的检验反而没有抓紧，甚至造成形式主义。（2）监督的方法有问题。处处派人，事事签署，这种方法过于机械。不但力所不及，同时也易引起工厂反感。（3）关系上有问题。一种是表现在与党委的领导关系上，军代表参加工厂党委，但产品验收与否的决定权属于军代表，军代表也以为党委委员只能管思想问题。实际上思想问题，多数由于工作问题产生，工作上的矛盾解决不了，思想上的矛盾也就解决不了，以致往往形成对立。另一种是军代表工作作风上有问题，个别的还有特权思想。对产品质量上的问题不是采取商量的态度和积极想办法解决疵病的态度，而是动不动就停止验收，不顾工厂的生产，甚至为个别零件问题，使工厂停止生产。也有的态度蛮横，不讲道理。个别的工厂领导也有毛病，以致引起纠纷。[2]王树声总结了总军械部对彭德怀的三条指示（坚守职责，尊重工厂党委领导，向工程技术人员学习）的执行情况，认为对这个指示执行得不够彻底，一般是孤立地执行了第一条。至于第二、第三条，则执行得很不够。因此，必须全面执行，必须尊重工厂党委的领导，虚心地向工人群众学习。王树声提出，军代表应接受工厂党委的领导。如果意见有分歧，党委应分别将分歧意见上报第二机械部和总军械部研究解决。[3]

---

[1]《王树声军事文选》，军事科学出版社 2000 年版，第 546 页。
[2]《王树声军事文选》，军事科学出版社 2000 年版，第 546—547 页。
[3]《王树声军事文选》，军事科学出版社 2000 年版，第 548 页。

随后，总军械部对彭德怀在南京军区视察工作的报告进行了研究，表示同意彭德怀所提出的改进军代表工作十项措施的基本精神，但在具体内容方面，提出了五个方面的意见。王树声主持总军械部党委会议研究、起草并亲自审定了《对改进军代表工作的意见》，于1957年5月10日上报给中央军委。同意适当收缩军代表的检验范围、尽量减少驻厂军代表的人数，预计可从现有人员中减少30%左右。[1]总军械部认为，制定军代表工作条例，已成为从根本上改善军代表与工厂之间关系的主要关键。建议由总参谋部召集军队各订货部门，草拟共同的军代表工作条例。然后再由军委召开有订货部门和国防工业部门共同参加的会议，讨论通过军代表工作条例，先颁发试行。经过试行修改后，再呈报国务院批准为正式条例，以利工作的进行。[2]

1957年6月13日，中央军委批转了彭德怀《关于派驻工厂的军事代表制度问题》的报告。[3]报告在充分肯定军代表制度的积极作用的同时，指出了在实行军代表制度中暴露出来的严重问题，对进一步改进军代表工作提出了三项原则和十条具体办法。这三条原则是：（1）虚心学习，广泛联系群众；（2）尊重厂方领导；（3）正确地坚持职责。十条具体办法是：（1）适当收缩军代表的检验范围，根据各个工厂的不同情况，可以检验生产成品加上生产过程中某些关键性的问题或者采用成品总验收的办法，不要平均地每个工序都来检验和签字。这样就可以使工厂的检验部门也有事可做，分工合作，也就可以避免

---

[1]《王树声军事文选》，军事科学出版社2000年版，第551页。
[2]《王树声军事文选》，军事科学出版社2000年版，第554页。
[3] 孟广荣、孙广运：《新中国航空工业史稿（1951—1965年）》，航空工业部档案馆1982年编印（内部发行），第110页。原文错误地将中央军委批转彭德怀的报告记为1956年。同样的错误在《当代中国的兵器工业》第580页中也出现。

军代表检验不赢而妨碍生产进度的现象。（2）军代表检验范围缩小之后，应当尽量减少驻厂代表的人数，目前一般的工厂都是派代表过多了。南京迫击炮厂现有军代表68名，据副总代表谈有41名就够用了。（3）目前军事代表多半采取月终验收策划成品的办法，在有些工厂中由于验收工作不能按时完成，工厂即不能按时上报任务和领取奖金。因此应当根据各厂的情况，尽量改成随时验收或每月分几批验收的办法。（4）为了配合工厂生产进度，及时验收，军事代表的工作、学习时间，应当和工厂的生产时间取得一致，目前军代表单独规定自己的工作、学习时间是不妥当的。（5）为了军事代表便于联系群众，便于工作，驻厂军代表的党、团组织关系，应当转到工厂党、团支部里去。关于军事代表的业务工作，可以由总代表随时自行召集会议进行研究和改进。（6）军事代表可以被选入工厂党委，没有军代表被选入党委的工厂，可以吸收总代表列席厂的党委会议，以便共同讨论和解决问题。（7）凡在停止生产问题上，军代表和工厂发生了争执，应提请工厂党委讨论，如果不能取得一致意见，即由双方共同上报当地党委解决，或者共同上报工业部门和订货部门共同研究解决。（8）军事代表驻工厂的工作条件，应根据工厂的可能适当解决，不得有过多和特殊的要求。（9）军事代表应由所在军区或者军区政治部代管，各军区政治部有权检查军事代表的工作，和协助地方处理军事代表同工厂的纠纷。（10）派遣军事代表的订货部门军种兵种，对驻在各厂军代表的工作要经常检查，并且每年召集一次会议进行思想教育，交流经验，改进方式方法。[1]

中央军委转发了彭德怀《关于派驻工厂的军事代表制度问题》的

---

[1] 孟广荣、孙广运：《新中国航空工业史稿（1951—1965年）》，航空工业部档案馆1982年编印（内部发行），第111页。

批示,各驻厂军代表在贯彻执行中央军委指示方面均进行了研究,在实际工作中取得了一定成绩。但不少单位在一些问题的执行上存有顾虑,主要表现在:(1)怕党、团支部分编到车间后军代表不便于进行思想、业务领导。有的怕坚持保证质量原则,会得罪工厂干部而得不到提拔,不能入党(团)或不能得奖。在厂党委、支部方面也有的怕军队党(团)员不好领导,增加麻烦。(2)在接受党委领导问题上,怕把检验工作在党委进行表决,军代表不占多数,而影响产品质量。(3)在收缩检验范围的问题上,怕收缩后不好控制,产品质量得不到保证。[1]1957年8月20日,彭德怀在太原等地兵工厂听取厂长、军代表谈生产情况和他们之间的关系后,就军代表工作三项原则、缩小产品检验范围、军代表党(团)组织生活、工厂与军代表关系、军代表提高自己思想水平和业务技术水平、解决军代表与工厂矛盾的办法、产品质量问题等方面再次作了重要指示。[2]针对一些单位在执行军委指示上存在的思想顾虑,9月25日,总参谋部军械部[3]向各区、厂军代表室发出《坚决贯彻执行军委指示,改善和加强军代表工作》的指示,[4]提出:第一,提高认识,转变思想,深刻领会军委的指示;第二,适当收缩检验监督范围,改进检验和监督的方法;第三,驻厂军代表接受厂党委领导问题;第四,把军代表中的党、团员分编到工厂车间或检验科室支部;第五,加强军代表对科学技术的学习。[5]为了坚决贯彻军委的指示,纠正检验范围偏宽的现象,总参军械部要求各单

---

[1]《王树声军事文选》,军事科学出版社2000年版,第557页。
[2]《王树声军事文选》,军事科学出版社2000年版,第563页。
[3]1957年7月1日起,总军械部正式改为总参谋部军械部。
[4]《王树声纪念文集》,军事科学出版社2005年版,第742页。
[5]《王树声传》,当代中国出版社2003年版,第595—596页。

位于1957年第四季度根据军委指示"检验生产成品加上生产过程中某些关键性问题"的原则,对检验和监督的范围问题再做一次全面细致的研究,并与工厂协商,提出缩减方案。军械部于第四季度分别召开专业会议,以求大体上统一各类性质产品的检验、监督范围。[1]

在各方面共同努力下,军代表同厂方的关系得到了有效的改善,双方密切合作,保证了军工产品质量的稳定提升。

四、颁布《中国人民解放军驻厂军事代表工作条例》

军事代表工作引起中央的高度重视。1958年4月,中共中央下达的《关于加强地方党委对军队的领导和密切地方党委同军队关系的指示》规定:"军队派驻工厂的军事代表,在检验军事订货生产业务方面,保持派出机关的垂直领导,在政治上、思想上和党团生活方面接受工厂党委的领导。工厂党委应当注意将军事代表选入党委,或吸收军事代表中的负责同志列席工厂党委会议,共同讨论和解决有关问题,遇有争论时,报告双方上级共同研究解决。"[2] 随后,总参军械部以及各军兵种相继召开军事代表工作会议,进一步整顿了军事代表工作,要求驻厂军事代表必须依靠工厂党委,依靠职工群众,改进工作作风和工作方法。

1958年5月,空军召开军代表会议。空军司令员刘亚楼在讲话中指出,现在看起来,军代表这个工作对空军的使用和工厂的制造都是有益的,而且确实做出了成绩。但是,在看到成绩的同时,不能忘记我们还有很多缺点,有些缺点还比较严重,如果不加以改变,会增加

---

[1]《王树声军事文选》,军事科学出版社2000年版,第558页。
[2] 王定烈主编:《当代中国空军》,当代中国出版社、香港祖国出版社2009年版,第348页。

与工厂间的矛盾，会阻碍生产力的发展。……这样讲军代表会憋一肚子气，感到工作吃力不讨好，有点"小媳妇"味道，起早了丈夫不高兴，起晚了婆婆不高兴。军代表工作是有些难做，搞得严了，工厂不高兴，搞得松了，空军部队不高兴。如果投票的话，我看都会不干军代表。……之所以形成这个疙瘩，其原因一个是思想方法，一个是工作方法。整风就是要把缺点、错误改掉。是否取消军代表的问题，不在这次会议讨论之列。[1]

1958年9月，彭德怀专程到东北地区，调研军事工业生产、改进驻厂军代表工作等问题。9月12日，彭德怀召集哈尔滨市军事工厂的厂长、党委书记、军代表，座谈改进军事代表制度的问题。他一面听取各厂的领导人介绍情况和提出意见，一面插话同大家商讨改进办法。彭德怀说，去年6月军委发了一个文件，规定了军代表工作的三项原则和十条措施。这个文件已经发了一年零两个月，现在看看是否都合适，有哪些不合适的应当修改。在各工厂的负责人发表意见以后，彭德怀着重讲了三个问题：（1）军代表是在工厂党委统一领导下的一个部分，在工厂党委统一领导下进行产品检查、验收，帮助工厂保证产品质量。去年军委文件规定的是，军代表尊重工厂党委的领导；现在看来，不只是尊重的问题，而要在工厂党委领导下进行工作才好。（2）军代表在工作中要走群众路线，要和工人群众打成一片，通过群众来保证产品质量。光靠军代表几个人是保证不了的。（3）军代表要检查一下自己有没有特权思想。[2]10月7日，彭德怀向中央书面汇报在东北地区视察20天的情况，提出：驻厂军代表工作，应在1957年6月"三项原则、十条措施"的基础上，继

---

[1]《刘亚楼军事文集》，蓝天出版社2010年版，第424页。
[2] 王焰主编：《彭德怀年谱》，人民出版社1998年版，第701页。

续改进，即明确军代表的检验工作，是工厂党委工作的一部分，军代表受厂党委和军方双重领导，并可以考虑军代表和厂方的检验合并，继续收缩检验的范围，主要是关键工序和成品验收。一个工厂内的，应只由一个部门派来的代表统一联系各订货部门。军方由总参统一调整订货工作，避免多部门分管。继续减少军代表人数。该报告经中共中央批准后，中央军委于10月23日下发全军各大单位领导机关。[1]

1958年11月3日至12月20日，总参谋部军械部召开军代表室党的干部会议。会议讨论了深入贯彻中央军委历次关于改进军代表工作的指示，提出了进一步改进军代表工作的意见。在军队和国防工厂双方共同努力下，到1958年底，军代表与工厂的关系有了根本性的改善，军工产品质量也稳步提高。

1959年后，受"大跃进"的影响，军工厂高指标、浮夸风盛行，驻厂军代表的监督检验权力受到很大冲击。一些厂的领导干部，对军代表积极监督产品质量的工作，不但不支持，反而加以限制，看到军代表向上级写了一个反映质量问题的报告，大为不满，在党委会上严厉地批评了军代表，并自作主张宣布军代表向上级写的一切报告都要经过厂党委。[2]有些工厂竟然提出"取消军代表、解放生产力"的口号。[3]此外，军工产品质量严重下降。例如，"几个主要飞机和发动机工厂盲目追求产值、搞快速试制，发生严重质量事故，导致三年来没有交付一架合格的飞机和发动机"。[4]有的工厂"生产的冲锋枪，只打了

---

[1] 王焰主编：《彭德怀年谱》，人民出版社1998年版，第704页。
[2]《贺龙军事文选》，解放军出版社1989年版，第579页。
[3]《聂荣臻军事文选》，解放军出版社1992年版，第438页。
[4]《罗瑞卿传》，当代中国出版社2007年版，第240页。

十几发子弹，击针尖就断了"。有的工厂生产的潜艇用蓄电池，有一半因为质量不好不能使用，使新建的潜艇不能按期交船，在用潜艇也被迫停航。还有的工厂"竟然把57炮的零件装到85炮上"。问题的严重性还在于："像这类质量事故，并不是个别的情况，而是许多工厂都不同程度地存在着这个缺点。"[1] 为迅速扭转国防工业的局面，中央军委成立了中央军委国防工业委员会（简称"国防工委"），贺龙担任国防工委主任，决定采取坚决措施，整顿军工产品质量。

1960年11月25日至1961年1月7日，国防工委在北京召开三级干部会议，中心议题就是整顿军工产品质量。[2] 中央军委副主席兼国防科学技术委员会主任聂荣臻在会议上发言指出，从1953年开始，"我几乎看了所有的兵工厂，其中大部分是第一个五年计划建设或投入生产的。当时我的印象是比较满意的，基本建设、设备、安装的质量都比较好，生产也比较有秩序，军代表制度和质量检验也比较严格，我们出的常规武器和第一批喷气飞机，质量都还是不错的。去年和今年，我又看了中南、西南、西北的一些兵工厂，接触到一些情况，感觉到有许多问题"。[3] 对于军代表和工厂的矛盾，聂荣臻指出："军代表驻厂工作，也是为了保证军品质量，这本来是一致的，只要工厂生产注意质量，产品良好合格，矛盾从何而来呢？事实证明，哪一个厂哪一个时候重视产品质量，这时工厂与军代表的矛盾就比较少或者完全一致。而近几年来工厂越来越不注意质量，废品率越来越高，当然双方的不同意见就越来越多。如果说的是这种矛盾，我看倒是很必要的，是好事情。""现在更可以看得清楚，有军代表这一个检验质量的关口，对

---

[1]《贺龙军事文选》，解放军出版社1989年版，第577页。
[2]《罗瑞卿传》，当代中国出版社2007年版，第240页。
[3]《聂荣臻军事文选》，解放军出版社1992年版，第435页。

国防工业只有好处，没有坏处。""军代表对产品的监督制度以及工厂中各项专门的和群众性的监督检验制度，必须尽快地建立、健全和认真执行。现行的军代表工作条例要重新修订。"[1]聂荣臻提出，凡是为军工厂生产材料和协作件的工厂，也要坚决贯彻军工产品质量第一的方针，主要的工厂要派军代表驻厂检验，使材料和协作件的质量能够得到保证。[2]

贺龙在会议总结发言中也明确指出："几年来的实践证明，在军事工厂建立军代表制度是完全必要的，它在保证和提高产品质量上，配合工厂完成生产试制任务上，协助工厂降低成本、密切军工生产单位和军队的联系等方面都发挥了积极作用。同时在整风和总结经验的基础上，军代表制度不断地进行了改进，更加符合了我国的具体条件。""加强军代表制度，就是调动军队的积极因素共同办国防工业的一个重要措施。另一方面，尖端产品有更高的技术要求和质量要求，更需要加强军代表在生产、质量监督方面的作用，因此，军代表制度，不但不能取消和削弱，而且必须加强。"[3]

1961年11月25日，中共中央、国务院发出关于颁布实行中国人民解放军驻厂军事代表暂行条例的通知，宣布从即日起，原各部门颁发的驻厂军事代表工作条例一律作废。《中国人民解放军驻厂军事代表暂行条例》适用于一切派驻有军事代表的工矿企业。[4]条例明确了军事代表的性质、任务、领导关系、业务范围以及工作中必须遵守的原则等，对军事代表在军械产品订货、验收等任务中的职责、权限、与工

---

[1]《聂荣臻军事文选》，解放军出版社1992年版，第438—439页。
[2]《聂荣臻军事文选》，解放军出版社1992年版，第439—440页。
[3]《贺龙军事文选》，解放军出版社1989年版，第597页。
[4]《中共中央文件选集》第38册，人民出版社2013年版，第342页。

厂的相互关系等方面，做了明确规定。

经过整顿，国防工业的生产秩序得到恢复，军工产品的质量有了很大提高。但是，随着科研生产的进一步发展，军代表与工厂的矛盾再次突显。1963年2月9日，122厂一名技术员致毛泽东、邓小平一封信，反映军代表影响工厂的正常生产和工作秩序，妨碍生产力的发展，建议中央取消从苏联搬来的军代表制度。[1]为此，中央派出调查组进行了调查。

中央军委认为，军代表制度的改变应当慎重考虑，在未弄清情况以前暂时不动。对于军工厂反映强烈的一些问题，聂荣臻表示，应该从工作方法和具体办法上对军代表工作做一些改进，他认为：军代表应该只管产品性能，不管工艺改进。产品改进必须经过定型委员会批准。工艺上改良而不影响产品性能的，军代表应同意验收，但有些工艺对产品性能有影响时，军代表可向厂方提出意见。[2]聂荣臻在与三机部部长孙志远谈话时表示：驻厂军代表的问题要解决一下。军代表的工作要做一些具体规定。军代表只能按产品性能、战术技术指标去检验，主要是成品检验。工序、工艺方面的问题应由总工程师决定。许多生产中的问题要条例化，未暴露出的问题，要不断地解决。[3]1963年4月，聂荣臻在军工领导干部会议上专门讲了军代表制度的问题。他说：最近对军代表制度有些反映。我认为，军代表制度是需要的，是起了好作用的。在某些工厂里，有些军代表同志的工作方法可以改进。现在工厂里发生的问题，大多是属于职责范围不明确的问题。我们要

---

〔1〕张开帙：《情系人民航空——一个航空工程机务老兵的回忆》，蓝天出版社2008年版，第220页。

〔2〕周均伦主编：《聂荣臻年谱》（下），人民出版社1999年版，第881页。

〔3〕周均伦主编：《聂荣臻年谱》（下），人民出版社1999年版，第883页

研究提高效率，使手续简便而又能确保质量，主要是从工作方法和具体办法上来改进。[1]

中央调查组经过调查研究后，没有建议取消军代表制度，而是提出应该对军代表工作进行一些改进。中共中央、国务院召集各有关部委办与总后勤部对军事代表暂行条例重新研究和修改，于1964年10月13日颁布了《中国人民解放军驻厂军事代表工作条例》（以下简称《条例》），共计40条。《条例》明确了军事代表的工作总则、基本任务、检验与验收、监督检查、领导关系、组织机构、工作方法等。[2]这个工作条例，正确处理了社会主义制度下军工生产与部队使用的关系，基本符合中国国情，适应国防工业生产和军队装备建设的需要。[3]

1965年，国防科技工业领导体制进行了重大调整，以国务院国防工业办公室（以下简称"国防工办"）为龙头的、统一的国防科技工业领导体制初步形成。[4]在这个时候，国防工办再次提出了取消驻厂军事代表的意见。1965年8月3日，聂荣臻就这个问题写信给国防部部长[5]。信中说，军代表是军队使用部门派驻工厂检查军工产品的，还担负着军队、工厂之间的联系和处理工作，不宜匆忙决定取消，应派人充分调查后，报军委决定。国防部部长于8月11日答复，同意聂荣臻的意见。[6]"文化大革命"期间，驻厂军事代表制度先后两次被冲击，甚

---

[1]《聂荣臻军事文选》，解放军出版社1992年版，第509页。
[2]《中共中央文件选集》第47册，人民出版社2013年版，第107—116页。
[3]《当代中国军队的军事工作》（下），中国社会科学出版社1989年版，第203页。
[4]参见姬文波：《20世纪60年代国防科技工业系统关于"院部合并"问题的探讨》，《当代中国史研究》2017年第2期；姬文波：《20世纪五六十年代中国国防科技工业领导管理体制的形成和发展》，《当代中国史研究》2018年第2期。
[5]1963年9月底，在毛泽东提议下，中央决定由贺龙主持中央军委日常工作。参见《毛泽东年谱（1949—1976）》第8卷，中央文献出版社2023年版，第266页。
[6]周均伦主编：《聂荣臻年谱》（下），人民出版社1999年版，第995页。

至被取消，致使军工产品质量一度下降，工作受到一定损失。[1]1977年10月，国务院、中央军委下达了《关于恢复军事代表制度的通知》，驻厂军事代表工作重新走上了健康发展的轨道。

20世纪五六十年代，军代表与工厂的矛盾主要集中在生产过程的监督上。军代表负责监督、检查生产的质量和进度，但是对一些应该由工厂负责、工程技术人员负责的问题，军代表有时干预得不恰当；有些军代表的工作方式比较生硬。这些都导致了军代表与厂方产生矛盾。特别是随着武器装备的改进和型号的增多，军工厂要不断改进设计、改进工艺。这些改变可能会影响产品质量和战术性能，军事代表需要监督和干预，但是由于缺乏相关的知识和技能，军代表在这些问题上需要组织技术鉴定，并要通报上级，经过一定的批准手续后才能改变。在这种情况下，军代表与厂方之间的关系日益紧张。《中国人民解放军驻厂军事代表工作条例》颁布后，制定了驻厂军事代表工作的相关政策，解决了军代表的工作方法等方面的问题，通过严格规范的管理，协调了驻厂军事代表与工厂之间的关系，推动了驻厂军事代表工作的开展。

实践证明，驻厂军事代表制度适合中国国情和军工生产的特点，在军事工厂建立军代表制度是完全必要的，它在保证和提高产品质量、配合工厂完成生产试制任务、协助工厂降低成本、密切工厂和军队的联系等方面都发挥了积极作用，[2]有利于促进军工产品质量的提高，推动部队现代化装备建设。[3]在总结经验的基础上，军代表制度得到了不断改进，更加符合我国的具体条件，取得了很大成绩。

---

[1] 程望主编：《当代中国的船舶工业》，当代中国出版社1992年版，第621页。
[2] 《贺龙军事文选》，解放军出版社1989年版，第597页。
[3] 程望主编：《当代中国的船舶工业》，当代中国出版社1992年版，第622页。

第四节 仿制现代化武器装备

1951年10月,在中苏两国政府签订的苏联援助中国发展陆军武器装备的协议中,规定了苏联向中国转让制造陆军通用武器和弹药的特许权,以及提供技术资料、样品和派遣专家等条款。据此,中央兵工委员会于1952年5月作出制造第一批18种制式兵器的决定,其中仿制的15种、改进设计的3种。这批仿制的苏式武器虽然多数是20世纪30年代设计的,但经过了战争的考验和不断改进,在性能和技术水平上,无疑也提高了中国兵器工业的起点。20世纪50年代中期到60年代初,大量仿制的武器装备相继装备部队。其中以军械火炮、通信、工程、防化等武器装备进展最快,到1962年底,所需品种和数量基本上可由国内生产解决。飞机的仿制速度也比较快,继1954年仿制成功雅克-18初级教练机之后,1956年和1959年又先后仿制成功歼-5型和歼-6型飞机。

一、陆军装备

1953年,制式兵器装备的仿制工作在兵器工业部门全面展开。到1956年,第一批制式兵器中除85毫米高射炮因改型未仿制外,大部分已仿制定型。1953年和1956年,中苏两国政府两次签订协定,由苏联援助中国建设一批兵工企业,以生产中型坦克、大口径火炮、高射炮、机载武器、舰载武器及其配套的弹药和光学电子仪器等武器装备。从1957年起,兵器工业部门用了3年时间,又仿制成功一大批制式武器装备。在新中国成立10周年庆典上,一批新型武器装备接受了检阅,标志着中国陆军武器装备实现了制式化,并为开展自行研制创造了条件。[1]

（一）59式中型坦克

20世纪50年代初期，中国开始建立坦克工业，从坦克装甲车辆的修理和零部件制造入手，逐步发展壮大。1955年11月，中国从苏联获得了新型的T-54中型坦克及其改进型号T-54A的样车。T-54是当时世界上最先进的中型坦克之一。它的成功引进，使中国装甲兵的坦克装备技术水平首次与世界同步。为了发展自己的坦克工业和培养技术人才，中国决定以T-54A为基础进行仿制生产。为此，中国要求苏联提供T-54A中型坦克的全套图纸和生产工艺，并于1956年4月动工建设国内第一家坦克制造厂——617厂。随着新型坦克制造工厂的建成，T-54A中型坦克试制工作于1958年9月全面展开。T-54A中型坦克，车体由装甲钢板焊接而成，炮塔为特种钢铸造。坦克的零部件品种多，配套的机电装置数量大，而时间要求紧，617厂全厂广大职工，在全国有关部门大力支持下，年底就试制出第一台样车，1959年8月胜利地完成了首批T-54A中型坦克的生产任务。1959年底，中国产T-54A被正式命名为1959年式中型坦克，简称"59式坦克"。59式坦克装备部队后参加了国庆10周年阅兵，结束了中国不能制造坦克的历史。59式坦克，车体和炮塔具有较好的流线型。炮塔可旋转360度，装有100毫米线膛炮1门、12.7毫米高平两用机枪1挺、7.62毫米机枪2挺，配备有单向（高低向）稳定器和光学瞄准镜。车上装有功率为520马力的12150L型12缸V型水冷柴油机。采用固定轴式变速箱和二级行星转向机。行动部分采用扭杆独立悬挂，大直径双轮缘负重轮，金属履带板。59式中型坦克战斗全重36吨，最大时速50

---

[1] 谢光主编：《当代中国的国防科技事业》（下），当代中国出版社1992年版，第101—102页。

公里。车身低矮，结构紧凑，性能可靠，使用维护方便。与国际同吨位级的坦克相比有较强的火力。59式中型坦克投产以后，617厂不断进行改进。改进型有59-1型、59-2型和59-3型3种。59式中型坦克在相当长的时间内一直是中国陆军装甲兵的骨干装备。

（二）大口径火炮

新中国成立后，火炮制造被列为兵器工业发展重点。通过10年艰苦奋斗，至20世纪50年代末，我国仿制和自行研制成功包括迫击炮、火箭筒、无坐力炮、榴弹炮、加农炮、高射炮等20个型号组成的第一代制式火炮序列，初步实现了中国人民解放军炮兵装备的制式化和国产化，并为自行研制开发打下了物质和技术基础。

在苏联专家的指导下，127厂从1953年开始按照苏联技术资料试制苏联1938年式122毫米榴弹炮，仅用了一年多时间，试制成功了54式122榴弹炮，这款榴弹炮的整体长度为5900毫米，其中身管的长度为2670毫米，整体宽度为1975毫米，整体高度为1600毫米，整体重量为2500公斤，一分钟可以发射5到6发炮弹，最大射程11.8公里。54式122榴弹炮是步兵师炮团装备的压制火器，可以发射多种炮弹，其中包括杀伤爆破榴弹、燃烧弹、烟幕弹、照明弹，等等，它使用汽车作为牵引。54式122榴弹炮是新中国第一代制式大口径火炮，开创了中国自行生产大口径火炮的历史，受到毛泽东主席的嘉勉。接着于1956年又试制成功56式152榴弹炮，最大射程12.4公里，从而奠定了新中国大口径榴弹炮的制式系列。

加农炮的试制是从1953年开始的。247厂首先按苏联技术资料试制了76毫米加农炮，仅用了一年多时间即试制成功，命名为1954年式76.2毫米野炮，是中国第一代制式中口径加农炮。1956年又试制成功了1956年式85毫米加农炮，为76.2毫米野炮的换代武器。1959

年，127厂试制成功了1959年式130毫米加农炮和1959年式152毫米加农炮，其中130毫米加农炮结构合理，重量较轻，射程较远。这两种大口径加农炮的试制成功，形成了中国加农炮的系列。1959年，在仿制的基础上立即转向研制新型加农炮。[1]

这批制式大口径火炮的成功生产并大量装备部队使用，使我军拥有了可靠的火力保障。

二、军用飞机

新中国的飞机制造业于1951年开始建立，从修理飞机起步。1954年制造成功新中国第一架飞机——初级教练机。在这以后几年间，又陆续仿制出喷气式歼击机、小型运输机和直升机，掌握了飞机生产制造技术，提高了工艺技术和管理水平，标志着中国军用飞机实现了从修理到仿制的转变。

（一）初教-5教练机

初教-5飞机是南昌飞机制造厂按照雅克-18飞机的图纸仿制而成的。雅克-18是苏联于1946年设计的初级教练机，具有构架式机身骨架、矩形中翼和两个梯形外翼，安装一台活塞式发动机和木质螺旋桨。起落架为后三点式。机上装有航行仪表、发动机仪表、无线电电台、半罗盘和机内通话设备等，可以使学员在学完各种初级训练科目后，掌握飞机的使用技能。

按照国家批准的航空工业第一个五年计划，初教-5原定于1955年9月试制完成。1954年4月，航空工业局根据当时空军迫切需要初级教练机，而南昌飞机制造厂又掌握了雅克-18等5种飞机修理和

---

[1] 王立、庞天仪、于桂臣主编：《当代中国的兵器工业》，当代中国出版社1993年版，第140—141页。

零部件制造技术的实际情况，确定试制工作提前一年完成。任务下达后，工厂在苏联专家指导下，由总工程师郦少安、总工艺师高永寿具体组织，各项试制工作进展很快。6月30日，第一架总装完成的初教-5飞机交到试飞站，开始做试飞准备。另一架供静力试验的飞机于5月12日开始做全机静力破坏试验。飞机静力试验当时是项全新的工作，在国内是首次进行，又没有苏联专家的指导。1954年7月3日，新中国制造的第一架初教-5飞机，由段祥禄驾驶进行首次试飞，完成了预定科目后安全着陆。7月20日，国家试飞委员会作出审查结论，确认初教-5飞机性能符合技术要求，可以进行批生产，提供空军训练使用。7月26日，工厂举行了第一架飞机制造成功庆祝大会。第二机械工业部部长赵尔陆、江西省省长邵式平、航空工业局副局长段子俊和空军领导人出席了大会。3架初教-5飞机做了飞行表演。8月，初教-5飞机被批准成批生产。从1954年至1958年，初教-5飞机共生产379架，全部交付空军、海军和民航使用，为培养、训练新中国早期飞行员作出了贡献。[1]

（二）歼-5型亚音速歼击机

歼-5的原型机米格-17Φ，是苏联的一种高亚音速歼击机，主要用于争夺前线制空权和国土防空，也可用于近距对地攻击。苏联于1951年装备部队。飞机从机头进气，装一台带加力燃烧室的离心式涡轮喷气发动机，最大飞行速度每小时1145公里，实用升限16600米，带副油箱最大航程2020公里，最大续航时间3小时，该机采用后掠机翼，是当时世界上比较先进的喷气式歼击机之一。米格-17Φ飞机全机零件14719种，253550件，成品228种。其制造技术远比

---

[1] 段子俊主编：《当代中国的航空工业》，中国社会科学出版社1988年版，第126—127页。

初级教练机复杂。在短时间内试制出这种飞机，对于年轻的中国航空工业来说，是一个严峻的考验。沈阳飞机制造厂负责歼-5试制工作。1955年初开始试制歼-5飞机，苏联提供了全套飞机图纸、技术文件、工艺规程和大部分工艺装备，另有2架样机、15架份飞机散装件、10架份锻件及原材料、8架份外购件、15架份标准件。为了缩短试制周期，尽快掌握制造技术，工厂采纳了苏联专家提出的"四阶段平行交叉作业"试制方案，即飞机的整个工艺过程分成四个阶段：第一阶段，以苏联供应的5架份部件装配成飞机，锻炼总装配技术；第二阶段，以苏联供应的4架份组合件装配成部件，再进行初装、总装，最后装配成飞机，学习初装技术；第三阶段，以苏联供应的4架份零件装配成组合件，再进行初装和总装，学习掌握铆接装配技术；第四阶段，用苏联及国内供应的原材料制成零件后装配成飞机，掌握全部制造技术。1956年8月2日，歼-5成功首飞。试飞结果证明，国产飞机的技术性能和质量完全合格。9月8日，国家验收委员会宣布歼-5飞机试制成功，可以进行成批生产，交付部队使用。[1]

9月10日，国产喷气式飞机试制成功祝捷大会在沈阳飞机制造厂隆重举行。专程前来参加大会的国防委员会副主席聂荣臻元帅在第二机械工业部部长赵尔陆等的陪同下，为第一架"中0101"号歼-5飞机剪了彩。中共中央、国务院向工厂的全体职工发来了贺电，勉励航空工业职工"再接再励，为进一步提高航空工业的技术水平，确保航空产品质量和取得成批生产的经验而努力"。1956年国庆节，沈阳飞机制造厂制造的4架歼-5飞机飞越北京天安门，接受了检阅。毛泽

---

[1] 段子俊主编：《当代中国的航空工业》，中国社会科学出版社1988年版，第131—132页。

东主席在天安门城楼上高兴地对外国友人说："我们自己的飞机过去了。"根据部队作战和训练的需要，歼-5型飞机又改型为歼-5甲型和歼教-5型飞机。

通过歼-5型飞机及发动机的仿制生产，工厂完成了从修理到制造的转变。把中国军用飞机的制造技术和企业管理提高到新的水平，锻炼了飞机制造的技术队伍，从而奠定了制造喷气式飞机的技术基础，使中国跻身于世界上少数几个能制造喷气式飞机的国家行列。

（三）歼-6型超音速歼击机

歼-5型飞机定型不久，根据空军作战的需要，中国随即开始仿制苏联米格-19型超音速歼击机，命名为歼-6型歼击机。飞机从机头进气，装有两台涡喷-6型发动机，最大平飞速度每小时1452公里，实用升限17.5公里，最大航程2200公里。飞机由亚音速到超音速是质的飞跃。为克服高速飞行产生的"音障"，歼-6型飞机采取相对厚度较小的后掠机翼，以减少高速飞行时的波阻；动力系统采用涡喷-6型发动机，其结构也由离心式发展到轴流式，以提高超音速时的推进效率。涡喷-6型发动机单台推力和加力推力与涡喷-5型发动机相当，重量却减轻30%，特别是最大直径减小48%，可大大减小飞机的迎风面积，更适于高速飞行。

歼-6型飞机也是由沈阳飞机制造厂负责仿制。沈阳飞机制造厂首先试制的是米格-19Ⅱ型全天候歼击机。与歼-5试制有所不同，除设计图纸是苏联供应的外，工艺技术资料全部是自行编制的，工艺装备则全部由自己设计制造。1958年12月17日，飞行员王幽淮驾驶中国制造的米格-19Ⅱ型首飞上天。1959年4月经国家鉴定委员会鉴定验收，投入批量生产。由于部队反映大量需要米格-19C型前线歼击机，沈阳飞机制造厂又参照苏联样机，在米格-19Ⅱ型的基础上进行改型试制。1959年9月30日，飞行员吴克明驾驶着首架歼-6（米格-19型的改型）做了首次飞行。但是，由于"大跃进"的影响，仿制工作急于求成，片面强调进度，不适当地压缩工艺装备，简化工艺规程，降低技术要求，并且未经生产定型就投入成批生产，酿成严重质量问题，大批飞机不能出厂，造成歼-6型飞机"生产一年，返修三年"的严重局面。

歼-6型飞机的质量问题，震动了整个国防工业部门。中央军委决定，从1961年开始，重新仿制歼-6型飞机和发动机，并要求"优质过关"。沈阳飞机制造厂吸取了以往的教训，严格按照设计图纸，采取以模线样板、标准样件为协调互换依据，从标准样件的选择、设计、制造、协调、对合等各个环节确保质量，解决了一个又一个重大技术关键。1963年歼-6型飞机重新仿制成功，达到"优质过关"要求。[1]

三、军用舰艇

从1953年开始，中国向苏联购买护卫舰、潜艇、扫雷舰、大型猎潜艇、鱼雷艇等5种型号舰艇的全部技术图纸和一批材料、设备。对于这一部分用国外材料、设备装配制造的海军舰艇，人民海军和国家造船工业部门习惯地称之为"转让制造"舰艇。这种转让制造的舰艇是人民海军初期战斗舰艇的重要来源。

（一）6603型常规鱼雷潜艇

根据1953年中苏签订的"六四"协定，苏方有偿转让6603常规鱼雷潜艇（简称"03型潜艇"）的建造权，提供成套器材设备和设计图纸资料，由中国的船厂建造，并派专家来华指导。该型潜艇为1000

---

[1] 谢光主编：《当代中国的国防科技事业》（下），当代中国出版社1992年版，第181—182页。

吨级，全焊接结构，柴油机—蓄电池电力推进，有鱼雷发射管6座和柴油机水下通气管装置，以及水声、导航等观察通信设备，是苏联20世纪50年代初的成熟技术。这是新中国引进国外现代潜艇技术，自行建造潜艇的开端。

为了在国内逐步建立潜艇设计和生产的技术基础，1954年后，第一船舶产品设计室设立潜艇产品科；江南造船厂和武昌造船厂为承担该型潜艇的建造任务，进行了大量的工艺技术改造、车间的改建和扩建以及人员培训。首制艇于1955年4月在江南造船厂开工，建造比较顺利，1956年3月下水。1957年2月12日，由江南造船厂制造的首批2艘潜艇长途驶往旅顺海区进行试航。东北的隆冬季节，气候严寒，舰员们和造船工人克服种种困难，进行了十几次水下航行，顺利完成了包括紧急下潜、潜坐海底以及施放鱼雷、蓄电池充电等几十个试验项目。通过首批转让制造的潜艇和其他各型舰艇的多次试航，海军培训了一批熟悉新造舰艇性能和掌握操作技术的骨干力量。此时距人民海军建立还不到8年，参与试航的军、工人员亲眼看到中国自己装配制造的战斗舰艇已在海上航行，无不感到自豪。[1] 1957年6月27日，上海江南造船厂制造（转让制造）的中国第一艘03型潜艇，经验收合格列入海军潜艇部队序列。该艇被命名为"新中国15号"潜艇。

1956年，武昌造船厂也开工建造该型潜艇，首艇于1958年7月下水，同年12月验收入列。到1963年，两家造船厂共建造了几十艘潜艇。通过成批建造潜艇，不仅为中国海军的装备建设作出了贡献，而且锻炼了队伍，培养了技术干部和工人，形成了潜艇生产线，为进

---

[1] 杨国宇主编：《当代中国海军》，中国社会科学出版社1987年版，第231页。

一步发展打下了初步技术基础。[1]

（二）6601型护卫舰

根据1953年中苏"六四"协定，苏联有偿转让6601护卫舰技术和成套器材设备，并派专家来华指导。该型舰正常排水量为1149吨，采用蒸汽轮机动力装置。舰上装有三管533毫米鱼雷发射器，单管100毫米、双管37毫米中、小口径舰炮武器系统，24管反潜深水炸弹系统和射击指挥控制系统，以及水声、雷达和导航等观测通信电子设备，是一型对海攻击能力较强、并有一定反潜防空能力的近海轻型水面战斗舰艇。1955年开始，该舰在沪东造船厂装配建造。[2]

1956年4月28日，6601型护卫舰首制舰，在新建的横向滑道上下水。试验和交船工作开始。1956年6月15日，开始系泊试验。试验分步进行，先冷试验，后热试验；先单机试验，后系统联试。系泊试验于1956年9月15日结束。1956年10月17日，航行试验开始，在浙江定海海域进行；历时70天，出航24天，航行207小时，航程2115海里。1956年12月25日工厂试航结束。1957年1月第一艘护卫舰的航行试验在舟山海区进行。这次先后进行了航速、惯性等舰艇航行性能试验和电罗经等各种仪器设备的运转精度试验，还进行了鱼雷发射、火炮射击和雷达、声呐捕捉目标等试验，全部试验共出海航行22次。试航中，护卫舰验收委员会按照试验大纲的要求，全面检查了装配制造的质量，认为合乎要求。1957年5月30日，6601型护卫舰首制舰国家航行试验结束，历时128天出航21天，航行200小时，航程3500海里。嗣后交付海军使用，同时命名舰名为"昆明"号。

6601型护卫舰后续舰3艘，第二艘和第一艘建造工艺相同。随

---

[1] 程望主编：《当代中国的船舶工业》，当代中国出版社1992年版，第158页。
[2] 程望主编：《当代中国的船舶工业》，当代中国出版社1992年版，第176页。

着工厂基建和扩建的竣工,第三、第四艘改为在船台上分三个总段进行建造,并采用预舾装以及设备安装和船体建造平行作业的工艺。参加6601型4艘护卫舰建造的技术人员和生产者共1161人,苏联驻厂专家75人。通过6601型护卫舰的建造,提高了建造水面舰艇的技术和管理水平,健全了企业的生产体制,为后来自行研制护卫舰提供了初步技术基础。同级舰共完工交付4艘,舰名分别为:"昆明""成都""贵阳""衡阳"。6601型护卫舰的成功建造,使中国海军拥有了一种较为实用、具有较强作战能力的护卫舰。

第二章
自力更生（1960—1978）

第一节　多变的国防工业领导体制

到 1959 年，中国国防工业（指航空工业、兵器工业、无线电工业、造船工业）已初具一定规模，初步建成了生产当时比较先进的常规武器装备的生产能力，并累计仿制生产了苏式军用飞机、战斗舰艇、坦克车辆和各种火炮等 100 多种武器装备。1960 年初，中央军委广州扩大会议明确提出"两弹为主，导弹第一，努力发展电子技术"的发展国防尖端技术的方针。1961 年 10 月，中央军委又规定："生产以常规为重点，科研以尖端为重点，基本建设以补缺配套为重点"。1961 年至 1964 年，主管国防科技发展的国防科学技术委员会（简称"国防科委"）组建和发展了一批国防研究院所，国防工业部门则陆续分建第三机械工业部（主管航空工业，简称"三机部"）、第四机械工业部（主管电子工业，简称"四机部"）、第五机械工业部（主管兵器工业，简称"五机部"）和第六机械工业部（主管船舶工业，简称"六机部"），形成国防科研和国防生产的两条战线。

一、成立新的国防工业部

在加强对国防科技工业集中统一领导的同时，为了适应国防工业发展的需要，中共中央还决定，组建新的国防工业部门，进一步加强对国防工业的组织管理。

在第二个五年计划期间，中国电子工业的发展取得了很大的成就，建成或改建扩建了一批骨干生产厂和研究所。共新建中央直属工程52项，其中大中型项目38个，小型项目14个。按专业划分，有雷达厂7个、指挥仪厂1个、无线电通信导航厂6个、有线电通信设备厂2个、电子管厂4个、半导体器件厂1个、电子元件厂7个、电子测量仪器厂2个、电线电池微电机厂2个、专用设备和工模具厂1个、材料和水声设备厂各1个、研究所10个、仓库3个、学校3所和医院1所。新增加的生产能力，使中国电子工业的元器件、整机品种增加，质量提高，元器件与整机配套能力加强，部队所需要的通信、雷达、导航、侦察干扰等装备的能力得到改善和提高，电子工业布局也得到进一步改善。[1] 20世纪60年代初期，电子工业已初步建成一个具有一定规模、开始能为军队和国民经济提供产品的制造工业。同时，电子工业在国防建设和国民经济建设中的地位和作用也逐步被各方面所认识，原来的管理体制已经不利于对整个电子工业的发展进行全面规划和统筹安排。1962年11月，国防工业办公会议上，在讨论国防工业体制问题时，大家都对成立无线电工业部表示赞同。为了贯彻中央军委"努力发展电子技术"的方针，加速无线电工业（电子工业）的发展，1962年12月，罗瑞卿根据中共中央书记处的意见，向周恩来、邓小平提出了《关于成立无线电工业部及有关问题的报告》。1963年2月，中共中央、国务院发出关于成立第四机械工业部的通知，指出：四机部除直接管理三机部原无线电工业总局所属企业、事业单位外，同时

---

[1] 刘寅、张挺等主编：《当代中国的电子工业》，中国社会科学出版社1987年版，第47页。

归口管理地方无线电工业，对整个无线电工业进行统筹规划和全面安排。王诤被任命为第四机械工业部部长。第四机械工业部的成立，标志着中国电子工业已发展成为国民经济中一个独立的工业门类。

1963年9月2日，中共中央批复同意中央军委《关于国防工业几起组织机构和人事变动的请示报告》，决定撤销中央军委国防工业委员会，其任务并入国防工办；三机部分为航空、兵器、造船三个工业部。[1]调整后的三机部主管航空工业，孙志远仍担任部长，刘鼎、吴融锋、段子俊为副部长。兵器工业从三机部划分出来，成为独立的工业部门——第五机械工业部，主管原三机部第五局、第六局所属企业，由邱创成任部长。在三机部第九工业管理总局的基础上，成立第六机械工业部，统管全国造船工业，方强任部长、刘星任常务副部长。

在这个时期，国防部五院的组织机构和规模又有了扩大。继国防部五院一、二分院之后，1961年9月成立了三分院，1964年成立了四分院；以上海机电二局为基础的战术导弹试制基地已初具规模；负责探空火箭研制的中国科学院上海机电设计院划归国防部五院建制；火箭发射试验基地也曾一度划归国防部五院建制。根据型号任务发展的需要，1963年，国防部五院就酝酿使各分院逐步向型号设计院的方向发展，并开始调整各分院的技术力量和机构配置。1964年11月，在国防部五院原一、二、三、四分院的基础上，分别组建了按型号类别划分的四个研究院，每个研究院主要负责一类型号的总体、分系统的设计、试制和试验，基本上按型号配套，自成体系。[2]为了加速导弹工业的发展，1964年11月23日，中央决定：以国防部第五研究院为基础，从第三、第四、第五机械工业部及其他有关部门和省、市，抽调

---

[1] 周均伦主编：《聂荣臻年谱》(下)，人民出版社1999年版，第903页。
[2] 张钧主编：《当代中国的航天事业》，中国社会科学出版社1986年版，第33页。

若干工厂和事业单位,组成第七机械工业部(简称"七机部"),统一管理导弹、火箭工业的科研、设计、试制、生产和基本建设工作。王秉璋为第七机械工业部部长,刘有光、钱学森、刘秉彦、谷广善、张凡、曹光琳为副部长。第七机械工业部分别从第三、第四、第五机械工业部接收了部分工厂和中等专业学校。同时,上海机电设计院迁入北京,改名为七机部第八设计院,负责运载火箭总体设计和探空火箭研制。1965年5月,中央专门委员会决定,承担战术导弹研制任务的上海机电二局及其所属8个工厂,1个研究所,划归七机部建制。之后,七机部为加强上海地区的研究设计力量,决定从北京搬迁5个研究所到上海,使上海地区形成了比较完整配套的研制生产基地。[1] 至此,七机部较之国防部五院时期,组织规模进一步扩大,试制、生产能力有了增强,组织管理更加集中统一,形成了比较完整配套的科研、生产体系,为我国导弹、火箭事业的大发展,奠定了坚实的基础。

二、成立国防工业办公室和中央专委

1961年初,中共中央政治局常委会会议决定,按国防工业和国防科技两个口子,安排一切国防工业生产与基建和一切国防科学尖端的研究试制(包括新型材料)计划。为落实这个决定,国家计委副主任范慕韩建议在军委成立个办公室采取综合平衡管理措施。聂荣臻审阅范慕韩的报告后批示:军委不宜组织专管两个口计划综合平衡的办公室。否则,增加不必要的层次,对工作不利,由计委直接领导和管理,可能更好些。[2] 在国防科研和试制、生产过程中,由于科研和生产分属不同的口子管理,国防工业部门和国防科研院之间难以避免地产生各

---

[1] 张钧主编:《当代中国的航天事业》,中国社会科学出版社1986年版,第36页。
[2] 周均伦主编:《聂荣臻年谱》(下),人民出版社1999年版,第760页。

种矛盾。为了进一步加强对国防工业的集中统一领导，协调国防工业各部门、国防工业与其他有关工业部门、使用部门之间的关系，组织好相互间的协作，中央军委常委会议几次讨论国防工业的领导体制问题，认为应该有一个统一管理各个国防工业部门工作的机构。[1]

1961年夏季，中央军委北戴河会议再次讨论了国防科技工业管理体制问题，但众说纷纭。会议间隙，三机部一位司长向部长孙志远建议，在国务院建立一个管理国防工业的机构。孙志远认为此方案可行，随即报告了周恩来。[2]周恩来与贺龙、聂荣臻、罗瑞卿、孙志远等商定后，决定成立一个国防工业办公室，作为国务院的一个口（国防工业口），在党内向中央书记处和军委负责，主持日常工作。主持军委工作的领导也表示同意。[3]11月8日，中共中央批准成立国防工业办公室（简称"国防工办"）。同时，撤销国防尖端五人小组（1961年4月，周恩来决定由孙志远、范慕韩、刘西尧、谢北一、汪道涵组成国防尖端五人小组）。12月18日，中央军委决定国防工办列入军队编制。12月20日，国务院国防工业办公室成立，直接归口管理二机部（核工业部）、三机部和国防科委所属单位的工作。国防工办作为国防工委、国防科委两委的第一线办事机构，负责组织两委的日常工作。罗瑞卿任国防工办主任，赵尔陆任常务副主任，并由三机部部长孙志远、国防工委副主任兼秘书长方强、二机部部长刘杰、国防科委副主任刘西尧四人兼任国防工办副主任，郑汉涛任秘书长。不久，中共中央又先后

---

[1]谢光主编：《当代中国的国防科技事业》（上），当代中国出版社1992年版，第46—47页。

[2]中共党史人物研究会编：《中共党史人物传》第65卷，中央文献出版社1997年版，第171页。

[3]《周恩来军事文选》第4卷，人民出版社1997年版，第422—423页。

任命张爱萍、郑汉涛、李如洪、邱会作、罗舜初为国防工办副主任，李如洪兼任秘书长。

国防工办的主要任务是，根据中共中央、国务院、中央军委的方针政策和指示，对常规武器、国防尖端武器的生产建设、科学研究、干部和技术力量的培养等问题，进行通盘规划，全面安排，组织实施，督促检查，加强国防工业各部之间、国防工业同其他有关工业部门、各军种兵种之间的联系，并且组织互相协作配合。国防工办成立后，各省、市、自治区也于20世纪60年代中期成立了一些管理国防工业的相应机构，陆续成立了国防工办。这样，就从中央到地方形成了国防工业的管理系统。[1]

为大力协同做好原子弹研制工作，1962年10月30日，罗瑞卿给中共中央、毛泽东写了《关于加强原子能工业领导问题的报告》。[2] 罗瑞卿在报告中说："实现原子弹爆炸，这是全国科学技术和工业生产水平的集中表现，绝非哪一个部门所能单独办到的。因此，除了二机部本身要做艰苦努力外，还必须取得各工业部门、科学研究单位的密切配合，以及全国在人力、物力上的大力支援。现在，离预定的日期只有两年的时间，为了抓紧时机，更有力的保证实现这个目标，建议在中央直接领导下，成立一个专门委员会，加强对原子能工业的领导，随时检查、督促计划执行情况，并在必需的人力、物力上进行具体调度，及时解决在研究、设计和生产建设中所遇到的问题。这样做，不但可以避免在时间、进度上的拖延，而且可以有效地集中可能的人力、物力在物质技术上给以适当保证。这个建议，在10月19日国防工业办公室向中央常委汇报时，少奇同志已原则同意。根据少奇同志的指

---

[1] 谢光主编：《当代中国的国防科技事业》（上），当代中国出版社1992年版，第47页。
[2]《罗瑞卿传》，当代中国出版社2007年版，第254页。

示，我们考虑，最好是总理抓总，贺龙、富春、先念、一波、定一、荣臻、瑞卿、赵尔陆、张爱萍、王鹤寿、刘杰、孙志远、段君毅、高扬等同志参加，组成这个委员会。委员会的日常办事机构，可附设在国防工业办公室，并拟由有关工业部门各抽调一至二名司、局长级干部组成。"11月3日，毛泽东批示："很好，照办。要大力协同，做好这件工作。"[1] 12月14日，中共中央决定，成立由周恩来（任主任）、贺龙、李富春、李先念、薄一波、陆定一、聂荣臻、罗瑞卿、赵尔陆、张爱萍、王鹤寿、刘杰、孙志远、段君毅、高杨组成的中央十五人专门委员会（简称"中央专委"）。中央专委办公室设在国防工办，由罗瑞卿兼任办公室主任，赵尔陆、张爱萍、刘杰、郑汉涛兼任副主任。[2]

1962年12月5日，中共中央书记处进一步明确规定：国防工办是国务院管理国防工业的办事机构，同时也对党中央负责。它对国防科委和国防工委，在工作上是指导关系，两委有关的各项工作，应首先经过国防工业办公室研究处理。12月19日，根据中央指示精神，罗瑞卿在国防工业办公会议上强调指出，在国防科学研究机构和国防生产部门维持现状不变的情况下，各委、部要协调的事情，还是先送到"口子"（指国防工业办公室）上来，先通过"口子"上处理，不要事无巨细都直接捅到两位元帅那里去。元帅们比我们站得高，看得远，要让他们有时间考虑和掌握大问题、大事情，关于具体工作，在他们的指示之下，我们就要多担一些。如果发生瞎指挥，我们可以承认错误。国防科研的业务工作还是要由科委机关负责，"口子"不管，也管不了，但"口子"为了工作上的需要，向两委了解一些情况，这要允许。"口子"对基本建设、生产、科研试制，以及整个计划的调整、平

---

[1]《罗瑞卿军事文选》，当代中国出版社2006年版，第618—619页。
[2]《罗瑞卿军事文选》，当代中国出版社2006年版，第618—619页。

衡要管，对科研为生产服务的事情也要管。例如，为了试制某一型号的飞机，六院、十院要负些什么责任，如果发生矛盾，"口子"上有决定之权。又如，科研部门需要生产部门搞试验件、专用设备等，可以直接商量解决的，不必捅到"口子"上来，如果解决不了，"口子"就要统一指挥，统一调度，决定错了，可以承认错误，否则不好办事。[1]

1963年2月至1965年2月，国务院第二、第三、第四、第五、第六、第七机械工业部的业务工作，都由国防工办归口管理。1963年9月，中共中央决定撤销中央军委国防工业委员会，其任务并入国防工办。这样基本理顺了国防工业的领导体制。

三、提出"部院合并"建议

国防部各研究院成立以后，新装备的研究、设计主要是由专门的研究设计单位承担的；材料问题，有其他工业部门承担的，也有国防研究单位和国防工厂承担的；工艺问题，以工厂为主，也有研究部门帮助解决的；至于试制和组织生产，主要是依靠工厂。在当时的经济体制下，科研院所与生产部门的组织协作关系非常复杂，科研部门与生产部门之间不断出现一些矛盾和问题。在管理体制上，国防科研院所归国防科委负责，国防工业部门由国防工委及国防工办领导，这在一定程度上加剧了科研与生产的矛盾。1962年后，国内外形势有了很大变化，国家安全受到严重威胁，中共中央作出"备战整军"的决定，常规兵器的生产更加重视。国防工业部门关于尖端与常规的关系问题、科研试制与生产的关系问题的争论不断出现。国防工业部门的领导提出改变管理体制，将国防工业部与有关国防研究院合并的建议，即所

---

[1]《罗瑞卿传》，当代中国出版社2007年版，第242—243页。

谓"院部合并",由此在国防科技工业系统内引发了关于这个问题的较长时间的讨论。经过酝酿与研究,中央决定国防部第六、第七、第十研究院分别划归第三、第六、第四机械工业部领导。但"院部合并"的争议并未停息,在其后较长时间,"院部合并"成为一个周期性反复的问题,对中国国防科技工业管理体制的发展变化产生了深远影响。

由于国防科学研究工作和新武器生产是一个极为复杂的事业,使用单位、生产单位、研究设计单位都没有成熟的经验,所以大家在工作中产生了一些不同的意见:一种意见认为,研究机构与生产脱节,要把研究设计机构合并到生产部门,从生产中发展新产品,产生新武器。另一种意见认为,研究设计单位应该分散管理,分成设计、生产、使用三个单位,在三个单位中搞研究设计,这样就会促进导弹的研制和发展。在几个国防研究院组建不久,关于科研与生产协作上的问题便出现。

1961年7月,贺龙在国防工业委员会北戴河工作会议上,就科研与生产协作问题提出:"国防工业同各兄弟部门间的协作问题,是一个大问题。在这一问题上,如果发生了缺点或者错误,首先要检查自己,要责己严,责人宽。要替别人着想,不要单从自己的主观愿意提要求。要加强科研、试制、生产、使用部门间的协作,做好'四结合',集中力量打歼灭战。生产部门的科研单位集中管理以后,各工厂还应当发展科研力量,建立必要的科研机构,可以由小到大,以不断加强和扩大技术队伍。"[1]

国防工业部恢复成立后,关于科研与生产关系问题的争论更加突出。1962年3月,三机部部长孙志远在国防工业系统内部发表了《研

---

[1]《贺龙文选》下卷,军事科学出版社1996年版,第513页。

究设计脱离生产是不是分散主义》一文，对集中组建国防研究院公开质疑。罗瑞卿也表示，条件不具备为什么要成立几个研究院？交给工业部门，困难大家分担点，问题不就解决了吗？7月，即六院、七院、十院组建刚刚一年多时间，三机部正式向中央书记处和中央军委提出了《关于调整国防工业研究、设计体制的意见》。意见认为，在国防科委系统中成立研究院，把技术人员集中到研究院所，脱离了生产，影响了工厂的产品生产，是工厂出现问题的主要原因。[1]意见从国防工业研究、生产与使用三者的关系，我国国防工业研究设计工作发展的历史过程以及将科研设计机构移交国防科委后出现的矛盾等三个方面，详细阐述了必须实行科研部门与生产部门结合的理由。三机部明确提出："研究设计与试制生产是现代工业统一的有机整体，在具体工作中每日每时都需要密切配合，协调一致……考虑到这种情况，我们认为需要对现在国防工业的技术力量加以调整，将研究设计部门从体制上实行由工业部门集中统一领导是完全必要的。"7月，在中央书记处和军委听取国防工业汇报时，孙志远正式提出了三机部全部收回19个研究所，实行生产、科研结合的建议。[2]

孙志远在汇报尖端武器和常规武器的关系时说，现在看尖端上去不是那么容易，实际上把搞常规武器的技术力量抽走了。聂荣臻插话说，并没有抽调搞常规武器的力量去搞尖端。由三机部交给国防科委的研究所，工程技术人员共5700人原封未动，还是搞常规。相反，还给它补充了力量。仿制地空导弹，去年北戴河会议决定，由三机部承担，五院只搞反设计，是为了知其所以然。孙志远继续谈了自己对技

---

[1] 刘鸿志：《回忆与思考——刘鸿志回忆录》，航空工业出版社2010年版，第222页。
[2] 孟广荣、孙广运：《新中国航空工业史稿（1951—1956）》，航空工业部档案馆1982年编印（内部发行），第350页。

术力量如何使用的意见。聂荣臻说，正因为技术力量薄弱，所以要集中。没有航空研究院，不可能出自己设计的飞机。如果将航空研究院放在三机部，就只能为生产服务，顾不上新飞机的设计。[1]军委领导对孙志远说："收回19个研究所的问题，我知道得太晚了。有的同志说，不集中就不能设计出飞机，这就是不同意见。是都收回去，还是收回一部分去，还是双重领导，这些研究机关要再研究一下。"孙志远仍坚持提出："最好全部收回。"[2]

在中央书记处和军委听取国防工业汇报时，军委副主席贺龙（分管国防工业）对国防部五院的工作提出了严厉批评：一是五院搞垄断，二是五院科研试制搞乱了一些国防工厂的正常生产工作。主持会议的邓小平宣布，明天的会议由五院汇报研制导弹的工作情况。第二天，会议开始后，由王秉璋进行汇报，他列出了五院与全国各地的协作单位和试制工厂的情况，以事实说明各协作单位、工厂的人力和设备只占这些单位人力、设备总数的1%—1.5%，没有影响这些单位的正常生产。刘亚楼对王秉璋说："你讲得很好，40分钟把不清楚的问题都讲清楚了，军委原来的一些顾虑没有了，过去没有完全定的问题都定下来了……"贺龙后来向王秉璋和副院长刘秉彦表示："上次我不大了解情况，批评你了，现在我了解情况了，我同意你们的意见，取消工委原来的意见。"[3]

邓小平专门把张爱萍（时任副总参谋长、国防科委副主任、国务院国防工办副主任）找去，询问科研院所与生产部门之间关系的问题，

---

[1] 周均伦主编：《聂荣臻年谱》（下），人民出版社1999年版，第841页。
[2] 徐汉生等：《孙志远传》，航空工业出版社1998年版，第69—70页。
[3] 白洁：《从国防部五院到七机部——王秉璋将军谈中国航天事业》，《党史博览》2005年第3期。

叮嘱他说，这个问题要组织好，不能让两位老帅打了架。张爱萍研究后认为，应该把国防科委下属的几个研究院交给工业部，需要研制什么，由总参提出计划，报请军委批准，再交给研究院研制；研制出来后，要不要投入生产及生产多少，再由总参根据部队需要等实际情况，部署任务给工业部门生产。这个机构可由总参装备部和总后军械部负责分配的部门抽调人员组成。周恩来同意这个建议，认为非常有道理。贺龙对此方案也很赞成。于是张爱萍写了专门报告呈送军委。[1]

1962年东南沿海局势紧张，中央提出要"备战整军"。国防工业从一般性战备整顿转入临战生产，虽然开足马力生产，但与备战的需求仍有差距。中央对国防工业的生产状况感到担忧。周恩来明确表示："国防工业的基础打下了，但还是弱的。要把基础巩固起来，发展起来。要搞得很完整。这几年搞尖端，注意多了一些，常规武器减弱了，影响了库存。"周恩来批评道："过去几年，把生产和研究工作及发明创造的次序颠倒过来了，想一步登天，这是不行的。"他强调："军工，首先要着重生产。常规和尖端的关系也是一样，常规是尖端的基础，尖端的基础是常规，逐步升到尖端，也是循序而进。首先要把常规搞得像个样子嘛！生产是基础，常规也是基础。基础打不好，尖端也上不去，工作就是不到家。现在的常规不是第二次世界大战时的常规了，尖端主要是指原子、电子、导弹、超音速飞机等，其他都是常规，是现代技术水平上的常规。生产上有缺门、不完全配套，应当在现有基础上逐步补缺门。所谓科研以尖端为主，是指那些专门的科研部门；生产部门的科研机构，当然要以常规为主，要有适当分工。"[2]邓小平

---

[1] 东方鹤：《张爱萍传》下卷，人民出版社2000年版，第791—792页。
[2]《周恩来军事文选》第4卷，人民出版社1997年版，第429—431页。

多次提出，武器库存底子太薄。[1]彭真批评说，前几年国防工业没有抓紧，蒋介石准备窜扰大陆，国防问题就暴露出来了。[2]

11月6日至19日，罗瑞卿主持召开国防工业办公室扩大会议，讨论代中央军委起草的关于国防工业建设问题向中共中央的报告。会议期间，有关部门开会研究了国防工业生产与科研之间的关系问题，就三机部提出的"部院合并"问题进行了讨论。王秉璋发言主张应加强科研机构的建设，他认为，建立完整的国防工业体系，是党中央和中央军委的既定方针，必须坚决地认真地贯彻执行。实现这一方针，要做许多工作，其中不可缺少的一项就是研究设计机构的建设。建立起比较健全的研究设计机构和生产机构，才有可能自己搞出新武器，才能逐步解决设计、试制、试验和成批生产中的各项科学技术问题。

在11月23日的国防工办会议上，大家又对"部院合并"问题作了研究讨论。会上，王秉璋进一步表明了五院的态度："第一，研究设计和生产是导弹工业一个整体的两个方面，必须紧密结合，这是肯定的。研究设计机构合并到工业部门之内，在密切研究设计与生产的联系方面可能带来一些方便，但是还应看到各研究设计机构间的联系和协作这一方面。而且这一方面的协作较之前者更广泛得多，复杂得多……第二，当前生产部门和研究设计单位，都有大量急需解决的问题，还没有解决或者还没有解决好……在这种情况下，把两个具有不同特征的单位合并成一个单位，工作内容成倍增加，可能产生照顾不周的情况，放松了研究设计或放松了成批生产的领导和工作，都会对国防工业带来相当大的损失……"王秉璋不主张"部院合并"，认为最

---

[1]《罗瑞卿军事文选》，当代中国出版社2006年版，第612页。
[2]《彭真年谱》第4卷，中央文献出版社2012年版，第288页。

低限度看两三年再说，暂不合并。[1]

对此，大部分研究院领导也不赞同改变国防科研体制，取消国防科学研究院。

国防部第七研究院院长刘华清专门就尖端与常规的关系、国防科研和生产的关系等问题向上级领导写了报告。关于尖端与常规的关系问题，刘华清指出："当前对常规和尖端的安排原则，以及生产与科研的分工原则，有些同志有不同的理解。有的同志提出，科研主要应为当前产品生产服务，认为科研部门和生产部门是在做同一件事。我们认为这种看法是片面的。因为从基本任务来看，科研部门和生产部门不能不有所分工、有所侧重。"关于国防科研和生产的关系问题，报告说，科研和生产的关系必须全面地、辩证地看，如果过分强调一个方面，将一个方面的理由绝对化，常常会导致不正确的结论。例如，有些同志强调科研对当前生产的依附性，认为当前生产体系还没有建立起来，生产技术还没有完全过关，就不应该开展尖端产品的研究工作。另一些同志则过分强调生产对科研工作的依赖性，认为生产离开科研寸步难行，因此主张现阶段的科研工作（包括搞尖端产品）必须由工业部门主导。这些意见只从科研工作必须与当前生产密切联系这一方面出发，从而忽略了国防科研工作还应为今后生产开辟前进道路和为部队提供最优良装备的任务。刘华清指出，在工业技术上的一些新成就，常常是先从实验室和试验工厂试制、试验出来的，绝不是等待成批生产工艺过关或者等待整套工业体系建成了才去发展的。这就是说，科学技术的发展在一定程度上对当前成批生产有相对的独立性和主动性。在国防科学研究工作上这种趋向更加明显。他强调，国防科学研

---

[1] 白洁：《从国防部五院到七机部——王秉璋将军谈中国航天事业》，《党史博览》2005年第3期。

究工作的主体从工业部门独立出来已是世界性的趋向。造成这种趋向的原因是国防科学技术的发展速度日益加快,研究工作的拨款比重日益增大,各国研究发展新产品、新武器的竞赛日益剧烈。而工业部门进行国防生产的同时,还要为国民经济其他部门服务,不能专心一意从事国防研究,尤其对一些基本理论、方向性的科研工作更受限制。根据我们对国外情况的调查,在海军舰船研究工作方面,大规模的研究工作大都由军队直接掌握,用大量的军事预算作为研究经费,同时有很多优秀的科技专家在军队中工作。这样做有利于舰艇及其装备的战术技术要求和设计思想能更加符合海军的作战方针和作战使用要求。而工业企业的设计人员在这些方面的知识是有很大局限性的。我国工业科学技术基础薄弱,当前人力物力有限,不能分为两套。应由军队统一掌握。刘华清进一步论述:目前在体制问题上的不同意见,实质是工业生产和科研两个相对独立,但又互相依存、互相渗透的体系应怎样协调工作的问题。由于科研和生产有密切的联系,因此在基层组织上也不可避免要出现互相渗透交错的情况,由于习惯于单一隶属关系,因而不习惯于分工协作,提出来一定要"由我直接领导,才能解决我的问题"。但是,在近代工业中早已出现了这种错综复杂的组织关系,这已是不争的事实。我国成立几个国防科学研究院以后,目前需要建立必要的工作制度,以解决与工业部门的关系问题。这些制度条例现在正在制订,不少已经制订出来。按照这些条例执行是可以逐步建立起有次序的工作程序的,而不是像有些同志所想象的那样,一定要取消国防科学研究院才能解决问题。[1]

1962年11月30日,聂荣臻在听取罗瑞卿汇报国防工业办公室扩

---

[1]《刘华清军事文选》上卷,解放军出版社2008年版,第73—74页。

大会议的情况时明确表示不赞成"部院合并"。他对罗瑞卿谈了几个研究院组建与发展的经过，对罗瑞卿说，科学研究必须独立发展，几个研究院不能与生产部门合到一起，否则，科学发展就会受到影响。至于个别单位，可以考虑调整。聂荣臻担心和忧虑，好不容易集中起来的国防科研队伍又给分散了，刚刚开展起来的科研工作被影响和削弱了。罗瑞卿表示同意这一看法。他说，六院与七院要像十院一样，由国防科委统一管，国防科委一定要搞好自己的工作，搞好与各方面的关系。[1]

主持军委工作的领导也不赞同"部院合并"。中央军委开会研究了这个问题，决定不改变现有各研究院的领导关系。毛泽东也明确指示：对尖端武器的研究试制工作，仍应抓紧进行，不能放松或下马。[2]

1962年12月5日，邓小平主持召开中共中央书记处会议，听取了罗瑞卿关于国防工业问题的汇报。[3]会议决定：国防科技研究机构和国防生产部门的关系，可维持现状不变，今后主要是从加强它们的协作中，使它们的关系协调起来；成立第四机械工业部，主管电子工业。[4]

此后，聂荣臻提出了加强国防科委与国防工办的分工协作，改进科研院所与生产部门关系的总体思路：国防科委是负责国防科研的业务部门，科研项目根据总参谋部提出的战术技术要求确定，然后提出科研计划报军委批准后组织实施。国防工业办公室负责基建投资的平衡安排，组织科研、生产的协调及技术力量的调度。国防科委应将工

---

[1] 周均伦主编：《聂荣臻年谱》（下），人民出版社1999年版，第869页。
[2] 《杨成武年谱》，解放军出版社2014年版，第365页。
[3] 《邓小平年谱（1904—1974）》（下），中央文献出版社2009年版，第1736页。
[4] 《周恩来年谱（1949—1976）》中卷，中央文献出版社1997年版，第517页。

作范围、任务、职责予以明确。特别是哪些工作经过"口子"（即国防工业办公室），哪些不经过"口子"，要明确。国防科委要经常向国防工业办公室汇报和反映情况。科研工作，根据总参谋部提出的要求、任务，由专家研究后，将型号任务报军委批准，抄报"口子"，国防科委组织实施。基建计划、投资报"口子"平衡、安排，科研和试制年度计划报国家计委、国家科委和"口子"。属于三机部试制中的问题报"口子"解决，属于其他工业部门的试制问题，报国家经委解决。[1]

罗瑞卿在国防工业办公会议上提出，在国防科学研究机构和国防生产部门维持现状不变的情况下，各委、部要协调的事情，先送到国防工办这个"口子"上来。国防科研的业务工作还是要由科委机关负责，"口子"不管，也管不了。[2]

为统一安排国防研究工作，1963年底，国防工办建议二、三、四、五、六机部所属工厂及研究设计单位的研究任务由国防科委统一归口，统筹规划，全面安排，统一督促检查。各研究院的领导关系，罗瑞卿表示仍按1962年的决定不变。[3]

四、实行"部院合并"

1963年2月，第四机械工业部成立（简称"四机部"）。9月，兵器工业、造船工业从三机部分出来，成立第五机械工业部和第六机械工业部；三机部则主管航空工业。9月底，在毛泽东提议下，中央决定由贺龙主持中央军委日常工作。[4]贺龙一直强调要加强常规武器的生

---

[1] 周均伦主编：《聂荣臻年谱》（下），人民出版社1999年版，第869、870页。
[2] 《罗瑞卿传》，当代中国出版社2007年版，第243页。
[3] 《聂荣臻科技文选》，国防工业出版社1999年版，第510页。
[4] 《毛泽东年谱（1949—1976）》第8卷，中央文献出版社2023年版，第266页。

产，科研要为生产服务。在国防工业内部，对于国防科委集中组建和领导国防研究院，一直存在着不同意见。新的国防工业部门组建后，"部院合并"问题被再次提出。

三机部部长孙志远认为，目前的管理体制使得产品的试制和成批生产之间的衔接不顺，甚至在管理层面互相掣肘，致使科研成果的转化以及产品产业化过程较长，应实行科研与生产相结合，改变管理体制。他与三机部副部长、主管新技术的刘秉彦再次讨论这一问题，认为："精通科学技术的专门家必须同工业实践相结合，在实践中发展。""为了适应这一要求，研究设计所、研究设计院只能属于工业部门，不能是别的样式。"[1]孙志远代表三机部再次提出"部院合并、厂所结合"的建议。四机部部长王诤也提出了国防工业部门与国防科研机构合并的建议。[2]六机部有关部门对七院提出了不少意见，主要是认为科研试制工作妨碍了生产，延误了船艇的建造。二机部副部长刘西尧也强调科研结合生产，支持"部院合并"。

主持国防科委常务工作的副主任张爱萍也主张改变现有体制。张爱萍根据自己近几年的工作实践，认为搞研究设计，没有工厂，没有生产，就没有所为。搞试制工厂这样干不行，因为试制工厂和生产工厂差不多，仅规模不同罢了。当前国家的经济状况是不允许的。工厂不愿承担试制任务是错误的，研究部门另搞一个中间工厂也是错误的，延长了生产周期。关于科研与生产的关系，张爱萍认为工厂生产是主导地位的，一切工作应服从于为部队生产军备这个任务。[3]张爱萍看到几份来自研究部门和工业部的报告，反映科研与生产之间的矛盾，于

---

[1] 徐汉生等：《孙志远传》，航空工业出版社1998年版，第82页。
[2] 鲁之玉等：《王诤传》，电子工业出版社1998年版，第252页。
[3] 《张爱萍军事文选》，长征出版社1994年版，第289—290页。

是建议快刀斩乱麻：把国防科委的四个研究院同对口工业部合并。他把这一建议报告了周恩来及有关领导。周恩来等表示赞成。[1]周恩来曾召开会议，研究科研与生产结合的问题。会上，国防科委领导坚持科研必须形成拳头，意即独立建院，归军队领导。周恩来当即表示不同意见。他说，对此不能强调过了头，生产实践是人类的基本活动。[2]

作为国防工业部门的直接领导，总参谋长兼国防工办主任罗瑞卿一直重视科研与生产结合的问题。他强调，时间对我们十分宝贵，现在国际范围内存在着阶级斗争和帝国主义战争威胁，研究设计要同国家工业水平、生产工艺水平、原材料水平结合，这样能很快生产出武器装备，能够争取时间。[3]1963年10月，罗瑞卿向聂荣臻建议，六院、七院还是交出去，由工业部领导好，其他暂时不变。十院因涉及面很广，交不交四机部，应再研究一下。[4]1964年8月，罗瑞卿在国防工业会议上提议将国防部五院与相关试制工厂合并，成立第七机械工业部。他说："现在看来，导弹的研究、设计、试制、生产，要有一个抓总的部门。维持现状，肯定要多花钱，时间还要推迟。据国防部第五研究院的负责同志讲，导弹的科研与生产结合起来，统一规划，统一建设、统一管理，在三线以型号为纲，按地区配套，科研、生产部门不各搞一套，'三五'期间可大大节省投资，试制周期可以缩短两年。如果这个意见站得住脚，为什么不走这条路？"[5]周恩来主持召开中央专委第九次会议，同意罗瑞卿的建议，决定以国防部第五研究院为基

---

[1] 东方鹤：《张爱萍传》下卷，人民出版社2000年版，第792页。
[2]《不尽的思念》，中央文献出版社1987年版，第215页。
[3] 参见《罗瑞卿军事文选》，当代中国出版社2006年版，第704—705、710页。
[4] 周均伦主编：《聂荣臻年谱》（下），人民出版社1999年版，第909页。
[5]《罗瑞卿传》，当代中国出版社2007年版，第250页。

础成立导弹工业部。[1]根据国防工业各部门的反应,罗瑞卿认为"部院合并"的条件已经成熟。1964年9月,在国防工办召开的国防工业会议上,与会代表再次就科研与生产的关系问题,展开了讨论。9月3日,罗瑞卿在总结讲话中,就科研与生产的关系问题表示:"科研与生产结合起来,统一规划,统一建设,统一管理,既可节省投资,又可缩短试制周期。""应当说,这件事情到了解决的时候了,因为时机成熟了,不能再拖了。"[2]罗瑞卿建议国防科委对"部院合并"这个问题进行充分调查研究,在一个到一个半月内向中央军委提出如何解决的建议。

在"部院合并"酝酿过程中,聂荣臻多次提出了自己的看法和意见,一是当时国防工业部门生产的武器装备性能都比较落后,我们要迎头赶上,必须适当集中科研力量,在仿制消化技术的基础上,自行研制所需要的武器装备。二是飞机、舰艇、重要电子整机都是庞大的系统工程,绝不是哪一个研究院能完全独立完成的,由国防科委统管,有利于早出成果。三是工业部门忙于完成生产任务,实践证明,容易忽视或削弱对新型武器装备的研制。四是三个研究院的领导班子都是军队干部配备组成的,从上到下都强烈希望留在国防科委系统内。[3]针对科研单位脱离生产、脱离实际的说法,聂荣臻认为这个问题应具体分析。国防研究院的科研任务和成果,绝大多数都是为工业、农业、国防服务的,例如新型金属材料,三年来共研究试制成功208个品种、10700多项,有6800项已供应使用。新型石油产品,三年来共研制

---

[1] 周均伦主编:《聂荣臻年谱》(下),人民出版社1999年版,第945页。
[2] 孟广荣、孙广运:《新中国航空工业史稿(1951—1965年)》,航空工业部档案馆1982年编印(内部发行),第350页。
[3] 聂力:《山高水长——回忆父亲聂荣臻》,上海文艺出版社2006年版,第269页。

了109个品种，已投产的92个，其中研究机构单独完成的52个，其余是由研究机构和工厂合作搞出来的。这不能说科研脱离生产。与之相反，许多科研成果在生产中安排不上，是当前一个突出问题。应该经过调查研究，加以改革。关于科研人员到第一线的问题，聂荣臻表示，这应该提倡，过去也是提倡的。但要区别不同情况。实验工作也是科学研究的第一线，许多工作确实要在实验室或中间试验车间进行。认为大部分研究所搬到工厂去、归工厂领导就结合实际了，这也是把问题简单化了。聂荣臻提出，今后几年正是继续攻坚和收获成果的时候。机构领导体制的变动，要慎重研究，不要过于频繁。[1]聂荣臻请罗瑞卿转达他的意见，说："把我的意见再给中央反映一下嘛，我也是一票嘛。"由于种种原因，聂荣臻的意见没有得到重视。[2]

七院领导认为不宜对现有体制进行改变。院长刘华清等领导用集体的或个别的、会议上或会议外、书面的或口头的多种形式，多次向有关领导机关反映不同意的意见，陈述理由。在9月11日国防工办召开的会议上，刘华清讲述了七院不宜合并的理由。[3]他说："一、七院成立后，与工业部门的工作关系是逐步改善的。总的说，过去几年的关系是好的，大矛盾没有，具体工作中有些不同的意见，主要是在生产配合上，工厂有些具体意见。……目前造不出船来，我们认为有三个原因：1.设备配套跟不上。这是由于我们工业基础薄弱，是历史带来的问题；2.专业化生产未贯彻，协作网没有建立起来；3.技术管理上有缺点。因此，现在造船的周期长、成本高，许多船造不出来，不能简单认为是科研协作配合的问题，同时我们正在努力改善，事实上

---

[1]《聂荣臻科技文选》，国防工业出版社1999年版，第531—533页。
[2]聂力：《山高水长——回忆父亲聂荣臻》，上海文艺出版社2006年版，第269页。
[3]《刘华清回忆录》，解放军出版社2004年版，第302页。

也大有改进。这不应成为某些人提出改变国防科研体制的理由。二、从七院当前承担的任务来看，除了担负研究设计部门正规的科研工作外，还担负了使用部门提出的部分研究任务，如战役战术论证、提战役战术任务书、向制造设备的有关部门提技术要求、承担试验鉴定、定型验收工作、研究战斗使用等一系列问题。正规科研工作方面，从应用理论研究到产品研究设计，从部件到整机的试制、试验，以至设计定型，提供产品图纸交工业部门生产，直到产品鉴定、定型。以上这些工作，除了施工设计工作同生产部门的关系较多外，其他工作与生产部门日常直接联系很少。如果将这样的科研机构合并到工业部门去，对开展科研工作也是极为不利的。特别是从研究战术到战斗使用及通过舰船科研设计来达到这些要求的研究工作，是工业部门难以解决的，必须在总参谋部及海军领导机关领导之下才能做好。三、从七院的现有组织机构和承担的专业任务来看，既要搞船舶原理研究、船体研究设计，又要搞各种武器装备和舰船配套设备的研究设计。舰船科学技术是一门综合性的技术，七院与各个工业部都有对口专业任务。如同六机部对口的是船体设计、舰船导航设备、部分主机（柴油机等）及其他辅机等专业。其他专业，如水声设备、雷达、通信设备等同四机部对口；水中兵器、舰炮、舰用光学仪器、导弹等则同五机部、五院对口；还有部分主机（如汽轮机组）及电机电器、通用机械、热工仪表等是同一机部对口；舰用核动力装置是同二机部对口。这样一个综合性的研究机构，怎么能把它交给一个工业部门管理呢？是不是把上述各专业研究机构按专业分到各对口的工业部门去呢？我们认为这样做不成，因为舰船是一个整体，所有专业的技术研究工作，在技术要求、技术指标、工作进度上必须有个统一机构来组织协调，才能较快地造出一条合格有用的舰船来。这样复杂的技术工作没有一个专门部门来统管是不行的。从这里，我们进一步看到中央和军委当年决定成立七院是非常正确的。依据我国的情况，只有这样一条路才能实现舰船科研工作的快速发展。这样做，有利于集中力量，形成拳头，争取尽快在这方面赶上世界先进的技术水平。从舰船科学技术的综合性来说，这是个客观规律，必须按照规律办事。苏联开始只建立了工业部门的一套，不能解决海军的问题，因而海军又重新建了一套，这是苏联舰船科学技术走过的弯路。至于美国，同苏联有相同的作法，也有不同的作法。其他资本主义国家也如此。这同他们的工业基础、技术发展道路和他们的社会制度有关。我们当前的作法，在根本上说是完全正确的。至于当前生产与科研中存在的问题，主要还是因为我们工业基础薄弱，缺门弱门多，矛盾属一般工作中的矛盾，而不是组织体制上的问题。存在的这些问题，在技术力量生长起来、工业基础加强、分工问题明确、协作问题搞好后，是可以解决的。目前，即使从组织体制上将七院划归工业部门，也不能解决当前存在的问题。"刘华清指出："为密切科研与生产的关系，从体制上说应该根据具体情况作具体分析，不可一概而论，不可采取千篇一律的办法，要么都合过去，要么都统统集中起来。""科研机构将一些重要的东西集中起来，形成拳头，以突击尖端，解决技术问题；有些同生产配合比较密切的东西，又不是复杂的关键技术，则同生产放在一起。根据实际情况进行，分别对待，这才是实事求是的做法。"刘华清建议："科研机构必须有试制工厂，没有试制工厂什么也干不成。科研部门的试制工厂按目前的情况可以分为两种：一种是将零部件、整机的试制同小批生产结合起来。对那些复杂的综合性的但用量不大的舰船设备，按当前情况，一年只生产10台、20台，其试制周期比较长，等搞成功后，可能又觉得落后了，需要进一步改进，故必须将科研与生产结合起来，这些工厂先由科研单位建设起来，将来要大量生产时再扩大生产能力。另一种是产品技术复杂且需要大量生产的，如火炮、鱼雷之类，科研单位要建设试制性工厂，搞零部件、半机或整机的试制、试验；另外，工业部门也必须建设专门的成批生产工厂。科研对于生产，既有解决当前生产任务的关系，又有为生产开路的关系。科研不能脱离实际，但是要适当地走在生产的前面。"[1]

9月18日，在国防科委召开的各研究院领导人会议上，刘华清又谈了他对"部院合并"的不同看法。他说："部院合并问题，组织上如决定了，我们坚决服从。几种方案各有利弊。七院和六机部的矛盾在什么地方？如果不搞清楚，即使将七院合过去，矛盾也不能解决。七院主要是搞研究设计的，而六机部目前任务是搞仿制，研究设计不是迫切问题，因而六机部目前还考虑不到研究设计，连改进都很少考虑，更不要说基本理论工作了。目前一些人说，有些东西挡住了生产，其实影响生产的并不是科研问题。科研影响生产究竟表现在哪里，应很好研究一下，不能说集中就集中，说分散就分散。科研上不去并不是因为脱离了生产，七院有些项目目前就放在工厂里也一样上不去。因为不是有了加工力量就能上，还需有一套科研设备，而工厂搞的试验设备有工厂用途，且不一定满足科研的需要。由于它是为生产的，科研单位要去挤用，那排队不知排到什么时候去了。靠排队的办法根本满足不了科研工作的需要。再说科研工作的加工任务，在工厂也有一定困难，插进去安排必然打乱它的生产流水线。要搞科研就要有试制工厂，否则工厂要有试制车间才行。合起来就能搞好科研？我看不那么简单。综合性研究工作，涉及许多工厂，想把它放在一个工厂去搞，

---

[1]《刘华清军事文选》上卷，解放军出版社2008年版，第87—93页。

也是不行的。这些研究工作，只能相对集中搞专业化机构，不能简单地放在哪个工厂。研究院合到工业部门，研究、试制、生产合过去了，由工业部门抓总，但两头两尾他们抓不了，因为头尾都在军队。六机部搞工业生产，那么多任务，没有多少精力搞科研，很可能影响科研发展。七院目前刚开始搞，还未形成拳头，有大量弱门、缺门，空白很多，正是加强建设的时候，现在将七院合过去，只会削弱，很值得考虑。"[1]刘华清建议，如允许的话，应进行详细调查分析，待情况弄清和全面权衡利弊后再作决策为宜。他多次去找罗瑞卿，想当面向他汇报，却始终未能如愿。刘华清又找六机部部长方强，讲舰艇研制工作牵涉国家众多工业部门，仅六机部是难以组织协调的。刘华清和七院政委戴润生还找海军党委汇报情况，海军司令员萧劲光、政委苏振华、副司令员刘道生等海军党委常委都出席会议。事后，海军党委上报了《关于海军装备研究工作机构问题的建议》，反映了七院的意见。[2]但七院的呼吁并未引起广泛关注。

国防部第六研究院常务副院长曹丹辉直接给中央领导写信，力陈利弊并提出自己的建议。在信中，他一方面为"党苦心经营，花了几年心血才组建起来的科研队伍，被一下子拆散了"而痛心；另一方面希望引起对科研队伍的重视，加强科研设计与试制力量，他说："几个研究院（五、六、七、十院）不仅不应拆散，而且必须力求设法加强……，形成强大的拳头……，去打几个硬仗、歼灭战，才谈得上十年赶上、二十年接近世界先进水平。"[3]

---

[1]《刘华清军事文选》上卷，解放军出版社2008年版，第95—96页。
[2]《刘华清回忆录》，解放军出版社2004年版，第303页。
[3] 江苏省新四军和华中抗日根据地研究会编：《追寻先辈的足迹》第1集，中共党史出版社2012年版，第231—232页。

聂荣臻看到国防工业和国防科研两大系统在"部院合并"问题上的认识并不统一,长期争论不休,影响工作,极为担忧。他表示:"科研和生产的关系,认识很难取得一致。为了避免工作中的扯皮,现在可以考虑把六院、七院交给工业部领导……但是,我对这种做法是怀疑的,我担心将来会不会走弯路。"[1]1964年9月16日、17日,周恩来主持召开中央专委第九次会议,决定"部院合并"。10月,聂荣臻先后向罗瑞卿、周恩来表示:同意以国防部第五研究院为基础成立导弹工业部;同意国防部第六、七、十研究院和生产部门合并。[2]

在军委办公会议讨论之后,10月9日,罗瑞卿就国防工业部与对口的研究院合并的问题向周恩来、邓小平写了信。[3]在邓小平主持下,中央书记处召开会议讨论"部院合并"问题。周恩来、贺龙、聂荣臻、罗瑞卿、薄一波以及刘亚楼、王诤、王秉璋、赵尔陆、谷牧等领导人参加了会议。经过数天讨论,大多数与会领导都同意"部院合并"。

10月中旬,聂荣臻向国防科委领导传达了中央的决定,说:"中央决定国防科委管的几个研究院要分别与三、四、六机部合并,方向是合下来有好处。合并以后有了矛盾由工业部统一调整。我们在移交时态度要积极,注意几个研究院的摊子不要散了。"[4]随后,几个国防研究院先后召开院党委扩大会议,为实行"部院合并"进行思想上和组织上的准备工作。

11月5日,国防科委办公会议提出了关于国防科委任务及其组织的报告。聂荣臻看后表示,国防科委一定要存在,哪里也没讲取消。现代

---

[1] 周均伦主编:《聂荣臻年谱》(下),人民出版社1999年版,第902页。
[2] 周均伦主编:《聂荣臻年谱》(下),人民出版社1999年版,第951页。
[3] 谢光主编:《当代中国的国防科技事业》(上),当代中国出版社1992年版,第50页。
[4] 周均伦主编:《聂荣臻年谱》(下),人民出版社1999年版,第947页。

化武器，需要十多个部门联合完成，这个工作要靠国防科委组织协调。聂荣臻提出，国防科委今后的主要工作任务是：提出新装备的研究发展计划，安排和协调各研究机构的任务；提出并组织国防科学技术的探索性工作；组织各国防科研单位之间工作的协调；直接领导几个基地的工作，组织武器装备的试验定型等。这些工作在国防工办的统一归口下，由国防科委领导；其中，总参、总后及各军、兵种的国防科研工作，则由国防科委直接联系。[1]周恩来、邓小平、彭真都同意聂荣臻的意见。

11月20日，罗瑞卿办公室发出电话通知说，总长关于成立导弹工业部和科研生产合并问题的报告，已经中央批准。从军委关于国防工业的建设问题，写给主席和中央的报告，已经快两年了，看来科研、生产部门以合在一起有利，不仅对生产有利，也对科研有利，不仅对当前有利，也对长远有利。这是真正集中力量打歼灭战，多快好省的办法。这已有大量事实可以证明，绝大多数同志的看法已经一致或基本一致。因此条件已经成熟，是应该定下来的时候了。以上已经中央（主席、刘、周、朱、邓、彭已核阅）同意。总长指示，马上正式口头通知国防科委、各研究院。[2]

11月21日，国防科委召开第五、六、七、十研究院干部参加的"部院合并"动员大会。张爱萍作了动员报告。他首先解释为什么要合并的问题。张爱萍说，中央这次决定合并，我的理解就是如何使研究、设计与生产结合得更紧密，配合得更好。这样工作就会快。我觉得中央最近决定合并，在目前时机、目前情况下是适当的。将来怎样？起码在我们看得见的时候也是适当的。这就是过去一段的实践加上当前

---

[1]《聂荣臻科技文选》，国防工业出版社1999年版，第538—539页。
[2] 航空工业部中国航空工业史编辑办公室：《中国航空工业科研大事记（1955—1984）》，航空工业部档案馆1987年版，第157—158页。

的情况证明，合并的决定是正确的。将来还会出现这样或那样的问题，但那是工作中的问题，不是合并的问题。究竟将来怎样做，可以研究讨论，提出意见。但有两个原则，一个合并是党中央决定的。没有什么可发表议论的。个人有意见可以保留，但必须执行；二是合并后如何有利于工作，怎样把科研、设计、生产结合得更好，促进其发展、更快地拿到有用的武器。张爱萍谈了自己的看法："根据我个人体会，搞研究设计，没有工厂，没有生产，就没有所为。究竟研究设计是为了什么？是为了画图或在展览室里陈列呢，还是为了用？我们的目的是为了用，为了快点拿出装备来。没有工厂怎么行呢？所以有的同志产生了一些想法，我个人也曾这样想，就是自己搞个试制工厂，实际一摸，这样干不行，因为试制工厂和生产工厂差不多，仅其规模不同罢了。这样就非同小可了，当前国家的经济状况是不允许的。以后我的想法有了进一步的发展，63 年冬到 64 年搞产品定型，我认为工厂不愿承担试制任务是错误的，研究部门另搞一个中间工厂也是错误的，延长了生产周期。同时还有很多东西，不能这样做，比如造船还有导弹那样大的家伙你怎么能先做一个，再交给工厂生产呢？恐怕试制工厂也就是生产工厂了。有的同志担心，合并后新武器如何发展。我认为工厂是搞现阶段生产，这是主导的。生产出东西来给部队使用，一切服从这个。在此基础上谈发展，发展到一定时候又是阶段为主，这样循环下去，不断发展。但不是不研究，不探索。这只是工作的结合，主次问题，不能有了这个，否定那个。任何时候，都是有中心、有主导的，所以搞在一起不会影响发展。合在一起生产部门不是一个任务，而是两个任务，既搞现阶段的生产，也搞发展，从前只管生产一个任务，现在是两个任务。我以为合并起来好，合起来关系密切了，工作关系密切了，既照顾阶段又考虑发展。配合好，协同更直接，解决问题更直接。"[1]

1964年12月5日，国防科委发出通知：中央已决定，第六、七、十研究院分别与三、四、六机部合并。国防科委还对合并的有关问题做了安排。12月21日，国防工业办公室就3个研究院与3个机械工业部合并的具体方案向周恩来、罗瑞卿呈送报告。报告提出，根据周总理关于国防部第六、七、十研究院与生产部门合并，以进一步密切科研与生产关系的指示，各部和研究院分别召开党委（党组）会议和部院党委联席会议，研究了合并方案和准备工作。确定在年底以前把部院的机构合并起来，从1965年1月1日起，各研究院正式由各部领导。[2]报告的主要内容是各院和各部做了哪些工作，最后说："大家一致拥护中央、军委的决定，必须立即行动，贯彻执行。"[3]26日，罗瑞卿批示："拟同意。请总理批准。"周恩来批示："即送邓小平、彭真核阅。退国防工办。按报告各项分别通知有关部门照办。"[4]

1965年2月21日，中共中央发出《关于国防部第六、七、十研究院与生产部门合并的决定》（以下简称《决定》）。《决定》指出：为了适应国防工业进一步发展的需要，科研、设计、生产应该紧密结合，实行统一领导，统筹规划，以便更好地集中力量，更快地掌握尖端技术，加强常规生产。为此，中央决定：国防部第六、七、十研究院分别与第三、六、四机械工业部合并，各研究院改属各部领导。中央认为，这样做对生产有利，也对科研有利；对仿制有利，也对自行设计

---

[1]《张爱萍军事文选》，长征出版社1994年版，第289—291页。
[2]周均伦主编：《聂荣臻年谱》（下），人民出版社1999年版，第952页。
[3]刘鸿志：《回忆与思考——刘鸿志回忆录》，航空工业出版社2010年版，第223页。
[4]航空工业部中国航空工业史编辑办公室：《中国航空工业科研大事记（1955—1984）》，航空工业部档案馆1987年版，第158页。

有利；对当前有利，也对长远有利。[1]同年8月，炮兵科学研究院与五机部精密机械科学研究院合并。各院分属相应工业部建制领导，分别称三机部六院、六机部七院、四机部十院和五机部精密机械科学研究院。至此，"部院合并"工作全部完成。

"部院合并"后来又几经反复，影响深远。其争论的实质，是在当时我国工业科学技术基础薄弱，人力物力有限的情况下，如何处理科研与生产的关系和如何配置科技资源的问题。1964年后，国际安全形势出现变化。中央提出：要准备打仗，从准备大打、早打出发，积极备战。要抓紧常规武器的生产。罗瑞卿表示，现在情况有所变化，国防工业的一些方针应该加以修改。目前的主要工作一要备战、二要援外。必须立足于大战，在10年内，完成300万人打一年的储备任务。"少产"不提为好。[2]著名发动机专家吴大观对此评论说："我们国家对航空工业采取了一个权宜之计。这个权宜之计就是把科研与生产放在一起，主要是准备打仗，保证完成生产飞机的任务。"[3]可以看出，中央对安全形势判断上的变化和对国防工业发展方针的调整是"部院合并"的重要背景。从"大搞尖端科研，重中之重"到"研究设计不能脱离生产，要为生产开路"，国防工业主管领导态度上的变化，推动了"部院合并"。

在"部院合并"争论过程中，占主导的两种看法，一种是强调科研对当前生产的依附性，认为当前生产体系还没有建立起来，生产技术还没有完全过关，就不应该开展尖端产品的研究工作。另一种则过分强调生产对科研工作的依赖性，认为生产离开科研寸步难行，因此主

---

[1] 周均伦主编：《聂荣臻年谱》（下），人民出版社1999年版，第957—958页。
[2] 《罗瑞卿军事文选》，当代中国出版社2006年版，第627—630、727页。
[3] 吴大观口述：《我的中国心》，航空工业出版社2009年版，第81页。

张现阶段的科研工作（包括搞尖端产品）必须由工业部门主导。[1]聂荣臻认为，这两种说法都有一定道理，但又都是问题的一个方面。科学技术和工业生产建设，是互相联系的，互为因果；有互相制约的一面，但更重要的是有互相促进的一面。生产推动科学的前进，而科学成果在生产中的应用又促进生产的发展。反复循环、相互提高。聂荣臻强调，国防工业当前最突出的是科学技术问题。科学技术问题的解决，是国防工业自力更生的关键，这些问题不解决，我们就不能前进。[2]因此，聂荣臻主张在现有的国防科研体制下，集中科研力量形成拳头，科研工作适度先行。同时，充分发挥社会主义制度的优越性，发扬协作配合的精神，逐步总结经验，搞出切实可行的办法，来加速从研究设计到生产的进度。时任解放军炮兵副司令员兼炮兵科学研究院院长的孔从洲认为，1964年的"部院合并"体制，将科研和生产结为一体，体现了科研为生产服务的指导思想。这个体制的优点在于，有利于提高生产水平，满足数量要求，同时对于研制与现生产产品技术性能差别不大的改进型产品也是比较合适的。但是，科研过分依附于生产，强调新产品的性能适应于现有生产手段，对技术上的重大突破起到阻碍作用。国防科研也很难及时地反映作战需求的发展。"部院合并"的体制，将科研和生产结为一体，体现了科研为生产服务的指导思想。这个体制的主要问题在于，科研过分依附于生产，强调新产品的性能适应于现有生产手段，对技术上的重大突破起到阻碍作用。[3]例如，新40火箭筒的研制，当即将取得成果的时候，正遇上1965年的科研体制调整。研制工作被削弱了。在片面强调生产方便和适应现有生产能

---

[1]《刘华清军事文选》上卷，解放军出版社2008年版，第72—73页。
[2]《聂荣臻军事文选》，解放军出版社1992年版，第499、501页。
[3]《孔从洲回忆录》，解放军出版社2006年版，第512—513页。

力的思想指导下，停止了关键部件的研制，延误两年，失去参加珍宝岛作战的机会。[1]聂荣臻评论说，工业部和研究院合并的问题，不是别的单位不能领导研究院，问题是有些人指导方针不对头，想取消科学实验。说科学研究理论脱离实际，对科研影响很大。他们不了解，不搞基础理论研究，就不能前进。[2]原航空工业部部长徐昌裕指出，我国航空科研上不去的一条重要原因是，航空工业当时的领导不了解科研也没有把科研摆在重要的位置，"一五"期间培养出来的大部分干部对于科研是怎么回事没有体会。[3]由于时代的局限，"科研先行"的思想在当时没有得到广泛重视和认同。"科研先行"的方针，实际上沦为一般口号。

在"部院合并"后，有同志建议撤销国防科委。聂荣臻表示："如果从个人考虑，我身体不好，国防科委撤销，我正可以休息。但科学实验是毛主席讲的三大革命运动之一，我不能甩手不管。国防科委与国家科委工作上是紧密结合的，取消国防科委，国家科委对全国科技工作就更难组织协调了。"[4]随后，国防科委的工作任务也相应作了调整：（1）研究我军一定阶段内应达到的武器和技术装备水平，组织各军兵种、各国防工业研究单位，进行战术技术论证，提出一定时期的新装备的研究发展计划，安排和协调各研究机构的任务。（2）在执行某一阶段装备科研计划的基础上，还要看远一步，提出并组织国防科学技术的探索性工作。（3）国防装备的发展，有明确的针对性。针对敌方武器装备的新变化，应该安排随时出现的科研任务。这项工作十

---

[1]《孔从洲回忆录》，解放军出版社2006年版，第530—531页。
[2]周均伦主编：《聂荣臻年谱》（下），人民出版社1999年版，第1028、1061页。
[3]徐昌裕口述：《为祖国航空拼搏一生》，航空工业出版社2006年版，第257页。
[4]周均伦主编：《聂荣臻年谱》（下），人民出版社1999年版，第1030页。

分重要，不得有丝毫的疏忽。（4）组织各国防科研单位之间工作的协调。（5）直接领导几个基地的工作，组织武器装备的试验定型。（6）加强与国家科委工作的结合。（7）调查各军兵种对于现有的和试用的武器装备、材料的使用意见，了解部队装备的技术革新情况。（8）加强调查研究工作，包括国外国防科学技术情报工作。经常向军委及有关部门反映情况，研究国防科学技术的发展方向、技术政策，提出建议。上述各项工作，在国防工办的统一归口下，由国防科委负责；其中，总参、总后及各军、兵种的国防科研工作，由国防科委直接联系。[1]国防部先后任命罗舜初（兼）、唐延杰、张震寰为国防科委副主任，路扬为国防科委副主任兼秘书长。1965年5月，中央军委决定将导弹、核武器、常规兵器试验基地和海军试验基地划归国防科委建制，统一管理。军事工程学院、军事电信学院也同时划归国防科委建制领导。[2]

五、实行"厂所合并"

1965年6月，"部院合并"工作基本完成。国防部所属的3个研究院，约10万人全部就地整建制地集体转业，划归各工业部领导。第六、第七、第十研究院划归对口工业部领导时，中央曾指示合并后还要进一步加强和充实这些研究机构。但部、院合并不久，国防工办领导已在酝酿厂、所合并问题。

1965年8月，军委副主席贺龙到沈阳视察。二所副所长吴大观向贺龙汇报了他们去法国参观国际航空空间展览会的情况。在汇报完这些以后，吴大观又说了一些情况，说："国外他们的工厂，都有科研机

---

[1] 周均伦主编：《聂荣臻年谱》（下），人民出版社1999年版，第953—954页。
[2] 谢光主编：《当代中国的国防科技事业》（下），当代中国出版社1992年版，第517页。

构,都搞自己的产品,在市场上搞竞争。"吴大观回忆说,他就汇报了这么一个情况。没想到贺龙同志听完后,马上拿出一张纸说:"你们大家同意不同意吴大观同志的意见啊?"那时谁也不敢说不同意。"同意!""你们签名。"于是每个人都签了名,一共7个人。贺龙同志就拿着这个到中央讲,向中央汇报了。[1]

回京后,贺龙找三机部部长孙志远谈了一次,孙志远说完全同意上述意见。孙志远讲,六院所属的研究所有两种:一种是综合性的,如试飞、风洞、静力试验、高空试车和工艺、材料研究等不便与哪一个工厂合并。另一种是管飞机、发动机以及其他仪表、电器、附件等产品设计的,这种研究所是可以并且应该和工厂合并的,合并以后可以大大加快航空工业的发展速度。孙志远表示,现在部、院合并不久,厂、所合并问题工办领导上也正在考虑,可能还需要做些思想工作。

8月20日,贺龙给罗瑞卿写信:"8月14日,我在沈阳听取了三机部六院第一、第二两个研究所负责同志关于××、××飞机及发动机设计情况的汇报。二所副所长吴大观同志谈到他去法国参观国际航空空间展览会的情况,谈到资本主义国家研究设计机构都放在工厂或企业托拉斯。我们现在研究设计与试制生产分家的办法,是从苏联搬来的,并不先进。他说,六院合到三机部以后,干部和群众都积极拥护,工作上大有起色,但是上面合了下面没合,所与厂还是协作关系,计划任务上是分别安排的。执行过程中,随着情况的发展变化很需要经常协调,所以还是感到工作配合上诸多不便,而且所的组织领导关系远在北京,不能就地取得东北局和辽宁省委的领导。现在大家都希望把所合到厂里去,使研究设计和试制生产更加紧密地结合起来,情

---

[1] 吴大观口述:《我的中国心》,航空工业出版社2009年版,第78页。

况发展变化了，随时就地就可以得到协调。这样，可以大大缩短产品设计试制的过程。而且所合并到厂以后，行政管理、生活福利可以统一管，精简机构，节省人力。当时一所所长刘洪志（应为刘鸿志），二所所长刘苏，一所副总设计师、总体室主任和二所的一个室主任，都表示同意吴的意见。一所的一个专业组长还提出，希望能在××设计过程中及早解决这个问题，越快越好。看来，他们的态度很诚恳，要求很迫切。后来我又当面征求了宋任穷、陈锡联、黄火青同志的意见，他们都表示赞同。"[1]

贺龙讲了以上的情况后，明确提出："我认为前一阶段研究脱离实际，设计脱离生产，闭门造车，进展很慢，大家都有所感觉。部、院一合并，工作有改进，这就更清楚了。为了进一步解决好这个问题，目前可否要各部党委认真研究讨论一下，把能够合、要求合的厂、所，下决心先合一批试试。这个方向我看是不会错的。而且，从当前技术发展的需要看，这个问题越早解决越有利。如何？请你考虑。"[2] 1965年9月，在有关领导建议下，国防工办以科研面向生产、结合生产、为生产服务为由，作出了"厂所合并"的决定。

按照六机部提出的实施方案，各院要把大部分的技术力量整合到工厂和其他单位。有的部甚至连研究院也准备裁掉。在得知这些情况后，1966年2月11日，聂荣臻向周恩来和军委领导写信，建议暂停厂所合并。聂荣臻认为，第一，以产品为对象的所，不是为一个工厂服务的，而是为全国若干同类工厂服务的。合并于一个厂，就不便于服务于其他工厂。对同类产品中的共同性技术问题、其他新产品、新技术，就难以研究。从长远来看，对行业和工厂也是不利的。第二，工

---

[1]《贺龙文选》下卷，军事科学出版社1996年版，第530—531页。
[2]《贺龙文选》下卷，军事科学出版社1996年版，第531页。

厂生产繁忙,任务重,研究所归入工厂后,工厂忙于当前生产,势必把研究所主要力量拉进当前生产问题,对新产品、新技术的工作势必放松,较为长远一点的探索研究就更排不上队。聂荣臻强调:国防科学技术的特点,是产品型号改进更新很快,至少同时要有三个层次的型号,一个是现在正在试验、试制的型号,一个是正在设计的新型号,一个是要探索研究的更新型号(如歼击机,歼-7正在试制试验,歼-8展开设计,歼-9开始进行探索研究)。至少要看三步棋,不能走到哪里算哪里。而研究所归到工厂,就很难做到这一点,这对武器装备发展十分不利。第三,武器装备的发展,有很大针对性。敌人有什么,我们就要及时研究对付它的措施。贻误时机,损失就很大。独立的研究机构,可以根据上级安排,不失时机地转移研究项目,研究这些针对性的措施。如归到一个工厂,围绕当前生产型号做工作,要想能迅速转移力量搞针对性研究工作,就较困难。第四,各研究所都不是独立的。发展任何一个新型号,都有很大的综合性,这是现代技术的一大特点。各研究院所属各研究所,原来都是按基本配套的考虑来组建的。一个综合任务,分拆开来,由院组织协调各个所能力合作,往往还需要组织院外其他部门、科学院、院校的配合。如果研究所都属于某一个厂,就增加了各个专业配套协作的很多困难。第五,集中必要的优秀人才和重大设备,办若干研究所,形成全国各方面的拳头,研究发展武器装备,这是多快好省的。几年来克服了种种困难和思想障碍,办起来了,工作逐步走上轨道,正在陆续出成果。现在又要分散,在我们当前任务重、力量不足的时候,尤为不利。聂荣臻指出,国防科学技术多年来走过的道路证明,要真正自力更生、实现国防现代化、赶超世界先进水平,必须加强科学实验。多年来艰苦工作,国防科学技术各研究所已建立起来并初具规模,这两年由于干扰,吹冷风,体制一变再变,很不稳定(民用工业部门反而稳定得多),后果如何,我很担忧。聂荣臻建议国防工办、国防科委组织一些人,深入调查,解剖若干院所,听取各方意见,权衡利害得失,经过深入讨论后提出意见,不能草率从事。18日,周恩来阅后批示:"请(赵)尔陆同志告各部,暂停厂、所合并,并将各部主张合并的理由和程序见告,以便处理。"[1]

2月19日,聂荣臻嘱咐安东告罗舜初、唐延杰:"把2月11日我就国防科研单位不宜搞所厂合并问题写给周总理的信及周总理18日的批示,分别与各研究院及研究所的领导同志见见面,听听他们的意见。否则,各工业部从不同角度提出的意见不能表达研究机构的实际情况。"2月23日,聂荣臻再次指示:"关于所厂不宜合并的问题,请国防科委召集各研究院、所的同志开些会,听取他们的意见。"但"厂所合并"的势头未能得到控制。[2]

实践证明,"厂所合并"这种形式并不能收到预期的效果,甚至造成了更多的矛盾。"厂所合并"后,工厂领导的精力都集中去搞生产任务,没有人花精力抓研究工作。生产任务压的很重,成本、效益等问题考虑得不多,因而,容易安于现状,偏重搞现成产品,这是客观现象。

一些积极主张"部院合并、厂所合并"的国防工业部领导始终不理解:理论上,"部院结合、厂所挂钩"有利于产品的统一规划发展,一代接替一代,技术力量可合理使用。生产和科研在二、七机部从来是紧密结合的,没有异议的。而在三、四、五、六机部实行科研和生产的结合,"部院结合、厂所挂钩"却成为一个周期性反复的问题。[3]

---

[1] 周均伦主编:《聂荣臻年谱》(下),人民出版社1999年版,第1011—1012页。
[2] 周均伦主编:《聂荣臻年谱》(下),人民出版社1999年版,第1013页。
[3] 鲁之玉等:《王诤传》,电子工业出版社1998年版,第372—374页。

对此，聂荣臻指出，这是因为二机部、七机部的情况与其他国防工业部不一样，这两个部有其特殊性，是在科研院所基础上组建的，基本上是个"科研部"。二机部、七机部的工厂实际上是试制厂，研究院所和生产工厂整合起来后是仍然是以科研为主，科研工作为先导。而其他工业部则不一样，它们的主要任务和方向是搞常规武器的批量生产，对科研工作重视不够，投入不足，发展没有后劲。[1]刘华清在回顾这一段历史时说："用现在的眼光看，如果当时研究院能稳定几年，有些院不实行'厂所合并'而发展成科研—生产联合体，会更有后劲，更有竞争力，更有利于赶超世界先进水平，增强我国海防乃至国防实力，同时牵动国民经济的持续发展。"[2]

六、军事接管和调整改组国防科研机构

1966年5月后，正在蓬勃发展的国防科技工业遭到严重的干扰和破坏：许多部门和科研、生产单位陷入瘫痪或半瘫痪状态，科研、生产无法正常进行。国防科技工业领导管理体制不得不进行大的调整。

为了应对当时的混乱局面，中央决定对各国防工业部所属单位准备实行军管。1967年3月，遵照毛泽东的指示，周恩来与李富春、聂荣臻、叶剑英商量后，向国防工办和国防工业部门（二机部、三机部、四机部、五机部、六机部、七机部）宣布，准备实行军管。[3]"其办法拟每一部门只派出三人的军管代表小组，运用原有的机构领导业务"[4]。3月中旬，周恩来找粟裕（时任军事科学院副院长）谈话说：

---

[1]周均伦主编：《聂荣臻年谱》（下），人民出版社1999年版，第907—908页。
[2]《刘华清回忆录》，解放军出版社2004年版，第306页。
[3]《周恩来年谱（1949—1976）》下卷，中央文献出版社1997年版，第137页。
[4]《周恩来年谱（1949—1976）》下卷，中央文献出版社1997年版，第137页。

"现在情况很困难，国防工业系统已处于瘫痪状态。主席说，你过去有战功，现时打不倒，你去支撑这个局面吧。"27日，周恩来召集粟裕、王树声开会，交代军科院负责国防工业口子，对国防工办和二、三、四、五、六、七机部实行军管，指定粟裕到国防工办军事代表组挂帅，任国防工办军事代表组组长、国防工业军管小组组长，并参加国务院业务组为成员（相当于原国务院副总理组成的国务院常务会议成员），主持国防工办工作。不久，粟裕增补为中央军委常委。根据毛泽东指示，粟裕兼任中国科学院首席军事代表。[1]军事科学院副院长王树声、副政委向仲华任国防工业军管小组副组长。粟裕即率军事科学院干部500余人，进入国防工办开始军管。后来军事科学院干部大部撤出军管后，周恩来总理决定粟裕仍担任国防工业军管小组组长。

对国防工业各部研究院、所和科学院所属承担国防任务的各研究所，交国防科委实行军事接管。1967年3月11日，聂荣臻向周恩来请示后，向中共中央写了关于军事接管和调整改组国防科研机构的请示报告。报告提出，现在各国防工业部的研究院，和中国科学院承担国防科研任务的各研究所，大多瘫痪，研究工作停顿，三线建设问题也很多。这种状况十分不利，必须迅速改变。报告建议，将二机部的核武器研究院、三机部的飞机研究院、四机部的电子设备研究院、五机部的兵器研究院、六机部的舰船研究院、七机部的各研究院和为国防科研任务服务的中国科学院新技术局的各研究所，由国防科委组织进行军事接管并调整改组，以迅速恢复科研和生产工作。[2]18日，周恩来同意聂荣臻的请示，并向毛泽东提出关于对国防工办和各国防工业

---

[1] 中共江西省委党史工作办公室编：《粟裕年谱》，当代中国出版社2012年版，第422—423页。

[2] 周均伦主编：《聂荣臻年谱》（下），人民出版社1999年版，第1056—1067页。

部门实行军管的报告。20日，毛泽东批示："退总理照办。"[1]据此，国防科委随即组成军事接管领导小组，罗舜初任组长，刘华清任副组长（后任组长）。4月3日，军委常委第62次会议确定聂荣臻为国防科研系统军事接管的负责人。国防科委对各国防工业部的研究院及中国科学院新技术局进行军事接管并调整改组。

4月10日，聂荣臻召集国防科委副主任开会，研究军事接管各研究机构问题。聂荣臻指示：军事接管工作，不要急，成熟一个接收一个，接管后即着手组建新的党委，以接替军管。5月3日，军委常委第六十七次会议研究了聂荣臻提出的《关于国防工业、国防科研军管工作若干问题的请示报告》（以下简称《报告》），聂荣臻对《报告》做了说明：（1）针对当前国防科研机构的状况，进行军事接管，以便迅速恢复工作。（2）结合整改，通盘筹划，调整改组，把主要的武器装备研究设计力量集中到军内来，加上国防工业部门的研究设计力量和民用科技部门的协作，组成一个比较完整的，以军为主、军民配合的国防科技研究体制。还说："武器发展有极强的针对性，时间性，必须经常注意研究敌我双方的作战指导思想、作战手段、战斗使用，不失时机地研究设计我军的武器装备。以作战要求来带动武器的研究、设计、试制、试验。武器生产定型后，回过头来继续在作战和训练中考验、改进。就作战使用、研究设计和生产这三方面的关系来说，作战使用应该是矛盾的主要方面，研究设计必须服从和符合作战要求，服务于我军的战略方针。一切为了部队使用，为了战胜敌人。"会议批准了这

---

[1]《毛泽东年谱（1949—1976）》第9卷，中央文献出版社2023年版，第67页。

个请示报告。[1]5月9日,中央专委[2]决定中央专委办公室改设在国防科委。5月11日,聂荣臻召集国防科委局长以上干部会议,研究研究院的调整方案。聂荣臻说,过去中央决定,研究院合到工业部去,虽有不同看法,但坚决服从。现在这么乱,不能坐视不管。不管,很轻松,也不会有大字报,但从事业着想,还是要管,把担子挑起来。国防科委要迅速拿出研究院的调整方案来。注意不要把中国科学院搞基础研究的力量,如数学所、物理所,也接管过来。着手组建空间技术研究院,由钱学森兼院长。[3]

为了进一步集中力量,形成发展国防科技的拳头,聂荣臻确定由国防科委副主任刘华清组成工作班子,与各有关方面反复酝酿研究,提出了将中央批准接管的国防科研单位集中国防科技力量调整改组为若干个研究院的方案。从7月开始,聂荣臻密集听取了各方面的情况汇报,进行专项研究。7月1日,听取炮兵副司令员陈锐霆、孔从洲等关于火炮研究工作情况汇报,指出:我军各种火炮大多笨重落后,过去只重视仿制,现在要坚决改过来。要成立兵器研究院,集中力量抓火炮研制,同时抓与各种炮配套的火药和雷达的研制。火炸药的研究工作,也应该集中在兵器研究院。[4]7月4日,听取刘华清(时任国防科委副主任)、张震寰等关于组建军用材料研究院情况的汇报。7月5日,听取刘华清等关于组建空气动力研究院、装甲坦克和军用车辆研究院、计量研究中心方案的汇报。7月6日,听取刘华清、张震寰、李

---

[1] 周均伦主编:《聂荣臻年谱》(下),人民出版社1999年版,第1063页。
[2] 1955年3月,中共中央决定中央十五人专门委员会除管原子弹外,还要管导弹,并改称中共中央专门委员会(简称"中央专委")。
[3] 周均伦主编:《聂荣臻年谱》(下),人民出版社1999年版,第1066页。
[4] 周均伦主编:《聂荣臻年谱》(下),人民出版社1999年版,第1075页。

觉、朱光亚、彭桓武、郭永怀、钱学森等关于组建新的核武器研究院方案汇报时说，核武器方面，因为生产的数量不会多，研究与生产可以合在一起，由研究院抓总。[1] 7月8日。听取刘华清、张震寰、粟裕、钱学森等关于组建新的导弹研究院方案汇报。7月14日，刘华清主持国防科委党委常委会，讨论通过了《国防科委体制小组关于国防科研机构调整改组问题》向中央军委常委的报告。7月15日，聂荣臻在军委常委第82次会议上提出：拟把国防科研力量集中起来，组建18到20个研究院，列入军队编制，以加速武器装备研制的计划设想。会议原则同意这一设想。[2]

8月10日，刘华清（7月28日，中央军委任命刘华清为国防科委副主任）向粟裕汇报了国防科研系统体制编制问题。经中央军委和国务院业务小组先后审议同意后，聂荣臻于1967年9月20日向毛泽东并中共中央报送了《关于国防科研体制调整改组方案的报告》（以下简称《报告》）。《报告》提出："根据集中统一，分工协作，以军为主，军民配合的原则，从军队发展武器装备的需要出发，进行全面规划，统筹安排，拟将中央批准接管的国防科研单位，调整编组为十八个研究院。"这样做的好处是："（一）把武器装备研究设计及其紧密配套的研究力量集中到军内来……武器装备研究与作战使用要求紧密结合，更好地为我军战略方针服务。（二）这样调整改组，虽然研究院、所的数目增加了些，但人数增加不多，通过统筹规划安排，各个领域都有了研究院……在中央军委批准的统一规划下，组织各有关方面大力协同，密切配合，大大纠正了研究工作上的重复浪费、各自为政、分散主义的现象。（三）这样调整改组，可以更好地贯彻执行'两弹为主、

---

[1] 周均伦主编：《聂荣臻年谱》（下），人民出版社1999年版，第1076页。
[2] 周均伦主编：《聂荣臻年谱》（下），人民出版社1999年版，第1077页。

导弹第一、努力发展电子技术'的方针。（四）可以迅速研制我们自己的武器装备，使国防工业生产尽早结束仿制局面。"10月25日，毛泽东批示："聂荣臻同志：此件压了很久，很好，照办。"[1] 10月26日，军委领导对国防科研体制调整改组工作做了指示。

11月9日，中共中央、国务院、中央军委、中央文革小组联合发文，转发国防科委《关于国防科研体制调整改组方案的报告》，并要各有关单位遵照执行。国防科委随即组成体制编制工作领导小组，刘华清负责具体组织落实。国防科研体制调整改组工作随即展开。调整改组的主要原则是：（1）根据集中统一、分工协作、以军为主、军民配合的原则，进行全面规划、统筹安排。（2）积极解决国防科研单位的试制加工力量，缩短研制周期。解决研究机构的试制加工力量，有三种途径：第一种是生产量不大的精尖武器装备，这些武器装备的科研试制与批生产任务，由研究院配备足够的试制生产能力统一承担，国防工业部门除担负协作外，不再建设这方面的批生产厂，这样可以节省大量投资。第二种是批生产量大的武器装备，研究院需有试制与小量生产能力，以便提供一定数量的试制产品，经部队试用、设计定型后，交由国防工业部门进行批生产。第三种是大型武器装备，由于试制需要大型设备和厂房，研究院只配备部分的试制力量，整个武器装备的试制，应在国防科委和国防工办的统一规划和安排下，由有关国防工业部门的工厂建立一些专门的试制线来承担。（3）既要加强尖端，又要加强常规。在这次体制调整改组中，要更好地贯彻执行"两弹为主、导弹第一、努力发展电子技术"的方针，同时，要发展特种兵、空军、海军、炮兵、装甲兵等，以使各军兵种联合组成一个强大的国

---

[1] 周均伦主编：《聂荣臻年谱》（下），人民出版社1999年版，第1081—1082页。

防力量，要不断改进和提高常规装备，并且要加强理论探索、战术技术论证和新型材料、国防光学等研究工作。这次调整中，要采取一切有效的措施，使电子技术方面、常规武器方面的一些薄弱环节得到根本解决。聂荣臻主张按照科研生产联合体的模式，为每个研究院搞一个主要试制厂，分别对飞机、舰艇、坦克、火炮、电子等进行试制。刘华清向国防工办负责人（军管会主任）粟裕请示汇报，粟裕犹豫后还是同意了。[1]最后形成的调整方案，18个研究院共有研究所292个，院属大小工厂（车间）90个。

1967年12月17日，国务院、中央军委决定，从1968年1月1日起，二机部九院[2]、三机部六院、四机部十院、五机部机械科学研究院[3]、六机部七院列入军队系统，划归国防科委领导。12月18日，国家计委召开会议，决定将一批有关承担国防科研任务的工厂转交给国防科委领导。[4]1968年2月8日，中央军委决定，国防部国防科学技术委员会改称中国人民解放军国防科学技术委员会，所属17个研究院和1个设计院，分别授予部队番号。[5]

在调整国防科研体制时，中央专委办公室也改设在国防科委。

正当国防科研机构调整改组全面展开的时候，1968年3月发生了所谓"杨、余、傅事件"。国防科委机关和各研究院又混乱起来，国防科研体制的调整被扣上"大科研主义"等罪名，从而被否定，国防科研体制调整"流产"。

---

[1]《刘华清回忆录》，解放军出版社2004年版，第324页。
[2] 1964年2月，二机部将九局、九所机构撤销后成立"二机部第九研究设计院"。
[3] 1964年1月，五机部成立兵器科学研究院，对外称机械科学研究院。
[4] 姜为民主编：《刘华清年谱》上卷，解放军出版社2016年版，第189页。
[5] 姜为民主编：《刘华清年谱》上卷，解放军出版社2016年版，第192页。

聂荣臻后来回忆说："组建科研机构的整个过程，我认为在当时我国大量的科学研究工作，尤其是像导弹、原子弹、现代高性能飞机和舰艇、复杂的电子设备等，完全处于空白状态的情况下，在机构建设上我们采取集中力量，形成拳头的做法是正确的。实践证明，能够较快地摸清情况，开展工作，组织协作，攻破难关，取得研究成果。有鉴于这方面的经验，1967年10月，我曾建议把国防科研方面的研究力量进一步组织起来，成立18个研究院。我当时想，这样做不但力量可以集中，而且处在'文化大革命'极其动乱的情况下，还可以使各方面的科研工作和科技人员因此得到必要的保护。但处在当时林彪、'四人帮'横行的动乱时期，在批判我的所谓'大科研主义'的情况下，筹备工作被迫停顿，以后有些院建成了，有些则不了了之，实在可惜。"[1]

七、再次实行"部院合并"

1969年3月，中苏在珍宝岛地区发生武装冲突。国防工业紧急动员战备生产。4月，中共中央决定国防工业由军委办事组领导。[2]1969年6月8日、9日，周恩来约有关人员谈国防工业问题[3]，并指示，各机部应分别由各总部、各军兵种管起来。[4]6月9日，周恩来在国务院会议上宣布，将国务院各部所承担的国防工业分交总参、总后、海军、空军及有关兵种管理，并成立相关领导小组及办公室。国防工业和国防科研是国有经济中的组成部分，本不应该进行这种分割，但形势太

---

[1]《聂荣臻回忆录》，解放军出版社2007年版，第629—630页。
[2] 王立、庞天仪、于桂臣主编：《当代中国的兵器工业》，当代中国出版社1993年版，第590页。
[3]《周恩来年谱（1949—1976）》下卷，中央文献出版社1997年版，第303页。
[4] 中共江苏省委党史工作办公室编：《粟裕年谱》，当代中国出版社2012年版，第429页。

乱，才采取了这种不得已的政策。[1]

1969年7月12日，中央军委批准将国防科委所属六院和七院、海军试验基地以及十一院、十二院、常规兵器试验基地，从8月1日起分别划归空军和海军以及总后勤部建制领导。8月31日，国务院、中央军委批准成立航空、造船科研、常规兵器、电讯工业领导小组，分别由空军、海军、总后勤部领导任组长。11月2日，中共中央决定，二、七机部的军管工作和业务工作统由国防科委全面管理。12月18日，鉴于三、四、五、六机部已交两部（总参、总后）、两军（海、空军）分别接管，二、七机部已移交国防科委，国防工办已分别划归军委办事组和国家计委的情况，粟裕向周恩来及军委办事组提出：国防工业军管小组已无存在必要，建议即行撤销。[2]12月22日，经中央批准，国务院、中央军委发出关于成立国防工业领导小组的通知，决定在军委办事组设国防工业领导小组及其办公室。中央军委国防工业领导小组办公室（简称"军委工办"）的任务是组织领导和协调第三、第四、第五、第六机械工业部的生产建设和科研工作。李如洪、封永顺兼任国防工业领导小组办公室正、副主任。同时撤销国务院国防工办。经周恩来批准后，国防工业军管小组宣告结束。[3]1970年1月23日，国务院、中央军委决定国防工业军管小组停止工作，委托国防科委、海军、空军、总后勤部领导各有关工业部的工作。

1970年1月29日，国务院、中央军委通知，中共中央决定自2

---

[1] 姜为民主编：《刘华清年谱》上卷，解放军出版社2016年版，第200页。
[2] 中共江苏省委党史工作办公室编：《粟裕年谱》，当代中国出版社2012年版，第430页。
[3] 中共江苏省委党史工作办公室编：《粟裕年谱》，当代中国出版社2012年版，第431页。

月15日起，将国防科委所属9所国防工业高等院校和哈尔滨工程学院两个系分别调整给三、四、五、六机部建制领导。哈尔滨工程学院和哈尔滨工业大学待专业调整和搬迁后，分别改归二、七机部建制领导。5月15日，国务院、中央军委批转国防科委《关于体制调整意见的报告》，自6月15日起，将二、七机部划归国防科委管理；常规武器研究、生产单位移交给总参谋部、总后勤部、海军、空军领导；综合基础理论研究单位交回中国科学院。西北综合导弹试验基地的空空、地空导弹试验部划归空军领导。十七院机关和六院七所合并组成导弹、飞机风洞建设指挥部，归空军六院领导。为加强国防科委的领导，3月至6月，中央军委先后任命韦统泰、栗在山、钱学森、朱光亚为国防科委副主任，李福泽为国防科委副主任兼西北综合导弹试验基地司令员。

1970年6月22日，中共中央决定兵器工业企业下放，由省、市、自治区为主管理。1970年7月1日，各国防工业部军管会结束工作，并先后撤离。各国防工业部成立革命委员会或党的核心小组。1971年4月12日，国务院、中央军委批转军委国防工业领导小组《关于国防工业管理体制的报告》，国防工业实行中央与地方双重领导的管理体制，各大军区、各省（区）、市组成国防工业领导小组，统一管理国防工业，下设国防工业办公室。[1]这时，全国全军国防工业科研生产的管理工作才有所遵循。

1971年9月后，中共中央决定由国务院业务组主管国防工业。

1971年底，航空工业全面暴露了产品质量问题，歼-6飞机更为严重。周恩来得悉后，十分焦急。1971年12月25日，周恩来委托叶剑

---

[1] 谢光主编：《当代中国的国防科技事业》（下），当代中国出版社1992年版，第522页。

英召开航空产品质量座谈会,他还亲自到会听取汇报。会上,周恩来指示,要把研究所给工厂。脱离生产不行,先搞一个试验,把沈阳发动机设计研究所一分为二,一半给株洲航空发动机厂,一半给沈阳发动机厂。周恩来说,我就不相信放到工厂搞不出东西来。如果这个办法失败了,咱们再改。我要试一下,要有现场实践嘛!这次要搞就搞好。据此,12月30日,航空研究院提出上述三厂、所实行厂、所结合的请示,第二天,周恩来就批示按此方案试行。[1]经过一年试验,经周恩来批准,1972年12月28日,由叶剑英主持在北京召开航空汇报会,专门解决航空工业生产与科研的体制问题。会议期间,叶剑英专门听了两次吴大观的汇报。吴大观谈了自己对"厂所结合"的认识过程,并表示不能搞"厂所结合"。吴大观还给叶帅讲了自己亲身经历的一个例子:"我们搞了一个涡扇发动机(涡扇-5),是在涡喷-5的基础上,加了一个后风扇。总想着能够为国家作一点贡献。六院很支持,批准了计划,给了经费。需要进行加工了,当时刘鼎副部长在西安召开一个技术会议。我就带着一大套图样到西安向刘鼎副部长汇报,讲这个方案,加一个后风扇可以增大推力到3600公斤,能够提高飞机的速度。刘鼎一听,好啊!在一天晚上,把三个厂的总工程师找来,专门开会。一个是沈阳的410厂,一个是哈尔滨的120厂,还有一个是株洲的331厂。刘鼎同志让我把情况作了介绍,一场空,谁也不答应。三个厂的领导一致不同意接受试制任务。理由?很简单,没有这个任务。而且你搞新东西,我也没有经验,太费劲了,不能接受这个试制工作。刘鼎也拿他们没有办法。"吴大观说:"现在要搞'厂所结合'对科研工作有害无益"。[2]航空汇报会开了70多天。最后由叶剑英进行总结,

---

[1]《不尽的思念》,中央文献出版社1987年版,第215—216页。
[2]吴大观口述:《我的中国心》,航空工业出版社2009年版,第79—80页。

提出了实行"部院结合、厂所挂钩"的基本原则。会后，国务院、中央军委决定将航空研究院划归航空工业部建制，实行科研、生产相结合的方针。[1]

1972年3月，叶剑英主持召开中央军委办公会议，认为现有的这种管理体制对国防科技工业的发展极为不利，必须按照积极稳妥的原则，逐步进行调整。鉴于二机部、七机部承担的国防科研任务重大，问题较多，1973年4月，国务院、中央军委发出《关于加强二、七机部和国防科委直属研究院京外单位领导问题的决定》，规定二、七机部和各研究院在京外的工厂、研究所，由大军区、省军区、省、市、自治区与二、七机部各研究院实施双重领导。[2] 7月，国务院、中央军委任命陶鲁笳为国防科委主任。7月至8月，原属七机部领导的五院、国防科委所属九院和空军所属六院先后分别划归七、二机部和三机部建制领导。

为了加强对国防工业的集中统一领导，中央决定恢复国务院国防工业办公室。1973年9月10日，经中共中央批准，国务院、中央军委发出《关于成立国务院国防工业办公室的通知》，指出：为了加强对国防工业的统一领导，决定撤销中央军委国防工业领导小组及其办公室，成立国务院国防工业办公室，受国务院、中央军委领导，以国务院为主。这个机构的主要任务是对国防工业的生产、建设和科研工作进行统筹规划，全面安排，组织执行。方强任国防工业办公室主任。9月16日，国务院、中央军委印发《关于调整国防工业管理体制的决定

---

[1]《不尽的思念》，中央文献出版社1987年版，第215—216页。
[2]《航天工业部第二研究院大事记》，航天工业部第二研究院院史编委会1987年编印，第123页。

（草稿）》。[1]

经过试行和征求各方面意见后，1974年5月1日，国务院、中央军委发出《关于调整国防工业管理体制的决定》。主要内容如下：（1）第三、第四、第五、第六机械工业部，由国务院直接领导，成立国务院国防工业办公室。（2）撤销军委国防工业领导小组和航空、造船、常规兵器、电讯四个领导小组。（3）第三、第四、第五、第六机械工业部的直属企业、国防工业的高等院校和其他学校，有计划、有步骤地下放给省、市、自治区领导，实行地方和部双重领导，以地方为主。（4）省、市、自治区党委对本地区的国防工业企业实行统一领导，在省、市、自治区革命委员会内，设立国防工业办公室或相应机构。撤销各大军区管理国防工业的机构。（5）切实搞好军民结合、平战结合。军工厂要积极安排民品生产。（6）根据"部院结合、厂所挂钩"的原则，各研究院、所归属各工业部门的问题，要条件成熟一个结合一个。这次对国防工业管理体制进行调整，目的是总结以前搞独立的大军工体系的教训，要使国防工业建设同国民经济建设结合起来。

依照国务院、中央军委的决定，国防科技工业再次实行了"部院合并"。根据"部院结合、厂所挂钩"的原则，先后将核武器、航天技术、航空、舰艇、军事通信、电子设备、电子元器件、兵器等研究院分别划归对口的国防工业部建制领导。国防科委仍然负责领导二机部和七机部的工作。国防科委主管尖端武器，国防工办主管常规武器。

---

[1] 中国航空工业史编修办公室编：《中国航空工业大事记（1951—2011）》，航空工业出版社2011年版，第173页。

第二节 三线建设

从 1950 年到 1960 年初，国家对国防工业共投入基本建设资金数十亿元，建设了大中型国防工业项目共 100 多个。至 20 世纪 60 年代前期，中国国防工业已初具规模，拥有大中型企业 100 多个，独立的科研设计机构 20 多个，共有金属切削机床 6 万台，职工 70 多万人，其中技术人员 3.3 万人，国防工业布局初步得到改善，形成了沈阳、北京、太原、西安、成都、重庆、兰州等国防工业企业比较集中的生产基地。[1] 从 20 世纪 60 年代中期开始，按照中央"立足于打仗，抢时间，改变布局，加快三线建设，首先是国防建设"的指示，国防工业按照规模小、专业化和协作的原则，全面展开了三线战略后方的建设。到 20 世纪 70 年代末，通过大规模的后方基地建设，改善了国防科技工业的战略布局，建成了一批大型的生产、科研战略后方基地，研制、生产出一批部队急需的武器装备，对加强战备、巩固国防和发展内地山区的经济、科技、文化等方面都具有重要的意义。

一、20 世纪 60 年代前期中国国防工业布局基本情况

在 1953 年前，中国兵器工业有 41 个专业化企业，计有枪械制造厂 5 个、火炮制造厂 5 个、枪弹制造厂 6 个、炮弹制造厂 11 个、引信火工品制造厂 5 个、火炸药制造厂 4 个、航空炮弹制造厂 1 个、光学仪器制造厂 1 个、坦克及发动机修配厂 3 个。[2] 大致布局是：东北地区工厂 20 个，职工 4.2 万人；西南地区工厂 10 个，职工 2.5 万人；华

---

[1] 谢光主编：《当代中国的国防科技事业》（上），当代中国出版社 1992 年版，第 16 页。
[2] 王立、庞天仪、于桂臣主编：《当代中国的兵器工业》，当代中国出版社 1993 年版，第 40 页。

北地区工厂8个,职工2.2万人。共有职工9.3万人。[1]从1953年起,兵器工业全面进入产品制式化阶段。在苏联政府帮助下,国家用了两年左右时间,对这些老企业进行了全面技术改造。"一五""二五"计划期间,在苏联援建下,兵器工业兴建了21个大型骨干企业。遵照中央关于开发大西北的战略部署,新建企业厂址重点布局在西北地区和华北西部地区。到1965年底,兵器工业[2]拥有生产企业85个,职工33万余人,初步形成门类比较齐全、专业比较配套的工业体系,但是生产能力还满足不了大规模战争的需要。特别是工业布局不合理,分布在一、二线地区的工厂占四分之三,协作配套跨越许多省区。这种状况亟待改善。[3]

这个时期,新中国航空工业迅速崛起。初创时期共有6个骨干企业:沈阳飞机制造厂和航空发动机厂;哈尔滨飞机制造厂和航空发动机厂;南昌飞机制造厂和株洲航空发动机厂。"一五"计划期间,苏联援助中国航空工业13个重点项目,除了对以上老厂改扩建之外,根据国家有关战略布局的指示,中共航空工业局分党组决定:以西北为航空工业第二中心,将新厂建设在西安、兰州一带,在西安建设了飞机附件厂和发动机附件厂,陕西兴平建设了航空电气厂和机轮刹车附件厂、在宝鸡建设航空仪表厂等。航空工业在"二五"计划期间建设的重点开始向内地转移,特别是制造飞机、发动机的主机厂都安排在

---

[1]《中央兵工委员会关于兵工问题的决定》,《兵工史料》第8辑,兵器工业部兵工史编辑部1986年编印,第11页。
[2] 1963年9月,国务院决议将主管国防工业的原第三机械工业部按航空工业、常规兵器、造船工业划分为三个机械工业部,即三机部(航空工业部)、五机部(兵器工业部)和六机部(船舶工业部)。
[3] 王立、庞天仪、于桂臣主编:《当代中国的兵器工业》,当代中国出版社1993年版,第393页。

内地，按照国家作出的在陕西、四川建设航空工业基地的决定，航空工业在成都和西安各建设起一套飞机制造厂和航空发动机厂；在兰州、北京和长春建设起航空仪表厂、电器厂、电机厂和附件厂。航空工业规模进一步扩大，布局初步展开，在西南、西北建立起航空工业基地，开始改变主要航空工厂濒临沿海的状况。[1]到1964年，航空工业位于一、二线的企业占企业总数的64%，金属切削设备占55%。[2]

中国的导弹工业是从仿制苏联P-2近程地地导弹和几种战术导弹为开端的。根据统一规划，从航空工业部门划出一个飞机厂归国防部五院建制，改造为地地导弹试制基地；同时在航空工业内部开展导弹的试制。到1959年，在沈阳和南方初步建立起战术导弹和火箭发动机试制线，以及相应的导弹设计机构，全面展开了试制工作。[3]同时，中央决定加快导弹研制基地和发射场的建设，1958年，国防部五院四大工程（8102、8103、8108、8109）在北京郊区开始建设。国务院副总理兼国防科委主任聂荣臻指出，第一步建设北京基地，主要是为了尽快掌握导弹、火箭技术，首先解决有无问题，但必须及早考虑在内地建设第二基地的问题。为此，1961年，国防部五院负责人王秉璋、刘秉彦等，就开始到我国西部地区进行勘察选址工作。之后，对第二基地的建设方案，作了较长时间的酝酿。[4]1964年11月，中央决定：以国防部第五研究院为基础组成第七机械工业部，统一管理导弹、火箭工业。1965年3月，上海机电二局划归七机部建制。北京5个研究所

---

[1] 段子俊主编：《当代中国的航空工业》，中国社会科学出版社1988年版，第49页。
[2] 孟广荣、孙广运：《新中国航空工业史稿（1951—1965年）》，航空工业部档案馆1982年编印（内部发行），第361页。
[3] 段子俊主编：《当代中国的航空工业》，中国社会科学出版社1988年版，第48页。
[4] 张钧主编：《当代中国的航天事业》，中国社会科学出版社1986年版，第36页。

搬迁到上海，与上海机电二局所属对口厂合并，形成了比较完整配套的研制生产基地。[1]七机部成立后，虽然接收了其他工业部的一些京外工厂，但总的来说，大部分科研、试制单位仍然集中在沿海地区。

中国核工业建设一开始就定位在西北地区，内蒙古包头核燃料元件厂、甘肃兰州铀浓缩厂、甘肃酒泉原子能联合企业、西北核武器研制基地是我国核工业的首批主要工程项目。西北核武器研制基地位于青海省海晏县金银滩，包括几十个工程项目。1963年起，北京核武器研究所等科研生产人员便陆续迁往西北基地。根据中央的指示精神和核工业的实际情况，二机部在1963年11月提出了在三线地区进行核工业建设的报告。中央专委同意了二机部的报告，并决定从1964年开始选择厂址，尽快新建一批核工业科研、生产基地。

中国船舶工业按"三区两线"（华东、华南、华北三区，长江、沿海两线）布局展开基本建设。军用船厂集中在沿海地区和长江中下游地区沿海、沿江地区。"一五"计划时期，中国船舶工业以建造苏联转让的6种型号的舰艇为工作重点，投资1亿元，对5家老厂进行了改建和扩建：江南造船厂（建造鱼雷潜艇）、沪东造船厂（建造护卫舰）、求新造船厂（建造猎潜艇）和芜湖造船厂（建造鱼雷快艇）、武昌造船厂（建造鱼雷潜艇、扫雷舰），同时新建了广州第一造船厂（今广州造船厂），扩建大连造船厂。这7家军用船厂（其中有3个厂在上海地区），成为船舶工业的骨干企业。此后，船舶工业集中建设了准备用于生产大型战斗舰艇的渤海造船厂（辽宁）和生产中型潜艇的黄埔造船厂（广州）。大连造船厂经过扩建改造后，开始承担建造高速护卫艇等军用舰船任务。在这个时期，根据国家的统一布局，在京广线以西的

---

[1]《中国航天腾飞之路》，中国文史出版社1999年版，第684页。

湖北、河南、河北、山西、陕西和青海等省，建设了一批船用专业配套骨干厂。其中包括：陕西柴油机厂、陕西东风仪表厂、河南柴油机厂、山西平阳机械厂、山西汾西机器厂和保定蓄电池厂。到1965年，这批骨干配套厂多数已建成。[1]

1960年8月，国防工业委员会在北戴河召开了会议，讨论国防工业建设中存在的几个问题。会议认为，在国防工业的基本建设上必须有明确的战争观念，坚决执行中央、军委关于合理布局、靠山、隐蔽、分散的方针。鉴于已建成的军事工厂绝大部分位于人口稠密、工业集中的大、中城市，不少还处于或接近战略前沿，而且一般规模都相当庞大，因此，今后老厂除了为突击尖端所需作必要的填补外，一律不再扩建。今后要少搞面，多搞点，新厂以中、小为主，离开城市，尽可能"依山下寨"。重要的尖端项目，一定要放在战略纵深，以防止、减少在战争中的破坏和损失。[2]

二、中共中央作出建设大小三线的战略部署

1964年初，国防工业开始酝酿"三五"建设规划。在国防工业办公会议上，总参谋长兼国防工办主任罗瑞卿再次强调要贯彻1963年2月28日军委提出的关于国防工业建设的方针，在10年内建成一个基本独立、"麻雀虽小、肝胆俱全"的国防工业体系。要正确处理国防工业与国民经济建设的关系，国防工业是国民经济的一个组成部分，国防工业的发展，必须与整个国民经济的发展相适应。[3]军委关于国防工业建设的报告提出：前5年，在现有规模的基础上，完成主要品种的

---

[1] 程望主编：《当代中国的船舶工业》，当代中国出版社1992年版，第80页。
[2] 《贺龙文选》下卷，军事科学出版社1996年版，第386页。
[3] 《罗瑞卿军事文选》，当代中国出版社2006年版，第679—680页。

补缺配套项目。后5年，基本补齐缺门，配套成龙，并根据可能，适当扩大规模。[1] 1964年2月到4月，农业、财政、工交3个长期规划会议先后召开。会议认为："三五"计划的中心任务，归纳起来就是：吃穿用第一，基础工业第二，国防第三。按照这个思想，国家计委提出了《第三个五年计划（1966—1970）的初步设想（汇报提纲）》提交5月15日至6月17日召开的中央工作会议进行了讨论。

对此，毛泽东有不同的看法。毛泽东认为"三五"计划要把国家安全放在非常重要的地位，要重视国防建设和备战工作。他提出：我们沿海各省要搞手榴弹厂、炸药厂、军工厂。讲了几年了，都没搞起来。每个省都有一、二、三线嘛！军工部署也要考虑一下，只搞大的不行。要搞第三线基地。[2] 1964年8月，"北部湾事件"后，美国在越南的战争规模迅速扩大。毛泽东敏锐地指出：要打仗了。[3] 8月19日，李富春、薄一波、罗瑞卿联名向毛泽东和中央提出了《关于国家经济建设如何防备敌人突然袭击的报告》。8月20日，毛泽东在听取薄一波关于计划工作的汇报时，着重谈了在中央的战略方针下工业的重新布局问题。[4] 中共中央和毛泽东毅然决定，中止原来"抓吃穿用"的"三五"计划设想，迅速地向以战备为中心的三线建设转移。[5] 1965年3月，周恩来向中央书记处汇报时提出："立足于打仗，抢时间，改变

---

[1]苏振兰:《罗瑞卿主持国防工办》,《党史文汇》2013年第4期。
[2]《建国以来毛泽东军事文稿》,军事科学出版社、中央文献出版社2010年版,第225—226页。
[3]参见《毛泽东年谱（1949—1976）》第8卷,中央文献出版社2023年版,第382页。
[4]《毛泽东年谱（1949—1976）》第8卷,中央文献出版社2023年版,第391页。
[5]关于三线建设的决策过程,请参阅薄一波:《若干重大决策与实践的回顾》下卷,中共中央党校出版社1993年版,第841—847页。

布局，加快三线建设，首先是国防建设。"[1]国家计委根据毛泽东的指示精神，对第三个五年计划作了修改和调整，提出五年计划的方针任务是立足于战争，从准备大打、早打出发，积极备战，把国防建设放在第一位，加快三线建设，逐步改变工业布局。[2]

对这个转变，国防工业内部也有不同的看法。[3]对此，军委领导强调：调整三线、集中力量建设三线，要立即行动起来，不能再是按兵不动。要坚决贯彻执行主席的指示，不能只是口头拥护，行动不积极。要驳倒各种借口，说服多数同志。如果1965年还不开始行动起来，我看要犯路线错误，要受历史的惩罚。这个问题要提到这样的高度来认识。[4]

遵照中共中央关于建设大小三线的战略部署，国防工办于1964年8月在北京召开国防工业工作会议，研究部署国防工业大小三线建设的各项准备工作。9月3日，罗瑞卿在会上作了总结讲话。他说，建设三线，要贯彻执行小型化、专业化的方针和"靠山、分散、隐蔽"的方针。"小而全"是指整个国防工业建设讲的。主席讲，我看还是小而全，可能还是小而不全。对每个行业、每个部门来说，就不能要求"小而全"；对每个工厂、每个研究所来说，更不能要求"小而全"。新建项目要放在山沟里，不能堆在三线的大、中城市。说什么"山、散、洞"，讲了很久，都是白讲。这几年，有几个工厂进了山？可以说基本上没有动，也可以说完全没有动。他要求：国防口各部门调整一线、

---

[1]《周恩来军事文选》第4卷，人民出版社1997年版，第504页。
[2]《建国以来重要文献选编》第20册，中央文献出版社1998年版，第360页。
[3]《张爱萍军事文选》，长征出版社1994年版，第309页。
[4]《罗瑞卿军事文选》，当代中国出版社2006年版，第725—726页。

集中力量建设三线的规划，要赶快拿出来。[1]

会后，国防工业办公室组织核、航空、航天、兵器、电子、船舶等国防工业部的领导同志，成立了10个勘察选厂工作队，由国防工办副主任赵尔陆率领，历时两个半月时间，在全国9个省47个地市区内，踏勘了1499个点，搜集了各地区的地形地貌、河流山脉走向、水文地质、气象、地震、农业、工业、文化教育、交通运输、动力、建筑材料等大量资源资料。后经综合筛选，选中了适合国家国防军工、国家重点骨干企业的682个点，初步确定了国家三线建设的战略布局。随后，国防工办就三线建设的布局、厂址、动力、设计和施工等问题，展开了讨论，逐步形成了一些比较具体的想法。国防工办把这些想法整理成4个专题文件陆续呈送中央。4个专题文件的题目是：（1）关于三线建设的布局问题；（2）关于三线建设的厂址选择问题；（3）关于三线建设的动力问题；（4）关于三线建设的设计和施工问题。[2]中共中央和毛泽东对这些建议，给予了很高的评价，并转发全党。[3]

1965年2月1日，周恩来约赵尔陆等研究国防工业三线建设问题。次日，周恩来将国防工业办公室绘制的国防工业一、二、三线分布图送请毛泽东审阅，并建议毛泽东约贺龙、罗瑞卿、赵尔陆在中共中央常委扩大会议上就国防工业的分布、部署问题作一次报告。[4]在各地规划报告的基础上，罗瑞卿邀请国防工办、总参谋部、国家计委、国家经委、国务院财贸办、财政部等有关部门研究后，于1965年2月27日向中共中央政治局常委，中央军委贺龙、聂荣臻副主席并彭真、

---

[1]《罗瑞卿军事文选》，当代中国出版社2006年版，第725—726页。
[2]《建国以来毛泽东文稿》第11册，中央文献出版社1996年版，第329—330页。
[3]马京生：《上将赵尔陆》，《神剑》2005年第1期。
[4]《周恩来年谱（1949—1976）》中卷，中央文献出版社1997年版，第705页。

李富春、李先念、薄一波上送了《关于安排一、二线省市后方建设的报告》，规划在华北、华东、东北、中南四个大区建设14个后方基地，此外，报告还对后方基地建设的方针原则、建设重点、一二线省市后方基地建设同全国大三线建设的衔接、建设规划工作的管理分工，以及建设投资控制指标等都做了明确规定和要求。1965年3月8日，中共中央将罗瑞卿的这个报告批转各地区、各部门按照执行。[1] 3月22日，毛泽东在武昌听取了周恩来的汇报，表示同意关于工业生产（包括小三线）的安排，并说安排时要准备今年就打。[2] 4月5日，中共中央批转国防工办副主任赵尔陆向中央提交的关于三线建设布局、厂址选择、设计与施工问题的3个报告。[3] 这3个报告是：(1)《关于三线建设的布局问题》。三线布局必须认真贯彻执行"靠山、分散、隐蔽"的方针，而关键又在于分散。提出：首先要缩小工厂规模，多布点。今后三线新建的工厂，应按照小而专的原则，决不应再建综合性的大厂。在产量规模上，一分为二，甚至一分为三；在生产专业上，分开建设若干个小型专业化工厂。离开城市、平原，星罗棋布，分散布置工厂。既要小而分，又要以产品为对象，地区成套。(2)《关于三线建设的厂址选择问题》。提出：不占高产田，少占可耕地，不迁居民，便利居民；根据三线地区现有的交通运输条件，对厂址进行合理的部署。(3)《关于三线建设的设计和施工问题》。提出：因地制宜；因陋就简，就地取材，保证质量；积极采用新技术、新工艺。[4]

---

[1]《罗瑞卿传》，当代中国出版社2007年版，第252页。
[2]《毛泽东年谱（1949—1976）》第8卷，中央文献出版社2023年版，第487页。
[3] 王立、庞天仪、于桂臣主编：《当代中国的兵器工业》，当代中国出版社1993年版，第587页。
[4] 中国航空工业史编修办公室编：《中国航空工业大事记（1951—2011）》，航空工业出版社2011年版，第127页。

按照规划,航空工业部应坚决停缓一、二线建设项目,有计划、有步骤地把地处一、二线大城市的企业向三线搬迁。根据布局方案,航空工业将在三线地区新建六套飞机厂,其中在汉中专区安排一套歼击机厂和一个空空导弹总装厂,在安康专区安排一套直升飞机厂。兵器工业应从根本上改善兵器工业的布局,增强应变能力,建设起战时拖不垮、打不烂的兵器生产体系。实施步骤是:首先建设以重庆为中心的兵器工业基地,随后建设豫西、湘西、鄂西生产基地,以及高射武器和光学仪器的专项建设。同时对一、二线工厂进行必要的调整和搬迁。六机部(船舶工业部)的规划方案是:在长江中上游、洞庭湖地区和广西西江上游地区进行船厂建设,并对船用柴油机、特辅机和仪器仪表厂等,分散安排在川东、鄂西、湘西及广西河池地区作出具体部署。七机部的建设项目,确定了按"型号为纲,地区配套"的原则,在三线地区新建几个导弹、火箭的研究、设计、生产基地。

这样,从"三五"计划开始,在国防工业布局方面,国家在西南地区规划了以重庆为中心的常规兵器工业基地、以成都为中心的航空工业基地、以长江上游重庆至万县为中心的造船工业基地;在西北地区规划了航天工业、航空工业、常规兵器、电子和光学仪器等工业基地。[1]

三、三线建设全面展开

1965年至1967年,在大规模的三线建设背景下,中国国防工业的建设布局主要向大西南地区展开,遍及26个省、市、自治区的地方军工建设(即小三线)也同时进行。1969年珍宝岛事件后,来自北方

---

[1] 薄一波:《若干重大决策与事件的回顾》,中共党史出版社2008年版,第845—846页。

的现实战争威胁日益凸显,这样就存在"三线变一线的问题"[1],国防工业的建设布局相应有所调整,中原腹地更加受到重视,位于太行山、伏牛山等地的大型后方基地建设掀起高潮。国防工业的大规模建设和布局调整一直持续到20世纪70年代末。

根据国防工办的统一部署,以重庆和豫西、鄂西、湘西为重点,统筹规划了兵器工业后方基地。新建项目按照"小、专、新、协"的方针,即中小型规模、专业化生产、采用新技术、加强地区协作,进行具体布局、选址、勘测和设计,并分地区有计划地组织建设。[2]兵器工业规划组由五机部副部长王立带领深入四川等地勘察,制订了以重庆为中心的兵器工业建设总体规划方案。1965年,中共中央批准了建设重庆基地的规划方案,要求用3年左右时间完成。[3]重庆常规兵器工业基地,主要包括五机部新建和迁建的56个项目,以及一机部安排的项目等,共84个项目,投资14.1亿元。这些项目除少数是老厂改造外,绝大多数都是新建和迁建项目。[4]1966年底,重庆常规兵器配套项目基本建成。以重庆为中心的四川兵器工业企事业单位原只有10个,3年发展到50多个,在常规兵器生产能力方面有了较大的发展。

从1967年起,五机部又相继开始了豫西、鄂西、湘西地区后方基地的建设。豫西基地是以弹药和光学仪器为主体的兵工生产基地,规划为10个建设项目,分布在偏僻的伏牛山区。鄂西基地的9个项目,分布在襄樊、宜昌地区。湘西基地规划为10个项目,分布在湘黔铁路

---

[1] 中共江西省委党史工作办公室编:《粟裕年谱》,当代中国出版社2012年版,第435页。
[2] 王立、庞天仪、于桂臣主编:《当代中国的兵器工业》,当代中国出版社1993年版,第393页。
[3] 王立、庞天仪、于桂臣主编:《当代中国的兵器工业》,当代中国出版社1993年版,第69页。
[4] 《当代中国的四川》,中国社会科学出版社1990年版,第140—141页。

线上。[1]

在建设三线的同时，根据毛泽东提出的"要省自为战"的战略思想，全国一、二线省规划建设21块后方基地[2]，各地相继开展了地方军工即小三线的建设，建设项目的分布，沿海和中原地区建设项目较多，三线地区建设项目较少。各种工程项目共700多个，其中地方军工项目180个。在两三年时间内，大部分企业基本竣工投产。1969年11月，军委常规兵器领导小组以适应"大打"的需要为目标，制定了兵器工业1970年至1972年发展规划。计划新建95个项目，改扩建97个项目，3年建成。兵器工业新建项目的布局也发生变化，按照军委统一部署，沿太行山脉兴建"三大基地"，即541基地（在山西南部中条山山区的坦克生产基地）、531基地（在河南济源西部山区的火炮生产基地）、542基地（在河北井陉山区的装甲车辆生产基地），另规划了辽西基地等。兵器工业通过三线建设改善了布局，适应了战备的需要，三线地区的兵工企业在主要产品和生产能力方面都占全行业的一半以上，具有较强的应变能力。[3]

地方军工即小三线的建设，是在国务院有关部门统筹安排下，由各大行政区会同有关大军区组织所属省（市、自治区）进行规划的。小三线建设的军工企业，是以生产地方部队和民兵所需的武器弹药为主要任务的，包括地方军工企业154项，以及与此相配套的基础工业、交通运输、动力设施、通讯网络以及文化、医疗、供应等社会服

---

[1] 王立、庞天仪、于桂臣主编：《当代中国的兵器工业》，当代中国出版社1993年版，第396页。
[2] 《周恩来年谱（1949—1976）》中卷，中央文献出版社1997年版，第716页。
[3] 王立、庞天仪、于桂臣主编：《当代中国的兵器工业》，当代中国出版社1993年版，第18页。

务事业，遍及 26 个省、市、自治区。[1]生产对象有：手枪、半自动步枪、冲锋枪、轻机枪、重机枪、高射机枪、中小口径迫击炮、火箭筒和无坐力炮等 12 种武器和配套的 14 种弹药。有的企业当年就基本建成，大部分企业也在两三年时间内基本竣工投产了。地方军工项目，由省（市、自治区）统一组织建设。1965 年开始，1966 年全面展开。在兵器工业部门的协同下，广大设计和施工人员以及部队指战员克服重重困难，到 1969 年，这批建设项目基本建成。1970 年，依照"大规划"，又增补了一批新建和改建扩建项目，包括产品结构复杂的高射炮厂及梯恩梯炸药厂，建设规模急剧膨胀。从 1972 年开始，经过几年的调整，到 1978 年，建成和基本建成的项目有 268 个，拥有从业职工20 余万人。[2]

根据国防工办定下的航空工业三线建设的地域范围，航空工业部成立了专门小组进行了实地考察，先后考察了成都、雅安、遵义，老河口、襄樊一带以及汉中地区，确定了贵州和汉中为重点建设地区。[3]根据中共中央批准的《国防工业 1965 年工作要点》的要求，航空工业部所有一、二线企业制定了往内地搬迁的方案。当年，就完成了处于沿海地区的航空电器、灯具、降落伞、发动机附件等 6 个机载设备厂的搬迁任务，另有 9 个工厂、3 个研究所也在三线开始动工兴建。大规模地开展三线建设是在 60 年代后期，以重点建设成套的贵州基地而展开的，同时进行建设的还有西北、中南、西南地区的一些配套工

---

[1] 王立、庞天仪、于桂臣主编：《当代中国的兵器工业》，当代中国出版社 1993 年版，第 70—71 页。

[2] 王立、庞天仪、于桂臣主编：《当代中国的兵器工业》，当代中国出版社 1993 年版，第 372 页。

[3] 徐昌裕口述：《为祖国航空拼搏一生》，航空工业出版社 2006 年版，第 174 页。

厂和研究所。进入70年代，建设重点又转向陕西、江西、湖北的飞机工厂。这期间，在贵州和陕西建立了两套规模较大的飞机生产基地。在江西建了一套直升机厂，在湖北兴建了水上飞机厂。在上述两个飞机生产基地和川西、湘西、鄂西还建设了一批机载设备和其他配套工厂。"三五"计划期间国防工业后方基地（三线）建设投资占总投资的93.4%，"四五"计划期间占83.2%。[1] 从1966年到1976年，航空工业建设了40多个项目。至此，中国航空工业不仅在东北、华北、华东有了比较强的飞机、发动机及机载设备的生产能力，而且在中南、西南、西北等地建立起能够制造歼击机、轰炸机、运输机、直升机的成套生产的基地。航空工业的布局发生了重大的变化。

六机部的三线建设，首先从川东地区拉开帷幕。1965年，六机部常务副部长刘星率工作组入川，进一步勘察、选址。后来经过方案论证，选定在川东地区建设造船和配套设备生产基地，调整了原定的潜艇、快艇和水面舰艇厂的厂址，布置在涪陵至重庆沿江地带；柴油机及其配套厂选在武隆地区（后搬迁到江津、永川地区）；导航仪表厂选在万县地区。为加强华南地区的造船力量，在广西柳州建设1家快艇厂，在梧州建设1家造船厂和1家辅机厂。此外，七院系统还依据厂所挂钩、分片划块的原则，确定10个研究所与有关专业设备厂相结合，分别在万县、涪陵、宜昌、德安和昆明地区选址和建设。1969年，中央军委造船工业领导小组提出要在长江中上游尽快建立完整的船舶工业体系，决定在江西地区建设以2家大船厂为中心的造船和配套设备生产基地；在湖北宜昌地区建设以2家大柴油机厂为中心的船用机械生产基地；又从五机部接收地处云南的水中兵器生产基地，从

---

[1] 段子俊主编：《当代中国的航空工业》，中国社会科学出版社1988年版，第73页。

而形成了五大建设基地齐头并进的格局。10多年里,分布于大、小三线地区的主要建设项目有50多个。另外,在川东、湖北和云南等地区建设的科研设计机构等项目有10余个,并将沿海地区相应的科研机构迁往上述地区。到20世纪70年代末,六机部的三线建设主要项目相继建成或基本建成,开始为海军建造了包括潜艇、快艇和水面舰艇等少量装备。从全局来看,三线建设对改善工业布局,发展内地工业,具有长远的战略意义。它使中国船舶工业得以形成东北、华东、华南、中南、西南、西北地区的造船和配套设备生产基地,在布局上发生了重大变化。[1]

对于导弹、航天工业的战略布局,国防科委领导认为,目前导弹科研机构及工厂布局,又合理又不合理,说合理是因为历史发展逐步形成的;说不合理是从战时着眼,长远考虑。布局上要一、二、三线,前后方结合。北京地区一般不再新建,今后新建的设计、试验、试制、生产项目要摆到后方去,特别是大型设备。北京主要是研究机构,在没有战争的情况下不向后搬。后方建设的重点是些关键性的工厂,设计、实验室、车间等。[2]七机部在详细勘察的基础上,制订了关于后方建设的方案,提交中央专门委员会审查,获得批准。根据这个方案,七机部三线基地的建设规模、建筑面积、设备的生产能力及技术先进性,都超过了一线现有研制基地的水平。[3]此时,我国已相继在北京地区开展了中程、中远程液体燃料火箭的研制工作,特别是洲际火箭也开始进行方案设计。因此,在七机部的三线建设中,把建设大型液体燃料火箭基地(即062基地,后064基地也并入)放在首位,作为当

---

[1] 程望主编:《当代中国的船舶工业》,当代中国出版社1992年版,第89—90页。
[2] 周均伦主编:《聂荣臻年谱》(下),人民出版社1999年版,第943页。
[3] 张钧主编:《当代中国的航天事业》,中国社会科学出版社1986年版,第47页。

时最紧迫的任务。062基地最初定点在甘肃省天水。由于该地区属于地震多发地带，一院后方基地定在了川东北、陕南地区。由于行政区划关系，在陕南成立了067基地，与川东北062基地分别建制，但均属一院规划中全迁的三线基地。按照一、二、三、四院"型号为纲，地区配套，对口包建"以及"小而分、专业化、大协作"的原则[1]，二院负责对口建设的有061基地（贵州遵义）和068基地（湖南邵阳）；三院对口的是066基地（湖北远安，后迁往孝感）；负责固体燃料火箭发动机研制的四院（063基地）几经周折，最终定位在西安远郊区。在建设三线基地的同时，七机部在上海地区建设了我国另一个新的航天工业研制基地。随着空间技术研究院的建立，北京的基地也得到了充实、加强。为了满足进行多射向、远射程导弹飞行试验的需要，陆续建设了华北导弹试验基地、东北导弹试验基地和酒泉、太原卫星发射中心。经过10多年的建设，七机部各三线基地和上海基地相继建成，我国航天工业形成了比较完整配套的体系，达到了相当的规模。航天工业系统的布局进一步改善，特别是在祖国的腹地建立了可靠的战略后方。

根据中央工作会议和国防工业会议精神，二机部召开工作会议，专门研究了调整战略布局、压缩一线、加快三线建设问题。对核工业三线工厂厂址的选择，中央专委曾多次进行研究，国防工办和二机部领导人也曾深入现场勘察。此外，中央有关领导人还亲自过问，并到有的新厂厂址察看地形。二机部组织了3个选厂组，在国防工办统一领导下，先后踏勘了71个县，234个点。在厂址初步选定的基础上，再由二机部主要领导人前往现场进行复勘。最后于1965年5月，经中

---

[1]《中国航天腾飞之路》，中国文史出版社1999年版，第683页。

央专委会讨论，原则批准了第一批项目的厂址和建设方案，确定了核工业三线各单位的布局。[1]1965年11月，邓小平和李富春、薄一波等在成都听取了二机部负责人关于后方核工业基地选址问题的汇报，在了解到对新铀浓缩厂厂址问题有不同意见后，在有关地方负责人的陪同下，亲自实地察看，确定了新选厂址。[2]1969年，位于四川绵阳梓潼县的第二个核武器研制基地（"902工程"）初步建成，二机部九院陆续从青海搬迁至新基地。1969年7月，面对来自北面的战争威胁，军委领导曾下令酒泉、包头的核燃料工厂在1970年内全部迁往三线，由于三线工厂尚未建成，中央专委后来取消了这个决定，同时要求必须抢建三线工厂。[3]20世纪70年代初，核工业三线建设工程陆续建成投产。三线建设改变了核工业的战略布局，扩大了核工业的生产能力，提高了核工业的技术水平，增强了国防力量。实践证明，核工业三线建设的决策是正确的，各项建设基本上是成功的。[4]

国防科技工业，包括核、航空、航天、兵器、船舶等行业，从1964年到1980年，国家累计投资193亿元，初步建成了具有相当规模、门类基本齐全、科研生产教育相结合的国防科技工业体系。战略武器的科研、生产和试验设施，大部分都建在了三线地区，常规武器的生产能力占全国的一半以上。[5]

---

[1]李觉、雷荣天等主编：《当代中国的核工业》，中国社会科学出版社1987年版，第70—71页。
[2]《邓小平年谱（1904—1974）》（下），中央文献出版社2009年版，第1879页。
[3]《周恩来年谱（1949—1976）》下卷，中央文献出版社1997年版，第314页。
[4]李觉、雷荣天等主编：《当代中国的核工业》，中国社会科学出版社1987年版，第73页。
[5]于锡涛：《冷战背景下的"三线建设"》，《国家人文历史》2014年第18期。

国防工业的后方基地建设和战略布局调整，从总体上看基本上是成功的，经过 10 多年的建设，在西南和西北地区（包括湘西、鄂西、豫西）建成了一批大型的生产、科研战略后方基地，研制、生产出一批部队急需的武器装备，对加强战备、巩固国防和发展内地山区的经济、科技、文化等方面都具有重要的意义，特别是四川（包括重庆）、贵州、陕西 3 个新兴的国防工业基地的建设，对于国防工业的战略布局影响深远。四川（包括重庆）已发展成为中国重要的兵器工业生产基地，其规模约占全国的 1/5，研制和配套生产 40 多种比较先进的陆海空常规兵器及各种车辆。[1]以成都为中心的航空工业生产基地成为中国歼击机和歼击机发动机研制生产的两大中心之一。陕西汉中、蓝田、凤县、商洛和关中地区建设起了包括航空、航天、电子、核工业等专业在内的企事业单位 100 多个。[2]全国国防科技工业所有的核工业、航空工业、电子工业、兵器工业、船舶工业、航天工业等部门，在陕西都建有厂、所，其中航空工业无论是生产规模还是生产能力，在全国都名列前茅。陕西的兵器工业侧重于炮弹科研生产，航天工业侧重于军事电子技术，在全国占有重要地位。[3]三机部、七机部、四机部在贵州建设了三大生产科研基地，先后承担了国家许多重点工程的技术装备任务。贵州航空工业"异军崛起"，发展成为一个专业化配套的，能独立进行科研、设计、生产的大型基地。[4]10 多年内建成的厂、所、院、校，使大西南地区基本上形成了一个门类较全的国防科研、生产基地。从长远来说，这些对于改变中国国防工业布局有着重大意义。

---

[1] 杨超主编：《当代中国的四川》（上），中国社会科学出版社 1990 年版，第 389 页。
[2] 白文华主编：《当代中国的陕西》，当代中国出版社 1991 年版，第 309 页。
[3] 白文华主编：《当代中国的陕西》，当代中国出版社 1991 年版，第 315 页。
[4] 何仁仲主编：《当代中国的贵州》，中国社会科学出版社 1989 年版，第 336 页。

国防工业的后方基地建设（三线建设）取得了巨大成就，总的战略布局也是基本正确的。但在"左"的思想指导下，在紧急战备中、在动乱中搞建设，在具体项目上不可避免地存在一些问题。

第一，在建设布局上，过分强调"靠山、分散、隐蔽、进洞"，人为地影响了生产的合理组织和科研工作的正常开展。远离城镇，缺乏生存与发展能力。一些研制设备和武器的科研机构，因不具备开展科研的基本条件和必要的生活条件，也纷纷迁回原址或另行选址，重新建设。

第二，在建设规模上，规模过大，战线过长，布点过散，要求急，浪费巨大。1971年航空工业建设项目竟达100多个，后来停缓28个，损失达数亿元。仅1970年至1971年两年间，兵器工业建设投资就达20多亿元。1970年，兵器工业计划投资预算占国家预算内投资的13.7%。为执行"大规划"，据不完全统计，兵器工业从开工建设到1980年共损失浪费了9.36亿元，其中直属项目的工程和器材损失就达2.26亿元，停缓建维持费达2.6亿元。教训是十分深刻的。[1]

第三，违反基本建设程序，有的新建项目未经周密勘察就决定厂址，没有勘测资料就动手设计，设计未完成就仓促破土动工，甚至匆忙决定把尚处于科研试制中的型号作为建厂纲领产品，进行配套建设，由此造成严重后果。

第四，重复建设问题突出，严重浪费宝贵资源。如船舶工业在三线建设中，新建的一大批船用专业配套厂，多数是重复建设，而且规模过大。一些重复建设的项目，盲目扩大生产能力，造成生产任务不足，新厂、老厂"争饭吃"等问题。

---

[1]王立、庞天仪、于桂臣主编：《当代中国的兵器工业》，当代中国出版社1993年版，第397—398页。

从 20 世纪 70 年代后期起,国家逐步对国防工业的建设项目,进行了有计划、有步骤地调整改造,中国的国防工业布局进一步完善,总体科研生产能力大幅度提升。

第三节 "两弹为主"突破国防尖端技术

1960 年 1 月 22 日至 2 月 27 日,中央军委在广州召开第六次扩大会议。会议讨论了我军战略方针和国防建设等问题,明确提出"两弹为主,导弹第一,努力发展电子技术"的发展国防尖端技术的方针[1],并要求军队装备建设的各项工作都要根据这个方针,突出重点,合理安排,集中人力、物力、财力,保证"两弹"研制的需要,以最大的努力在最短的时间内突破国防尖端技术。1960 年 7 月后,面对苏联毁约停援和国家暂时的经济困难,国防尖端技术是上,是缓,还是下?在国防科技系统,甚至在决策机关也引起了各种议论,并受到中共中央主要领导人的关心和重视。1962 年 6 月,毛泽东在听取杨成武副总参谋长关于战备情况的汇报时,明确表示:"对尖端武器的研究试制工作,仍应抓紧进行,不能放松或下马"。[2]中共中央、中央军委自力更生发展国防尖端技术的决心,更加坚定了国防科技战线广大群众突破"两弹"技术的信心和勇气,有力地促进了"两弹"的技术攻关工作。中央专委陆续部署有关部门制订核武器、导弹和运载火箭、核潜艇、人造卫星的发展计划。

---

[1]周均伦主编:《聂荣臻年谱》(下),人民出版社 1999 年版,第 709 页。
[2]《杨成武年谱》,解放军出版社 2014 年版,第 365 页

一、自行设计制造地对地导弹和人造卫星

1958年上半年,根据中苏两国政府达成的新技术协定,苏联陆续运来了部分导弹实物样品、图纸资料和工装设备,先后派来了一批技术专家,协助我国进行苏制P-2近程导弹的仿制生产。这种近程导弹是在德国V-2导弹基础上改进的,射程约590公里。

在开始仿制P-2导弹时,我国导弹研制基地也刚开始建设,还不具备试制生产条件。为了争取时间,以国防部五院为主,有关工业部门参加,采取集中与分散相结合的办法组织仿制生产。箭体、全箭总装由国防部五院负责;发动机、控制系统、地面设备等由各工业部承担。在国防部五院,以一个飞机修理厂为基础改建为火箭总装厂,为此,进行了大规模的技术改造和扩建工程。在全国,有1400多个单位直接或间接参加了仿制,主要承制厂有14家。[1]1960年11月5日,国产近程地对地导弹进行第一次靶场试验。9时2分28秒,导弹点火起飞,导弹起飞状态稳定,完全按预定的弹道飞行,射程554公里,准确命中弹着区。此次发射证明我国已基本掌握国产地对地导弹技术。12月,又接连两次发射国产近程导弹,发发成功。仿制苏制近程导弹成功,为转入自行设计打下了一定的基础。

虽然遇到苏联政府毁约停援和国民经济困难,但国家仍把液体中近程地地导弹作为重点研制任务列入计划。国防部五院适时地把研制工作的重点转到液体中近程地地导弹上。中近程地地导弹是在P-2导弹的基础上改进设计的。导弹全长20.9米,最大直径1.65米,起飞重量29.8吨,射程比近程地地导弹提高近1倍。国防工委和一机部向

---

[1] 张钧主编:《当代中国的航天事业》,中国社会科学出版社1986年版,第106页。

承担研制任务的航空、兵器、电子、机械等有关工厂、研究所发出了加强导弹研制工作的通知。冶金部、化工部、建工部都作了确保导弹研制任务的具体安排。中国科学院积极承担了协作任务。1962年3月初,我国自行设计的第一枚导弹出厂,运往酒泉发射场。3月21日,导弹从发射台上起飞,不久即坠毁,试验失败。1964年6月29日,第一发改进设计后的中近程地地导弹在西北综合导弹试验基地进行飞行试验,获得圆满成功。以后又连续进行多次试验,均获成功。中近程地地导弹的研制任务胜利完成。1965年2月,中央专委决定对中近程地地导弹进行改进,以增大射程。经过半年多的努力,五院科技人员将导弹射程增加了20%,提高了导弹的实战价值。同时,改进了导弹的制导系统。从1965年11月起,改型的中近程地地导弹在西北综合导弹试验基地连续多次进行飞行试验,均获得成功。改进后的中近程地地导弹于1966年9月完成了定型试验。1966年10月27日,中国用改型的中近程地地导弹,运载真实的核弹头,成功地进行了发射试验。中近程地地导弹与原子弹一起,构成了有实战效能的战略武器。至此,中国完成了自行研制第一枚地地战略导弹的全过程。通过研究、设计、试制、生产和试验的全面实践,锻炼和考验了技术队伍,培养造就了一批技术骨干,初步掌握了独立设计的基本规律。同时,还取得了导弹研制组织领导和管理的经验,基本形成了设计师系统和行政指挥系统。这些都为以后研制中程地地导弹创造了重要条件。[1]

1965年3月,中央专委批准并下达了研制液体中程地地导弹的任务。早在中程地地导弹研制任务正式下达前,国防部五院即组织一、二分院等单位,开展了中程地地导弹方案论证和关键技术的预先研究,

---

[1] 谢光主编:《当代中国的国防科技事业》(上),当代中国出版社1992年版,第73页。

并陆续取得了重要突破。这个型号由于预先研究比较充分，设计采用的新技术、新材料、新工艺都能落实在现实可行的基础上，全部材料立足于国内，其技术性能比中近程导弹有了一个质的飞跃。液体中程地地导弹从1965年3月结束方案设计阶段，相继转入初步设计、技术设计、试制生产、地面综合试验等，到1966年12月进行首次飞行试验，仅用了一年九个月的时间。中程地地导弹首次飞行试验时，曾出现发动机推力下降的问题。1967年1月进行第二次飞行试验时，仍出现同样的问题。经液体火箭发动机研究所改进设计，提高发动机可靠性后，同年5月进行的第三次飞行试验获得圆满成功。尔后，继续进行的数次飞行试验，均获成功。为了进一步考核中程地地导弹武器系统的战术技术性能，有关部门组织进行了大量的环境试验和作战使用性能试验，并针对试验中发现的问题，相应地改进了设计，使中程地地导弹成为性能优良、可靠性高的作战武器系统。液体中程导弹上采用了各项新技术、新材料、新工艺，使火箭的各项技术指标，比中近程导弹有了显著的提高，缩短了同世界先进国家的差距。中程导弹的研制成功，使我国火箭技术达到了一个新的水平。它为研制我国中远程、远程导弹（火箭）打下了技术基础，提供了宝贵的经验。[1]

1964年夏，中央专委和总参谋部都明确提出，要求尽快研制中远程地地导弹。国防部五院一分院对液体中远程地地导弹的技术途径进行了论证，提出中远程地地导弹采用两级火箭方案：第一级以中程地地导弹为基础，稍加修改；第二级为新设计的火箭。1965年5月，中央专委批准了中远程地地导弹的研制任务。[2]不久，我国第一颗人造卫星的研制工作开始展开。1969年9月，第一颗正样星完成了全部环

---

[1] 张钧主编：《当代中国的航天事业》，中国社会科学出版社1986年版，第117页。
[2] 谢光主编：《当代中国的国防科技事业》（上），当代中国出版社1992年版，第289页。

境模拟试验。1969年11月，中远程地地导弹（"长征一号"运载火箭）首次进行飞行试验，由于指令系统发生故障，致使第二级未能点火，两级未分离，导弹在空中自毁。经分析查明，这次飞行试验失败是设备质量问题造成的。采取措施改进后的导弹，于1970年1月再次进行飞行试验，获得了圆满成功。这标志着两级火箭的级间连接和分离技术、火箭发动机地面高空模拟试验和高空点火技术、火箭的稳定控制和制导技术有了新的发展，我国火箭技术又推进到一个新的水平；也为我国利用多级火箭技术，研制第一枚运载火箭，发射第一颗人造地球卫星创造了条件。[1] 1970年4月20日，"长征一号"中远程火箭成功发射"东方红一号"卫星。同年8月，中央专委批准增大中远程地地导弹的射程。由于"文化大革命"的影响，这项研制工作几乎陷于停顿状态，直到1975年经过调整、整顿，才出现转机。从1976年5月起，改进设计采取增程技术的中远程地地导弹，进行了多次考核性飞行试验，战术技术性能达到了研制任务书的要求。

1965年3月，中央专委决定研制洲际导弹，并下达了主要战术技术指标。同年8月，由一院副院长屠守锷主持进行了洲际地地导弹方案论证。洲际地地导弹用的液体火箭发动机是中国液体地地战略导弹中推力最大的发动机。任新民主持进行了发动机方案论证，并确定采用可常温贮存的四氧化二氮和偏二甲肼做推进剂。一级发动机由4台单机并联组成，二级发动机由主发动机和游动发动机组成。洲际地地导弹采用了各种新技术，在制导技术、推进技术、结构材料、发射试验等方面都有新的突破。其中，先进的平台——计算机制导方案，高可靠性的大型火箭发动机，高强度的铝铜合金箱体结构，精密、灵巧

---

[1] 张钧主编：《当代中国的航天事业》，中国社会科学出版社1986年版，第118页。

的电液伺服机构等先进技术的采用，使我国自行研制的远程火箭在制导精度和运载能力方面，达到了相当先进的水平。[1]在我国洲际地地导弹研制进入技术攻关的阶段，由于受到了"文化大革命"的严重干扰，研制工作几乎陷入停顿。1970年春，国防科委、七机部与国务院有关部门、北京市组织所属工厂、科研单位和高等院校进行大协作，突破了一批技术关键，加快了研制进度。通过工程技术人员和工人的努力，只用了一年多的时间，完成了第一发洲际火箭的试制生产、地面试验和总装测试工作。1971年9月10日，洲际地地导弹首次科研性飞行试验，基本上达到了检验导弹设计方案和各系统的适应性的目的。随后，七机部一院总体设计部针对这次试验发现的问题，对原设计方案提出了10项较大的改进措施，以进一步提高导弹的可靠性和作战使用性能。这些改进措施在第二批洲际地地导弹遥测弹的试制中均付诸实施。1977年，我国决定于1980年向太平洋海域发射远程运载火箭（洲际地地导弹）。1978年后的一年多时间里，在国内进行了多次远程火箭的飞行试验，取得了发发成功的好成绩，为我国向太平洋发射远程火箭奠定了基础。1980年5月18日，中国洲际地地导弹自西北导弹试验基地发射场发射，准确地到达预定落区。这标志着中国地地战略导弹技术达到了新的水平，战略导弹系列化走完了研制、试验的全过程。[2]

二、自力更生研制核武器

中共中央关于自力更生研制原子弹、导弹的决策，激励参加研制工作的人员，在国务院、中央军委、中央专委的领导和有关部门的大

---

[1] 张钧主编：《当代中国的航天事业》，中国社会科学出版社1986年版，第118页。
[2] 谢光主编：《当代中国的国防科技事业》（上），当代中国出版社1992年版，第141页。

力协同下，发愤图强，奋力攻关，迅速突破了原子弹的技术关键，成功地进行了原子弹、氢弹试验，实现了战略核武器从无到有的历史性突破。

（一）原子弹的研制

1960年春，二机部核武器研究所的科技人员开始进行原子弹的理论探索工作。为了集中力量突破原子弹技术难关，二机部向中央请求，从中国科学院和全国各地区、各部门选调了郭永怀、程开甲、陈能宽、龙文光等105名高、中级科学研究和工程技术人员。同时，又将原子能所的王淦昌、彭桓武等一批高级研究人员调到北京核武器研究所。这批科学家和工程师会同先期参加核武器研制工作的朱光亚、邓稼先等，基本形成了中国核武器研制工作的骨干力量。[1]

1961年5月，二机部向中共中央报告了核工业建设和原子弹研制的进展情况及存在的问题，提出了1964年进行原子弹试验的设想。[2]1961年7月，聂荣臻在北戴河国防工委工作会议上，召集参加会议的国防科委、五院、二机部等单位的负责人，分析研究了国防尖端技术的基本情况及其发展问题。大家认为，经过几年的建设，国防尖端技术已经有了一定的基础，取得了一定的进展，只要齐心协力，坚持攻关，加上政策、措施得当，经过艰苦的努力，争取3年或再长一些时间，突破"两弹"技术是完全可能的。会后，聂荣臻将这个设想向中共中央作了报告。中共中央随即作出《关于加强原子能工业建设若干问题的决定》（以下简称《决定》），《决定》指出："为了自力更生

---

[1] 谢光主编：《当代中国的国防科技事业》（上），当代中国出版社1992年版，第64、201页。

[2] 谢光主编：《当代中国的国防科技事业》（上），当代中国出版社1992年版，第64—65页。

突破原子能技术,加强我国原子能工业建设,中央认为有必要进一步缩短战线,集中力量,加强各有关方面对原子能工业建设的支援。"为此,中央决定采取以下4项措施:(1)加强核工业的技术力量和领导力量。从全国抽调一批高级科学研究人员、工业技术骨干和行政领导干部参加核工业建设;由教育部确定几个重点院校的科系,专门培养核工业所需的专业干部;由有关工业部拨给一个技工学校、一个中等技术学校和一个竖井队。(2)加强核工业所需设备、仪表的生产、试制和配套。拨给二机部几个基础较好的机械、仪表工厂,同时指定一批工厂在安排生产任务时,应首先满足核工业建设的需要;责成二机部筹划扩建和新建必要的专业性工厂。(3)关于工业卫生和防护医疗问题。在卫生部建立放射卫生医疗防护管理局,开展核工业的防护卫生工作;调给核工业系统一批科研、医疗技术骨干;在核工业职工医院未建成之前,指定北京的一个医院接收核工业系统的病员;拨给核工业系统一座较大的疗养院;保证核工业医疗单位的药品和医疗器材的供应。(4)为了保密和保证运输及时,将核工业系统的物资运输一律列为军运。[1]中共中央的决定,有力地推动了各有关方面对核工业建设的支援。

1961年10月,聂荣臻指派张爱萍与刘西尧等率领调查组到核工业建设和原子弹研制第一线进行实地考察,进一步了解原子弹研制的进展情况以及存在的困难和问题。经过调研后,他们于11月14日向中共中央、中央军委提出了报告,认为核工业建设和原子弹研制工作都有了较大的进展,只要国家进一步加强组织协调,更好地集中全国有关部门的力量进行技术攻关,安排好所需设备、仪器仪表和原料材

---

[1] 李觉、雷荣天等主编:《当代中国的核工业》,中国社会科学出版社1987年版,第41页。

料的研制、生产，1964年炸响原子弹这一设想是可能实现的。毛泽东等中央领导同意上述报告提出的意见。1962年10月，聂荣臻、罗瑞卿在听取刘杰汇报二机部的设想时提出，需要确定第一颗原子弹爆炸试验的时间，以便更好地调动各方面的积极性，加快原子弹的研制工作，并表示最好在1964年进行爆炸试验，以庆祝中华人民共和国成立15周年，要求二机部按此目标提出具体实施计划和需要解决的问题。[1]11月，中央专委的成立，使核工业建设和核武器研制进入了一个新阶段，各项工作步伐大大加快了。

经过1961年、1962年两年的艰苦工作，我国核工业建设和核武器研制有了很大进展。到1962年下半年，铀-235生产线各个环节的技术难关，大多已经被突破和掌握；各项工程所需的配套设备、仪器、仪表，大多已经试制出来；整个铀-235生产线的建筑安装工程已经完成80%以上；原子弹的理论设计、结构设计、工艺设计都已陆续开展；实现原子弹爆炸的一些关键技术，也开始被突破和掌握，整个研制工作已经由量变开始发生局部质变，通往胜利的道路已经看得比较清楚。[2]

1962年12月初，中央专委会议批准了二机部提出的1963年、1964年的原子弹研制计划（简称"两年规划"），并逐项研究解决了二机部提出的抽调干部和设备、材料试制等一系列问题。中共中央还责成国务院有关部、委和有关省委，指定一名副部长、省委副书记负责领导有关核武器研制和核工业建设工作。在中共中央组织部的统一组织下，国务院各部门、人民解放军和有关高等院校均按要求于12月底

---

[1] 周均伦主编：《聂荣臻年谱》（下），人民出版社1999年版，第850—851页。
[2] 李觉、雷荣天等主编：《当代中国的核工业》，中国社会科学出版社1987年版，第46页。

前给二机部调配了所需的各类干部。周恩来、聂荣臻随即指派张爱萍、刘西尧一行，先后向中共中央东北局和华东局汇报，具体落实关键配套设备和原材料的研制、生产任务。

中央批准"两年规划"后，二机部立即编制了落实规划的详细计划，包括了核工业的地质勘探、矿山开采、工业生产、武器研制、科学研究、设备制造、工程建设、运输通讯、安防卫生等各个环节。每个环节又都按照1964年底实现第一颗原子弹爆炸试验这个总目标，把各项任务进行分解，分系统、分方面、分层次落实到各部门、各单位。与此同时，在中央专委的组织领导下，围绕实现"两年规划"，在全国各地区、各部门大力协同攻关会战。全国先后有26个部（院），20个省、市、自治区（包括900多家工厂、科研机构、大专院校）参加了攻关会战。[1]全国参与协作的厂、所和院校，都组织了最强的技术力量，如期保质保量地按协作计划研制成功二机部和核试验基地所需的专用仪器、设备和原材料10多万台、种。与此同时，二机部系统已有3座铀矿山和5个原子能工厂投入生产或试生产，聚合爆轰试验等重要技术关已经突破。[2]地质勘探、铀矿开采、铀转化生产，都提前完成了计划，按时提供了合格的六氟化铀产品。铀浓缩厂于1964年初取得了合格的高浓铀。核部件的加工，经工厂和研究所有关科技人员和工人的多次试验，解决了浇铸中的缺陷，于1964年4月浇铸出铀-235和铀-238毛坯，随即加工出第一套原子弹核部件。"两年规划"的各项任务，按照计划顺利进行。

根据这些情况，中央专委于1964年1月向中共中央报告：原子弹

---

[1] 李觉、雷荣天等主编：《当代中国的核工业》，中国社会科学出版社1987年版，第51页。

[2] 谢光主编：《当代中国的国防科技事业》（上），当代中国出版社1992年版，第67页。

爆炸试验有可能在当年 10 月左右实施。1964 年初，国防科委对首次核试验的准备工作做了全面部署，并报告了中央专委。中央专委于同年 4 月批准首次核试验采取塔爆方式实施，并要求在 9 月 10 日前做好试验的一切准备工作。尔后，成立了首次核试验委员会，张爱萍任主任委员。6 月初，原子弹试验进入紧张准备阶段。经全体参试人员奋战 3 个月，按时完成了各项准备工作。9 月 16 日，张爱萍和刘西尧向中央专委作了首次原子弹爆炸试验的准备情况和正式试验安排的汇报。10 月 14 日晚，周恩来批准了试验委员会提出的实施原子弹爆炸的日期。1964 年 10 月 16 日 15 时，中国自行研制的第一颗原子弹爆炸成功。

（二）氢弹的研制

为了尽快突破氢弹技术，1964 年 1 月，中央专委根据氢弹预研工作的进展情况，要求原子弹炸响后，在"三五"计划期间解决氢弹的"有无"问题。首次核试验成功后，我国核武器研究已引起世界瞩目。形势要求我国要加快核武器发展的进程。毛泽东明确指出：原子弹要有，氢弹也要快。周恩来在我国首次核试验成功后，也提到氢弹研制能否加快一些，并要求二机部就核武器发展问题作出全面规划。遵照中共中央的指示，二机部立即开始研究制订加速核武器发展的全面规划。

当时，铀-235 生产线工厂已经全部建成投产；热核材料生产线中的氚化锂-6 生产线即将建成投产；钚生产线中的反应堆工程恢复了建设，进展顺利；后处理新工艺试验成功，可缩短后处理厂的建设周期。在核武器研制方面，从技术、物质力量到后勤保障，也都有了较好的基础。这些情况表明，加快氢弹研制进程，在客观上也已有可能。[1]

---

[1] 李觉、雷荣天等主编：《当代中国的核工业》，中国社会科学出版社 1987 年版，第 59 页。

经过反复研究，二机部于 1965 年 2 月 3 日，向中央专委呈报的《关于加快发展核武器问题的报告》中提出，一方面要加速原子弹武器化，装备部队，形成战斗力；另一方面要尽快突破氢弹技术，向战略核武器的高级阶段发展。周恩来主持专委会审议了这个报告，原则同意二机部的规划安排，要求通过 1965 年至 1967 年的核试验，完成原子弹武器化工作，并力争于 1968 年进行氢弹装置试验。

研制氢弹的科技人员通过理论探索和实验验证，研究提出了氢弹的新原理方案。二机部根据氢弹理论探索取得的新成果，向中央专委上报了研制氢弹的两年计划。1965 年底，中央专委全面部署了氢弹的研制、试验工作，批准以研制重量轻、体积小、威力大、聚变比高的氢弹为主攻方向，并在完成含热核材料的原子弹试验后，于 1966 年底前后进行一次检验氢弹新原理的热试验，要求力争在 1967 年底或 1968 年上半年完成氢弹试验。同时责成国防科委提出 1966 年和 1967 年两年的核试验计划；要求二机部制订确保实现氢弹研制两年计划的具体措施。

1966 年 5 月 9 日，含有热核材料的原子弹试验获得成功，给氢弹理论研究提供了实测数据。氢弹原理试验的准备工作按计划完成。1966 年 12 月 28 日，氢弹原理试验顺利进行，并获得完全成功。中国从炸响原子弹到突破氢弹技术，只用了两年零两个月。氢弹原理试验成功后，中央专委决定集中力量继续进行全当量氢弹试验。1966 年底，聂荣臻在核试验基地召集有关部门负责人研究部署了全当量氢弹试验的准备工作，确定采用轰-6 型飞机投掷的方式进行试验，并规定于翌年 10 月 1 日前做好试验准备工作。1967 年 6 月 17 日，首次全当量氢弹空爆试验成功。氢弹爆炸威力为 330 万吨梯恩梯当量。

中国突破氢弹技术，是中国核武器发展进程中的一个质的飞跃，进一步打破了超级大国的核垄断。

三、成功研制鱼雷核潜艇

中国于20世纪50年代后期开始着手组织核潜艇研制。当1958年第一座实验原子反应堆投入试验和第一批"转让制造"潜艇建成,核潜艇研制就提上了日程。当时确定的目标是研制导弹核潜艇,其研制技术涉及的专业领域广,难度大,是当代尖端科学技术的综合体现。1958年6月,中共中央批准研制导弹核潜艇。经过3年多的努力,在艇的总体设计和核动力装置的研究方面都取得了一些初步成绩。由于国民经济暂时困难,科研力量不足,中央专委于1963年3月确定暂停研制,但仍保留一部分科技骨干进行技术攻关。同年5月,七院核动力研究所成立后,又系统地开展了潜艇用核动力装置的预研工作。1964年11月确定了压水型动力反应堆的结构方案、功率以及核动力装置的主方案和主参数,为以后核潜艇进入型号研制打下了技术基础。[1]

核潜艇要不要搞?如何搞?搞什么样的?有过许多争论。有的针对我国经济基础和技术条件的可能性,存在不同看法;有的从作战指导思想出发,对核潜艇在未来作战中的地位和作用有不同认识。后来毛泽东重申,国防尖端科学技术"要有,要快,要超"。这之后,核潜艇便一路绿灯,重新上马。[2]1965年3月20日,周恩来主持中央专委第十一次会议,决定将核潜艇重新列入国家计划,全面开展研制工作,并要求二机部于1970年建成陆上模式反应堆,作为研制潜艇用核动力装置的阶梯,先经陆上模式堆试验验证后,再将为潜艇研制的核动力

---

[1] 程望主编:《当代中国的船舶工业》,当代中国出版社1992年版,第164—165页。
[2]《刘华清回忆录》,解放军出版社2004年版,第315页。

装置装艇。

导弹核潜艇技术复杂,为了分散难点,缩短研制周期,六机部由分管科研工作的副部长刘华清起草,以六机部党组的名义向中央专委提出研究制造核潜艇的报告,提出核潜艇研制分两步走:第一步研制鱼雷核潜艇,先解决核动力用于潜艇和反潜鱼雷等重大技术问题;第二步再研制导弹核潜艇,解决潜地导弹及其发射系统等关键技术问题。8月,中央专委正式批准了这个报告。随后,中央专委又确定,争取第一艘鱼雷核潜艇于1972年下水试航,并达到主要战术技术指标,以便作为战斗艇交付海军使用。

1966年,核潜艇各主要分系统以及其他专用材料设备的研制全面展开。核潜艇工程技术复杂、协作面广。参与这些材料设备的研究、设计、试验、试制和生产的计有2000多家厂、所、院、校,涉及24个省、市、自治区和21个部、委,协作规模之大在中国造船和军工史上都是空前的。[1]核潜艇工程技术复杂、协作面广。核潜艇工程上马后,先是以六机部为主,与二机部共同负责,海军和一、四机部参加,并成立核潜艇工程联合办公室,归属六机部,由刘华清负责。为了加强组织协调工作,1967年3月,中央军委确定,核潜艇工程改由国防科委领导,会同国防工办负责抓总。这项工程仍由已调任国防科委副主任的刘华清分管。[2]

1967年,国防科委依据中央军委批准的反潜鱼雷核潜艇的战术技术要求,组织审定了鱼雷核潜艇工程的总体方案。为了及时解决这项大型工程所需的设备器材,保证研制工作顺利进行,中央专委要求各有关部门,对核潜艇所需专用设备、仪器以及其他协作问题,要作

---

[1] 程望主编:《当代中国的船舶工业》,当代中国出版社1992年版,第166页。
[2]《刘华清回忆录》,解放军出版社2004年版,第316页。

为国家重点专项工程予以安排，一律按中央专委为研制原子弹颁发的《有关原子能设备、仪器研制问题的若干规定》办理。同年5月，中央专委又进一步明确：核潜艇研制中急需的设备器材，应由国家计委、物资部及其他有关部委及时研究解决。1967年夏，刘华清主持召开了有几百名厂、所负责人和技术干部参加的大型协调会。随后，国家计委和国防工办又组织落实了配套设备和新材料的研制工作，将担负一次配套任务的1600多个厂、所组成协作网，有力地支援了鱼雷核潜艇的研制工作。[1]正是由于有中央专委的正确领导和核潜艇工程领导小组的具体组织协调与指挥，依靠全国的大协作，核潜艇研制的技术难关才得以逐项攻克。

根据核潜艇及其武器装备进行海上试验的需要，中央专委相继批准建设鱼雷、水声和潜地导弹等3个试验场。国务院、中央军委确定将双平面自导反潜鱼雷工厂的建设列入核潜艇工程计划，作为重点项目抓紧施工。经各方面努力，鱼雷生产厂及3个试验场先后建成，并分别开始承担生产和试验任务。

1968年5月，首制核潜艇开始在总装船厂放样。同年11月，总体建造开工。1970年12月，首制核潜艇胜利下水。1971年4月，第一艘核潜艇开始在码头进行系泊试验。8月23日，第一艘核潜艇首次以核动力航行驶向试验海区，进行航行试验。1974年1月，进行检验性试航。4月，核潜艇相继完成了系泊试验和航行试验。试验结果证明，鱼雷核潜艇水下航速较高，续航力大，隐蔽性好，设计和建造是成功的，可以交付海军部队使用。同年8月1日，中共中央军委发布命令，命名中国第一艘核潜艇为"长征一号"，正式编入海军序

---

[1] 谢光主编：《当代中国的国防科技事业》（上），当代中国出版社1992年版，第107—108页。

列，从此中国海军跨进了世界核海军的行列。它标志着中国舰艇装备技术已发展到了新水平。

第四节　常规武器装备从仿制走向自行研制

1960年以后，中国在集中力量突破国防尖端技术的同时，依靠自己的力量努力发展常规武器装备。有关部门和广大科技人员认真贯彻中央军委关于常规武器装备要在重点抓好补缺配套的同时，加强新型武器装备的研制和改进工作的决定。经过几年的努力，常规武器装备在不断提高质量的基础上，品种有所增加，性能有所提高，配套状况有所改善。到1965年，经国务院军工产品定型委员会批准定型的500多项产品中，自行设计的占50%左右。这标志着中国常规武器装备的发展已从仿制走向自行研制阶段。

一、陆军武器装备研制获得较大进展

从1958年起，兵器工业展开了自行发展武器装备的探索和研究工作。突破了许多技术难关，取得了一定进展。然而，在"大跃进"期间，也出现了战线过长、力量分散以及片面追求技术上的高指标等倾向，给研制工作造成一定的困难。1960年7月后，兵器科研工作进入了新的攻关阶段。在苏联政府停止供应原材料后，兵器工业与冶金部、化工部、中国科学院等单位密切合作，开展了关键原材料无镍稀土601铸造装甲钢、603装甲钢、701稀土炮钢、均质靶板以及其他有色金属和非金属材料的研制工作。到1962年研制工作取得了可喜的成果，原材料开始立足于国内。到1965年底，研制定型的武器弹药达47项，其中重大改型和自行研制的产品占一半以上，如107毫米和

130毫米火箭炮和火箭弹、水陆两用坦克、装甲输送车、大型固体火箭发动机及其双基类和复合类固体推进剂、电子引信等，填补了武器装备的空白。这些成就标志着中国的兵工科学技术已发展到一个崭新的水平。

（一）69式中型坦克

为了全面提高中型坦克的综合技术性能，以适应现代化作战的要求，1964年，以617厂、201所为主，装甲兵研究所参加，共同研究设计中国第一代新型中型坦克。1966年后由于"文化大革命"的冲击，研制工作一度受挫，直到1968年才完成了总体论证以及车体及部分零部件的设计和试验工作。1969年列为反坦克武器重点科研项目，由617厂等20多家企业和科研单位组成会战组，再次进行总体论证，加快了研制进程。在研制中应用了一系列新技术，使这种坦克在火力和火控、夜视、观瞄以及机动性等方面，取得了较大的突破。由447厂等组成的火力研制组，研制成功100毫米滑膛坦克炮及双向稳定器，配用新型超速脱壳穿甲弹，提高了火力和射击精度，在有效的直射距离内能击穿敌方同吨位级坦克的正面装甲，提高了坦克的抗衡能力。由258厂等组成的火控研制组，将红外、激光技术应用于坦克车辆，研制成功了激光测距机、炮长红外瞄准镜、车长红外观察仪等新型观瞄仪器，改善了坦克夜间作战能力。由616厂等组成的柴油机研制组，在12150L型柴油机基础上，改进了冷却和供油燃烧系统，柴油机的功率由520马力提高到580马力。1974年批准设计定型，命名为69式中型坦克。在火力、机动性、夜间作战能力、防护能力等方面，比59式坦克有较大的提高。69式中型坦克是中国自力更生设计制造的，为中国的坦克和装甲车辆的科学技术发展打下了良好的基础，1979年荣获全国科学大会奖。[1]

（二）63式履带装甲输送车

装甲输送车是设有乘载室的轻型装甲车辆，具有良好的机动性能及一定防护能力和自卫能力，主要装备于机械化步兵和坦克部队。世界各国以其装备数量作为衡量陆军机械化程度的重要标志。中国发展装甲输送车起步于20世纪50年代末期。1958年，618厂与军事工程学院、30研究室合作，用5个月时间完成了整体设计和试制。后来经过3次结构上的改进，加强了车体的强度和刚性，行星转向机改为转向离合器。通过考核，于1963年设计定型，命名为63式履带装甲输送车。1966年，再次进行改进，采取措施降低了车内噪声；增加了加温锅，解决了冬季起动问题。经批量生产考核，1970年设计定型，命名为A531式履带装甲输送车，战斗全重12.8吨，乘员2人，载员13人；柴油机功率为240马力，单位重量功率20.3马力／吨；最高时速陆上60公里，水上6公里，最大行程500公里。履带装甲输送车的研制成功，填补了中国军队装备的一项空白，获全国科学大会奖。20世纪70年代，对63式履带装甲输送车进行了大的改进，主要是加长车体，扩大了乘载室的面积；车体两侧增加了观察孔和射击孔，改善了观察和射击条件；将4对单轮缘大直径负重轮改为5对双轮缘小直径负重轮，平衡肘由铸造改为锻造，行动部分得到了加强。1979年试制出样车，1981年设计定型，命名为63-1履带式装甲输送车。

（三）火箭炮

20世纪50年代末，847厂开始试制8公里野战火箭炮，1963年设计定型，命名为1963年式107毫米火箭炮。12个发射管，全重

---

[1] 王立、庞天仪、于桂臣主编：《当代中国的兵器工业》，当代中国出版社1993年版，第110—111页。

613 公斤，由吉普车牵引或骡马拖曳，运动灵活。发射涡轮火箭弹，最大射程 8 公里，在 7—9 秒内可完成一个齐放。可分解携行，并可实现两管、四管或八管简易发射，很适于山地、丛林和水网地区作战，为中国压制式武器增添了新的炮种。尔后，又设计定型了 63-1 式、81 式和 85 式 107 火箭炮。其中 85 式为步兵机动使用的单管火箭炮。81 式则为自行式火箭炮，装备于 XJ221 汽车上，车上、车下均能发射，增强了野战机动性。同时，247 厂杨文才等开始研制 10 公里火箭炮，1959 年 2 月设计了第一门样炮，后经 8 次修改方案，于 1963 年设计定型，命名为 1963 年式 130 毫米火箭炮。这种火箭炮装备在越野汽车底盘上，有 19 个发射管，全重 4900 公斤，发射直径 130 毫米涡轮火箭弹，最大射程 10 公里。一个营 12 门火箭炮一次齐放，可在十几秒钟内发射 288 发火箭弹，形成大面积压制火力。它以猛烈的火力、良好的精度，受到部队好评。在这种炮的基础上，以 201 所为主设计的 70 式 130 火箭炮，把火箭炮移植在 63 式履带装甲车上，提高了越野性能和射击的稳定性。20 世纪 60 年代中期，247 厂着手研制 180 毫米火箭炮，经反复试验和两次方案论证，于 1971 年设计定型，命名为 1971 年式 180 毫米火箭炮。车载式，10 个发射管，应用双扭杆式齿弧传动平衡机，实现了双向平衡，射击精度较高，获全国科学大会奖。20 世纪 70 年代，5137 厂参照国外样品，采用自行研制的高低方位电操纵系统研制成功第二代产品，装载在越野汽车上，全重 15.2 吨，有 40 个发射管，发射弹径 122 毫米微旋尾翼火箭弹，一次齐发 18—22 秒，并可在行进中射击，具有火力猛、散布小、转移快、通行能力强等优点，达到国际同类产品水平。1982 年设计定型，命名为 1981 年式122毫米火箭炮,荣获国家科技进步奖一等奖。[1]

二、军用飞机由仿制转向自行研制

1960年,中央军委扩大会议提出空军以高空高速歼击机为重点的发展方针,并要求首先将歼-6型飞机(仿米格-19型)优质过关,继而试制歼-7型飞机(仿米格-21型)。六院和三机部的科技人员,按照"通过仿制掌握技术,逐步达到自行设计"的原则,在努力解决仿制质量问题的同时,开始自行研制军用飞机。

(一)歼-7型高空高速歼击机

在歼-6飞机仿制成功并成批生产并装备部队之后,中国又试制并生产了两倍音速的歼击机歼-7。它的原型机是米格-21。根据1961年中苏两国政府的协定,苏联向中国转让米格-21Φ-13飞机及其发动机的制造特许权,并于1961年至1962年内,提供全套生产技术资料,飞机、发动机散装件,以及当时国内缺门的成品、原材料。但是,实际上有一部分技术资料中国并没有得到。在开始仿制歼-7型高空高速歼击机之前,国务院国防工业办公室迅速作出决策,指示刚刚成立的航空研究院及其所属的沈阳飞机设计研究所等单位对米格-21飞机进行全面的"技术摸透"。由于技术工作做得扎实,1964年初,歼-7飞机在沈阳飞机制造厂投入试制,1965年11月完成全机静力试验。1966年1月17日,歼-7飞机首次升空。经过几个月的试飞,飞机安定性、操纵性良好,各系统工作正常,最大平飞速度达到音速的2.02倍,主要战术技术性能合乎要求。1967年6月,国家批准歼-7飞机定型投产,比原计划提前一年。1964年和1965年,航空工业部确定

---

[1] 王立、庞天仪、于桂臣主编:《当代中国的兵器工业》,当代中国出版社1993年版,第135—136页。

成都飞机厂和刚刚开始建设的贵州飞机生产基地生产歼-7飞机,由沈阳飞机制造厂进行对口技术支援,形成3个地区同时生产歼-7飞机的局面。歼-6、歼-7飞机及其各种改型是航空工业装备部队的主要机种。[1]

(二)歼-8型高空高速歼击机

通过歼-7型飞机的仿制,为自行设计、制造新的歼击机打下了良好的基础。1964年5月,航空研究院在新机改进改型方案会议上提出,要在米格-21的基础上,设计一种性能更好的歼击机。同年10月,新型歼击机开始方案论证。在论证会上,沈阳飞机设计研究所提出了飞机装单台发动机和双台发动机两种方案。前者是全新研制的大推力发动机的方案,后者是采用成熟发动机(涡喷-7甲)进行改型试制的方案。在航空研究院院长唐延杰主持下,会议确定采用双台发动机方案。经过科研、生产、使用部门近一年的酝酿,国防工办、国防科委于1965年4月向中央军委提出《关于双发新歼方案设想》的报告,5月经总参谋长罗瑞卿批准后,自行研制新型高空高速歼击机的工作随即展开。飞机命名为歼-8,其主要研制工作由沈阳飞机设计研究所和沈阳飞机制造厂承担。1965年9月,歼-8飞机设计工作全面展开。总设计师黄志千于这年5月在国外因飞机失事不幸遇难后,新机研制的技术工作由叶正大领导,以王南寿为负责人的总设计师办公室具体组织。同年12月,歼-8飞机木质样机通过审查。1966年底,发出全套飞机图纸;1967年初,发出相应的生产文件,工厂亦立即开始试制。1969年7月5日,中国第一架自行设计制造的高空高速歼击机歼-8首飞成功。但由于"文化大革命"的影响,首次试飞后,试飞领

---

[1] 段子俊主编:《当代中国的航空工业》,中国社会科学出版社1988年版,第139—140页。

导小组、联合指挥部相继被解散,总设计师办公室也被取消,各种规章制度遭到破坏,技术负责人王南寿、顾诵芬、冯钟越先后被停止工作。歼-8研制进程一再受阻,一度处于徘徊不前的境地。1978年9月,沈阳飞机设计研究所正式恢复总设计师办公室,任命顾诵芬为总设计师。1979年12月31日,航空产品定型委员会同意歼-8飞机设计定型。歼-8飞机从首飞到设计定型,整整花了10年的时间。之所以如此缓慢,除了"文化大革命"干扰的因素外,对新机研制规律认识不足,艰巨性估计不足,也是一个重要原因。[1]

(三)轰-6甲高亚音中程轰炸机

轰-6是仿制自苏联图-16高亚音中程轰炸机。1959年9月,由哈尔滨飞机制造厂装配的轰炸机进行了首次试飞,12月即交付部队使用。1961年,航空工业局决定轰-6飞机试制工作全部转至西安飞机厂。西安飞机厂为了尽快掌握中型轰炸机制造技术,一方面组织设计人员,取得有关单位的协助,补齐了轰-6飞机的强度计算资料15400标准页;另一方面组织生产工人大练基本功,开展试制练兵活动,为正式试制轰-6飞机做了比较充分的准备。这次转厂试制的是轰-6甲型飞机,该机装有2台涡喷-8发动机。飞机的机身前段和后段为气密舱,用于乘载空勤组。飞机可携带炸弹,也可装载原子弹、氢弹、导弹、鱼雷等。飞机空机重量为37.7吨,最大起飞重量75.8吨。轰-6甲是当时中国试制的吨位最大的飞机。全机共有零件5万种24万件,标准件36万件,铆钉100万个。制造一架飞机共需各种原材料150吨,电线长25公里,导管长2公里,各种轴承1100多个。全机安装成品附件894项。其技术之复杂,工作量之大,超过了以往研制的任

---

[1] 段子俊主编:《当代中国的航空工业》,中国社会科学出版社1988年版,第155—161页。

何一个机种。1966年10月，西安飞机厂提前一年完成了静力试验用飞机的总装任务。1968年12月24日，轰-6甲飞机首飞成功。这是中国航空工业发展史上的一个重大成果。一系列性能试飞证明，飞机各个系统工作可靠，发动机工作正常，飞机操纵性、安定性好，主要性能均达到了设计指标。轰-6甲型飞机投产后，全部装备空军、海军轰炸机部队，成为保卫祖国的一支重要战斗力量。[1]

三、研制成功第一代战斗舰艇

从20世纪60年代开始，海军舰艇在转让制造的基础上，进入全面仿制阶段。1960年九十月，中央军委扩大会议明确提出海军以潜艇、快艇为重点的建设方针。据此，国防科委、国防工办组织进行了"两艇一雷"和引进舰艇的仿制与国产化工作，同时组织开展了中小型水面舰艇的自行设计。经过几年的努力，1965年，用国产材料和设备试制成功当时海军近海作战迫切需要的鱼雷快艇。中型常规动力鱼雷潜艇，也于同年完成转让制造并装备部队。随后开始自行研制第一代战斗舰艇。列入国防科技"三五"计划的主要战斗舰艇有潜艇、快艇、导弹驱逐舰、护卫舰等20余种。

（一）035型鱼雷攻击潜艇

在实现艇用材料设备立足国内配套的同时，1967年经中共中央军委批准，下达了自行研制中型常规动力鱼雷攻击潜艇（035型）的任务。该型艇的排水量稍大于6633艇，主要特点是需提高水下航速和续航力。701研究所负责该艇总体设计。712研究所研究设计了大功率推进电机和相应的控制设备。柴油机则选择由陕西柴油机厂试制。该

---

[1] 段子俊主编：《当代中国的航空工业》，中国社会科学出版社1988年版，第169—172页。

型潜艇的首制艇，曾分别由武昌造船厂和江南造船厂建造。武昌造船厂承建的首制艇于1971年7月下水，1974年4月交船。江南造船厂承建的首制艇于1972年9月下水，1974年11月交船。为了进一步改进提高，海军作了使用研究，并要求在武昌造船厂建造的第二艘艇上加以改进。为此，由701研究所组织修改设计，弥补了"文化大革命"给首制艇带来的缺陷和不足。1983年12月，035型潜艇通过国家鉴定，其快速性、操纵性、适航性、水下续航力及水下辐射噪声等性能比6633潜艇有较大的提高和改善，装艇设备基本稳定可靠。该型潜艇的研制成功，表明中国在发展常规动力潜艇技术方面，已经跨入自行研制阶段。[1]

（二）051型导弹驱逐舰

1965年，远程火箭试验需要驱逐舰护航，国防科委在编制"三五"计划时，再次提出开展导弹驱逐舰等四型舰艇的研制生产项目。1967年4月，军委终于批准了这一规划。1968年5月15日，总参、国防科委、国防工办正式批准1970年建造几艘导弹驱逐舰，作为远洋靶场测量工程的配套使用。[2] 导弹驱逐舰及其各项配套设备的研制列入国家计划，正式开展工作，并于当年完成了总体技术设计及审查后的修改，最后形成了总体方案。该型舰（代号为051）对海攻击能力强，续航力大，并有较强的反潜和防空能力。舰上装有高参数大功率蒸汽动力装置，配备有导弹武器系统，火炮武器系统，反潜武器系统，以及声呐、雷达、通信、导航设备和作战指挥与武器控制系统等。这是当时中国研制的最大吨级的水面战斗舰艇。第一代中型导弹驱逐舰所用材料、设备立足于国内，共计原材料700余种，配套设备1000多项，其中

---

[1] 程望主编：《当代中国的船舶工业》，当代中国出版社1992年版，第161—162页。
[2]《刘华清回忆录》，解放军出版社2004年版，第314页。

新研制的设备100余项，由国内10多个部、委，22个省、市、自治区所属几百家工厂和研究所配合研制。第一代导弹驱逐舰由701研究所负责总体研究设计，首舰由大连造船厂试制。正当工程开展总体设计和开工试制之际，受到"文化大革命"的干扰，正常的科研生产秩序被打乱，再加上一部分新研制设备不落实，该舰的研制进度实际上推迟了两年。导弹驱逐舰于1967年完成技术设计后，同年5月开始施工设计。1968年12月大连造船厂开工试制首舰，1970年7月首舰下水，1971年12月31日完成试航。1969年，广州造船厂开工建造南海舰队用首舰，1974年完成试航。1971年，中华造船厂也开工建造东海舰队用首舰，1977年交船。[1]1975年2月，导弹驱逐舰通过定型，交付部队使用，成为中国海军的水面主力舰种。它的研制成功标志着中国水面舰艇由小型发展到中型，研制技术也有了较大的提高。

（三）053型导弹护卫舰

20世纪60年代中期，根据"海军装备科研'三五'计划"中有关护卫舰的发展规划，开始研制对空型导弹护卫舰（代号为053）。当时确定导弹护卫舰的使命是在近、中海执行护航和支援鱼雷艇、导弹艇，并对敌海上编队实施攻击。其总体设计任务原由701研究所承担。1969年9月成立了由701研究所、沪东造船厂和海军使用部门组成的三结合设计组，集中在船厂现场进行设计。推进动力装置由柴燃联合装置改为2台18E390V型中速柴油机装置。研制工作开展后，由于多方面的原因，特别是受"文化大革命"的干扰，直到1974年船厂才基本完成第一期工程，而对空导弹、火炮和目标指示系统等全舰工程迟迟未能完成。后来由于海军更新原有旧护卫舰的急需，决定利用该

---

[1] 程望主编：《当代中国的船舶工业》，当代中国出版社1992年版，第180—181页。

型舰的船型及舰舰导弹改装上舰的成功经验，建造对海型导弹护卫舰（代号为053H），由沪东造船厂负责设计和建造。原型舰上的舰空导弹改为舰舰导弹，双管100毫米舰炮改为已有的单管100毫米炮，于1976年建成首舰，后相继建造多艘。20世纪80年代初，双管100毫米舰炮等研制成功，并对该型舰作了相应的改进设计，建成后改称对海Ⅰ型导弹护卫舰（代号为053H1），并批量建造。053系列护卫舰是当时建造最多的水面战斗舰艇，大量装备了部队。1986年，红旗-61型舰空导弹系统试验成功，在其连同双管100毫米舰炮等系统装舰后，对空型导弹护卫舰才完成了全舰工程。尽管"文化大革命"的爆发给导弹护卫舰的研制带来很多困难和曲折，但广大科研人员、工人和干部在动乱的年代，还是力排干扰，起步研制导弹护卫舰，终于实现了护卫舰从火炮鱼雷型向导弹火炮型的转移，揭开了中国研制护卫舰历史的新的一页。[1]

---

[1] 程望主编：《当代中国的船舶工业》，当代中国出版社1992年版，第177—178页。

第三章 开放合作（1978—1992）

第一节　初步建立国防科研、生产集中统一的领导管理体制

20世纪70年代后期，中国国防科研和武器装备的领导管理体制由国防科学技术委员会（主管尖端武器）、国防工业办公室（主管常规武器）、总参谋部装备计划部、总后勤部军械部以及各军种兵种多头分散管理，这种管理体制带来的是关系复杂、机构臃肿，从而导致部门间分工不明确，协调困难化。迫切需要一个机构对新时期国防科技和武器装备发展统一规划，以适应形势发展的需要。此时，中央提出了国防工业要走军民结合道路的大方针。国防科技工业领导体制虽进行过多次调整，但在不少方面还沿袭着苏联的模式。这种体制在历史上起过重要作用，但与新时期的要求不相适应。自党的十一届三中全会以后，随着改革开放不断推进和深化，中共中央、国务院、中央军委对国防科技工业的领导体制进行了较大的调整，以适应形势发展的需要。

一、成立中央军委科学技术装备委员会

邓小平在1977年7月第二次复出，任中共中央副主席、国务院副

总理、中央军委副主席兼总参谋长。针对当时国防科技工业处于"一散二乱三落后"的混乱状况，他采取了一系列坚决果断的措施，加强对军队和国防科技工业的领导和整顿。

当时的管理体制既分散，又多头，很混乱，仅军内就有"四驾马车"：国防科委主管尖端武器装备的科研和生产，相应掌管这方面的科研费、基建技改费、事业费等费用；国防工办主管常规武器装备的科研和生产，同样掌管常规武器装备方面的这几笔费用；总参谋部主管提出武器装备发展需求、军内科研、武器装备订货的管理，并掌管装备购置费、技术革新费、军内科研费等费用；总后勤部主管全军军械及后勤装备、陆军车船的科研、生产和装备修理业务，也相应掌管这几方面的费用。横的方面是各把一摊：常规和尖端分家，军内科研和军外科研分家；纵的方面，科研、试验、生产、采购、分配、储存、维护、修理到报废，又各管一段：国防科委、国防工办管前段，总参谋部管中段，总后勤部管尾段。这种分散多头的领导管理体制，既妨碍从横向进行统筹规划，也不能从纵向实行全寿命期管理，非常不利于提高工作效率、缩短研制周期和节省开支。[1]针对当时国防科研和武器装备的领导管理体制多头分散的局面，迫切需要一个机构对新时期国防科技和武器装备发展进行统一规划，以适应当时形势发展的迫切需要。通过规划编制工作，统一各方面的思想，具体贯彻落实国务院和中央军委《关于加速我军武器装备现代化的决定》。

为解决国防科技工业领导体制方面存在的问题，邓小平决定着手进行调整变革。1977年9月，国务院、中央军委决定国防工办列入军队编制，受国务院、中央军委领导，以中央军委为主，仍称国务院国

---

[1]《刘华清回忆录》，解放军出版社2004年版，第383页。

防工办。邓小平指出："国防工办重点是抓好协调，要搞综合平衡。重点执行放在部，要加强部的领导，加强部的权力。"[1]遵照中央指示，1978年9月26日，国务院、中央军委批转国防工办《关于调整国防工业管理体制几点意见的请示报告》，将1975年5月以后下放的以地方为主管理的国防工业的重点企业和事业单位，改为主管部与地方双重领导，以部为主。1979年3月24日，国务院、中央军委确定二、七机部各企、事业单位，由二、七机部与省、市、自治区实行双重领导，以部为主。

1977年10月4日，邓小平召集王震、罗瑞卿、杨勇、张爱萍、张震、洪学智等开会，讨论军队装备和科研问题。邓小平在讲话中指出：科学研究有四个方面军。第一方面军是科学院。第二方面军是大专院校。第三方面军是生产部门的研究机构，这是最大的方面军。第四方面军是科学普及机构。国家科委要管这四个方面军的事情。大学里要加重科研的任务。重要的工厂应该开展自己的科学研究工作。这个方面军主要是搞应用研究，也会出理论，从实践中产生理论。还指出：要成立科技装备委员会（1977年11月成立时为中共中央军委科学技术装备委员会）。权力要集中到科技装备委员会，由张爱萍同志负责。军队有它自己的独立性。军事方面要统一规划，统一领导，统一实施。要从战略着眼，提出对装备的要求，提出科研和生产的任务，从而指导我们的科研和生产。要加强所有军事工业的生产单位，要建立科研队伍，并且予以监督指导。科研和生产都要服从战略的要求。自甘落后是不行的。生产不少落后的装备不顶用，是一个很大的浪费。总之，一定要确定战略要求，没有确定的要确定，确定以后就不要动

---

[1]《邓小平军事文集》第3卷，军事科学出版社、中央文献出版社2004年版，第127页。

摇，按照战略要求指导科研和生产。又指出：抓科研也要集中力量打歼灭战，要配成套。要搞好整顿。重点企业一定要搞双重领导，以部为主，包括有的重点配套的小厂。规章制度要严格，军工企业更要严格。总设计师、总工程师制度要恢复起来，军工企业先搞。国家的投资不可能有那么多，因此要有重点。当前对装备的中心要求是质量。最后强调：(1)要很快把科技装备委员会定下来，确定它的成员，明确它的任务。(2)要提出一个装备战略要求的目标，分清先后缓急。这样，科研和生产就有了方向。(3)国防工办要整顿。必须把军工口各部的工作管起来。(4)各军工部要由国防工办领导起来。(5)规划要研究，分三年、八年、二十三年。[1]

邓小平在会上提出，要成立国防科技装备委员会，对国防科技和武器装备实行统一领导、统一规划、统一实施。并特别说明：这个国防科技装备委员会由张爱萍负责。[2] 1977年11月14日，国务院、中央军委决定成立中央军委科学技术装备委员会及其办公室（简称"军委科装委""军委科装办"），统一领导国防科学技术研究和国防工业生产工作。副总参谋长兼国防科委主任张爱萍任军委科装委主任，国防工办主任洪学智、国防科委政委李耀文任副主任，还有王震副总理和国务院、军队有关部门领导，共13人组成。军委科装委作为中央军委的一个"口子"，对国防科技和国防工业实施统一领导。军委科装委办公室设在国防科委（1977年6月8日改设在总参谋部装备计划部），办公室主任由张震寰兼任。

1978年1月6日，张爱萍主持召开中央军委科学技术装备委员会第一次会议。这次会议就委员会的性质、职责、分工和办公室工作进

---

[1]《邓小平年谱（1975—1997）》上卷，中央文献出版社2004年版，第215—216页。
[2] 东方鹤：《张爱萍传》下卷，人民出版社2000年版，第966页。

行了讨论，确定国防科委副主任刘华清兼任该委员会办公室主任，办公室成员以国防科委科技部一局的专职机构为主，由总参、总后、国防工办各指定1—2名兼职成员参加。3月21日，国务院、中央军委批转《军委科装委第一次会议纪要》（以下简称《纪要》）。《纪要》明确了军委科装委的性质是"国务院、中央军委统一领导国防科学技术研究和国防工业生产的业务办事机构。主要任务是：从战略着眼，提出我军各个时期装备的要求和制定装备体制；统一组织国防科学技术研究的规划和实施；统一组织武器装备的科研、设计、试制、试验、定型、生产等工作，并适时向军委提出建议，经批准后执行。对执行情况，有检查督促的责任。同时，还要协调科研、生产、使用之间的关系；协同国家计委对军队使用部门与承担军工产品的民用工业部门进行协调；并统一管理国防口引进国外先进技术和购买装备的规划、计划"[1]。《纪要》还明确了刘华清兼任科装办主任，主持军委科装办日常工作。同时，撤销了国务院、中央军委常规装备发展领导小组。

4月28日，国防科委党委常委召开扩大会议，张爱萍在会上宣布，增补刘华清、张蕴钰、栗在山为国防科委党委常委，国防科委党委常委实行集体领导，张爱萍为第一书记，李耀文为第二书记，党委即以常委为核心，集体决定问题。在行政方面，仍保留原常务办公会，办公会成员在原定的基础上，由陈彬、张震寰、马捷、胥光义、张蕴钰、刘华清、朱卿云组成，办理日常工作，大的问题由常务办公会议决定，领导同志工作分工，按原来安排的不变。刘华清直接抓核潜艇工程和远洋测量船工程。中央军委科技装备委员会办公室和中央专委会办公室都设在国防科委，科装办仍由刘华清负责。

---

[1]《刘华清回忆录》，解放军出版社2004年版，第381页。

经过一段时间的工作实践，张爱萍感到科装委办公室设在国防科委科技部一局不便于协调全军的科研装备工作，于是在1979年3月24日中央军委科学技术装备委员会会议上提出了军委科装办设置在哪里的问题，他建议把该办公室改设在总参装备部。6月8日，中央军委正式批准，军委科装办改设在总参装备部。与此相适应，各军区、军兵种司令部装备或科技部门，同时也作为该军区、兵种部科技装备领导小组的办事机构。军委科装办的任务是：负责综合尖端、常规武器装备的规划工作，提交军委国防科学技术装备委员会审议，并草拟报国务院、中央军委的文稿；承办军委国防科学技术装备委员会的有关文电；安排军委国防科学技术装备委员会的会议；综合整理总参、总后、国防科委、国防工办关于武器装备的重大事项，向军委国防科学技术装备委员会提出报告和建议。6月14日，国务院、中央军委发出〔1979〕149号文件，调整军委科学技术装备委员会成员，增补刘华清、杜屏、江文、曹里怀、王万林、孔从洲、贺晋年、吕东、钱敏、张珍、柴树藩、郑天翔、邹家华为军委科学技术装备委员会成员。刘华清任军委科学技术装备委员会副主任，仍兼任军委科装办主任。[1]

邓小平指出："成立科装委，任务就是搞总的规划，就是为了统一军队装备方向、规划。"[2]根据国务院、中央军委总体部署，军委科装委和科装办组织制定了一系列相关文件和规划，有《1979—1985年国防科学技术（常规部分）发展规划纲要》《1985年前引进外国先进技术规划》《1985年前全军常规武器装备体制》等三个规划。在三个规划中，后两个规划获正式批准下达贯彻执行。而第一项规划，即《1979—1985年国防科学技术（常规部分）发展规划纲要》编制出来后，

---

[1]姜为民主编：《刘华清年谱》上卷，解放军出版社2016年版，第311页。
[2]《刘华清回忆录》，解放军出版社2004年版，第381页。

由于思想不统一，军委科装委又不掌握经费控制权，加之受到旧体制束缚，被迫不了了之。[1]

军委科装委办公室承担了科装委的具体工作。一是承办了全军科学大会筹备办公室移交的任务，配合有关部门对科学成果、展品进行鉴定和推广工作。二是组织草拟了《1979—1985年国防科学技术（常规部分）发展规划纲要（草案）》和装备体制规划，制订军口引进国外先进技术规划和年度军口科研费、外汇指标分配计划。三是组织有关工业部、军兵种和总部有关单位，草拟了《新型武器装备科研、生产、使用管理条例》和《新型武器装备研制工作管理条例》。四是技术引进和外事工作方面，参加和组织了英国国防大臣皮姆访华的接待和军工技术合作会谈工作，参加和组织了美国国防部长布朗、副部长佩里访华的接待和军工技术合作会谈工作，参加和组织了耿飚副总理率军事代表团的访美和有关军工技术合作工作，参加了国防工办主持的歼-7飞机改装、导弹驱逐舰改装、霍特导弹、鹞式飞机、"对外合作工程"等项目的研究审查工作。五是在武器定型方面，承办了一级常规武器定型委员会办公室的日常工作，共定型24项。组织和健全了常规军工产品和战略核武器2个一级定型委员会和14个二级军工产品定型委员会。

二、成立中国人民解放军国防科学技术工业委员会

军委科装委成立后，虽然可以对国防科研生产领域进行一些协调，但由于它不掌握经费控制权，经费仍然由国防科委、国防工办、总参和总后"四驾马车"分头管理，协调作用有限。钱掌握在人家手里，你的协调，可以听，也可以不听。在一定意义上说，成立军委科装委

---

[1]《刘华清回忆录》，解放军出版社2004年版，第382页。

只能治标，不能治本。军委科装委只是一种协调性机构，这一性质决定它只可能是一种过渡性机构。[1]

鉴于在实际工作中仍然难以有效协调国防科研和国防工业的工作，1979年3月，张爱萍在向邓小平汇报工作时，建议将国防科委、国防工办合并在一起。邓小平没有同意。他说，成立科装委就是为了统一军队装备方向、规划，委员会没有很好抓起来。国防科委、国防工办暂不合并，分头去抓。[2]"委员会没有很好抓起来"，这里面也有编制体制的问题。

为了加强对国防科研工作的统一领导，1979年10月8日，中共中央决定成立中央科学研究协调委员会，负责协调国家科委（1977年9月，中共中央发出《关于成立国家科学技术委员会的决定》）、国防科委、国防工办3个系统的科研工作。委员会由聂荣臻（任书记）、方毅、王震、张爱萍、洪学智、李昌组成，后增补武衡、李耀文为委员。经过一段时间的运作，聂荣臻感到这种协调机构效果有限。1979年12月6日，他在给小平的信中谈道："现在科研系统分散主义实在严重，总想自成体系，万事不求人。这样重复浪费很大，力量分散，结果谁都干不成。"聂荣臻提出要加强对科研工作的统一领导。邓小平表示"完全赞成"。[3]

1979年下半年，总参谋长助理兼军委科装办主任刘华清在征求各方意见基础上起草了对国防科技和武器装备发展工作加强集中统一领导的建议。12月，军委科装委在向中央报送的《关于加强国防科技装备工作统一集中领导的请示报告》中提出：我国国防科技装备工作由

---

[1]《刘华清回忆录》，解放军出版社2004年版，第383页。
[2] 东方鹤：《张爱萍传》下卷，人民出版社2000年版，第993页。
[3] 参见周均伦主编：《聂荣臻年谱》（下），人民出版社1999年版，第1157页。

国防科委、国防工办、总参谋部和总后勤部、空军、海军等多家分管的现行管理体制弊病甚多,这样不利于实施集中统一领导。为贯彻调整、改革、整顿、提高的方针,最紧迫的是要加强集中统一领导。[1] 同时科装办也有同志给邓小平直接写信,建议成立总科技部装备部。邓小平表示,国防工办肯定要撤销,不要考虑与国防科委合并问题。[2]

1980年5月,刘华清率领军事技术代表团访问美国,对美国统一高效的军事科技管理工作感触良深。回国后刘华清向国务院、中央军委写了一份《对美国军事科技管理工作的考察和改进我国国防科技管理的建议》,其中说,这次赴美考察,主要是了解美军军事技术装备发展的基本情况和组织管理的特点。通过考察,深感我军装备与美军相比差距很大,并且感到从目前的趋势看,这种差距还会继续加大。我国的经济力量远不如美国,缩短这个差距有赖于正确的政策和有效的管理。目前我国国防科研和装备发展的管理体制分散,领导多头,工作混乱,任务与保证条件脱节,指标偏高,战线太长,同时又缺乏一整套严格的管理程序,军兵种和工业部门往往意见有分歧,难以统一,科研力量也十分分散,有许多重复浪费,协作协调困难重重。这样继续下去,装备落后状况不仅不能改善,差距还可能越拉越大。美国的管理体制和办法,特别是那些符合科研工作规律,符合军事科技装备工作规律的部分,可以作为我们的借鉴。刘华清在报告中特别提出:要确保科研先行,军队必须抓科研,要有必要的科研、试验机构。美国的做法在这方面是非常突出的。在"文化大革命"前,我们也是把分散的研究力量逐步向军队集中,组建了几个专业研究院,统管尖端、常规靶场。后来由于思想不统一,国防科研体制几经变动,军队的科

---

[1] 姜为民主编:《刘华清年谱》上卷,解放军出版社2016年版,第348页。
[2]《邓小平军事文集》第3卷,军事科学出版社、中央文献出版社2004年版,第176页。

研机构基本上没有了,现在只有一个空气动力研究中心还在国防科委。据反映,最近有些国防工业部在组织专业公司的方案中,把一些面向整个部的专业研究所也并入了地区性公司。这个问题很值得研究。现在我们的国防科研力量已经很分散,同样的课题大家都搞,形不成拳头,没有攻坚力量。如果把这些服务面较广的研究机构再分到公司一级,问题将更严重。为此,国防科研机构如何按专业化原则进行调整,在各个专业上都形成我们的"国家队",需要深入调查研究,订出全面规划。刘华清强调,各国防工业部在体制调整中,暂不改变现行科研体制。千万不能再把科研机构进一步拆散,否则后果不堪设想。[1]

刘华清提出了四个方案。第一方案:恢复"文化大革命"前的国防科委,把国防工办管的常规武器科研、总参装备部管的军队科研、总后司令部管的后勤装备科研,以及分属海军、空军、总后军械部的常规武器靶场,统一由国防科委领导。第二方案:国防工办的职能和机构并入国防科委。在当前阶段,既管科研、又管生产。随着专业化公司的建立,军队同公司通过合同安排试制、生产,领导的主要精力即可转到国防科研上来。即经过一段时间过渡,实现第一方案。第三方案:成立总科技装备部,将总参装备部、国防科委和国防工办的一些职能和机构合并,根据国家拨给的科研费、装备费,通盘考虑科研项目和装备计划。各国防工业部组成若干专业化公司后,总科技装备部通过合同与公司发生联系。第四方案:国防科委维持现状,只管尖端武器;把国防工办和总参装备部的一些职能和机构合并,成立常规武器科技装备部或第二国防科委,把常规武器的科研装备计划工作集中统一起来。我们认为,第三方案是把尖端、常规的科研、装备计划

---

[1]《刘华清军事文选》上卷,解放军出版社2008年版,第155—157页。

工作都统一起来，便于从全军科学技术、武器装备的全局出发，统一管理，比较理想，但牵动面较大。第四方案优点是常规武器的科研得到了集中，但尖端、常规分成两家，倘要协调，靠科装委员会难以解决问题。而且当前战略、战术武器都以制导武器为骨干，两家分管，肯定还有不少重复浪费。第一、第二方案，实质相同，都是恢复老国防科委，只是在步骤上，第一方案是立即恢复，第二方案是随着经济体制改革逐步恢复。权衡比较，我们认为第二方案比较现实可行。[1]实际上，刘华清和军委科装办的同志一致认为，第三方案即成立总科技装备部，更能实现集中统一领导，比较理想，只是担心当时因牵涉面大反而搞不成，才推荐比较现实的第二方案；想先迈出这一步，将来再待机向总科技装备部发展。

同时间，军委科装委向中央写了《关于加强国防科技装备工作统一集中领导的请示报告》。6月29日，邓小平对上述两份报告一并作出批示："印发政治局、书记处、军委常委各同志阅。这个问题很大，将在充分酝酿之后，再行讨论和决定。"[2]

1980年7月，刘华清在全军装备规划座谈会上，再一次谈了自己对国防科研生产管理体制调整的意见。他说，当前科研费与装备费管理分散，往往是管任务的不管钱，管钱的不管任务，彼此脱节，互相扯皮，影响科研、生产和装备建设。根据国内外的经验，把任务和经费集中一家管理，好处比较多，一是可以把所提要求与保证条件结合起来，便于任务的落实；二是可以把有限的钱用到最需要的地方，缩短战线，保证重点，把部队急需装备搞上去；三是可以根据某一时期的战备要求，合理调剂使用经费；四是可以适当搞点竞争，择优选

---

[1]《刘华清军事文选》上卷，解放军出版社2008年版，第156—157页。
[2] 姜为民主编：《刘华清年谱》上卷，解放军出版社2016年版，第348页。

用，调动广大科研、生产单位的积极性，有利于缩短研制周期，提高产品质量。刘华清指出，历史经验证明，凡是集中统一领导，科研成果就出得多，装备发展就快；反之，分散领导，各自为政，互相扯皮，就妨碍工作。为此，建议建立一个在军委领导下统管全军武器装备发展研究的权力机构，统筹全军武器装备发展研究、研制试验、检测、定型工作；统管装备采购经费，以及装备的订购、分配、管理等工作。[1]

经过进一步调查研究，1981年10月23日，在张爱萍、王震等主持下，军委科装委、国防科委、国防工办联合向国务院、中央军委上报了《关于调整国防科技、国防工业管理体制的请示》（以下简称《请示》）。《请示》中拟定了两个方案：第一方案以国防科委现有机构为基础，将国防科委、国防工办、军委科装委办公室合并，组成中国人民解放军国防科学技术工业委员会，简称"国防科工委"，也称中华人民共和国国防科学技术工业委员会，隶属军委建制，受国务院、中央军委双重领导。主要任务是，根据中共中央、国务院、中央军委有关方针、政策，组织研究我军武器装备的发展方向，战术技术论证，组织武器的改进和新型武器装备的研究、设计、试制、定型及批量生产。第二方案除编制体制、隶属关系同第一方案外，不同之处是，国防科工委只负责武器装备的研究、设计、试制、定型、生产等工作，而武器的发展方向、长期规划等工作由总参谋部、总后勤部主管。[2]

张爱萍就此事还向军委秘书长杨尚昆作了当面汇报。杨尚昆表示

---

[1]《刘华清军事文选》上卷，解放军出版社2008年版，第166页。
[2] 东方鹤：《张爱萍传》下卷，人民出版社2000年版，第993页。

赞同合并。随后，张爱萍和杨尚昆还联名向中央写了信。[1]信中直接提出：将国防科委、国防工办、军委科装委办公室合并，组成中国人民解放军国防科学技术工业委员会，同时称中华人民共和国国防科学技术工业委员会，简称"国防科工委"，隶属军委建制，受国务院、中央军委双重领导。张爱萍还就国防科工委同国务院有关部委、军队有关单位和各省、市、自治区国防工办的关系提出了建议。

为了精简机构，减少层次，避免工作交叉重复，更有利于实行统一领导和统筹规划，经过较长时间的协商酝酿，中共中央、国务院、中央军委于1982年5月决定，以国防科委为基础，由国防科委、国防工办、中央军委科学技术装备委员会办公室合并组成中国人民解放军国防科学技术工业委员会，同时称中华人民共和国国防科学技术工业委员会（简称"国防科工委"）。国防科工委隶属中央军委建制，其工作受国务院、中央军委双重领导，是中央军委统管全军国防科学技术工作的领导机关，也是国务院统管其所属各国防工业部（核、航空、兵器、航天工业部）的国防科技和国防工业的领导机关。国防科工委的任务是：根据中共中央、国务院、中央军委有关国民经济建设和国防建设的方针、政策，组织研究武器装备的发展方向；组织武器的改进和新型武器装备的战术技术论证、研究、设计、试制、试验、定型及批量生产；领导所属试验基地和直属校、所的工作；领导空军、海军试验基地的试验业务工作和基地建设，各军兵种、总参谋部有关各部的科研机构的科技业务工作，以及第二炮兵的技术业务，各省、市、自治区国防科技工业办公室的业务工作。中央军委任命陈彬为主任，刘有光为政治委员，邹家华、马捷、张蕴钰、伍绍祖、聂力为副主任，

---

[1] 姜为民主编：《刘华清年谱》上卷，解放军出版社2016年版，第393页。

周一萍为副政治委员。同时设立国防科工委科学技术委员会（简称"国防科工委科技委"），张震寰为主任，钱学森、朱光亚、宋健、叶正大为副主任。随后，国务院、中央军委决定，电子工业部、中国船舶工业总公司有关武器装备研制、生产管理的业务，由这两个部门设立军工部或办公室负责组织承办；两个部门的武器装备研制、生产工作，统一由国防科工委归口管理。[1]

国防科工委的成立，初步实现了对国防科研、生产工作集中统一领导管理的目标。[2] 历史上长期存在的"尖端"与"常规"之间的矛盾也得到了较好的解决。国防科工委的成立，对全军来说，在编制体制上是一次重大的突破，也是一个创举。对尖端武器和常规武器的研究、设计、立项、试验定型和生产，就有了一个统一领导、统一规划、统一部署和协调的核心、统帅机构，对整个国防科学技术工业的发展，起到更大的促进和提高作用。但是，还有几个军工生产部门不归国防科工委统一领导，从管理上需要进一步解决。科研、生产管理部门与使用部门之间，国防工业系统与民用工业之间，还有些重大问题，需要统一领导、组织协调。

随后，国务院、中央军委决定，电子工业部、中国船舶工业总公司有关武器装备研制、生产管理的业务，由这两个部门设立军工部或办公室负责组织承办；两个部门的武器装备研制、生产工作，统一由国防科工委归口管理。

1985年3月，中央军委任命丁衡高为国防科工委主任，伍绍祖为政治委员，邹家华、沈荣骏、谢光为副主任；任命朱光亚为国防科工

---

[1] 谢光主编：《当代中国的国防科技事业》（上），当代中国出版社1992年版，第133—134页。

[2]《刘华清回忆录》，解放军出版社2004年版，第386页。

委科技委主任，钱学森、叶正大、聂力为副主任。邹家华、伍绍祖调离后，又先后任命怀国模为国防科工委副主任、邢永宁为政治委员。[1]

三、各国防工业部转交国务院直接领导

20世纪80年代以后，国际形势日趋稳定缓和，在改革、开放的新形势下，中国集中力量进行经济建设，国防建设的指导思想从临战状态转到和平时期建设的轨道。邓小平极有远见地提出，要改革调整军工体制，实行军民结合。国防科技工业贯彻军民结合方针，实行战略转变。

1980年2月12日，国务院机械工业委员会成立。四机部（包括四机部代管的国家广播电视工业总局、国家计算机工业总局）归口由国家机械工业委员会管理。

1980年2月，国务院、中央军委批准国防工办和三、四、五、六、八机部组成工贸结合的进出口公司，直接对外经营国防工业的进出口业务。三机部成立中国航空技术进出口公司、四机部成立中国电子技术进出口公司、五机部成立中国北方工业公司、六机部成立中国船舶工业公司、八机部成立中国精密机械进出口公司。国防工办成立新时代公司，负责统筹规划，组织协调国防工业部各公司的进出口工作，同时批转国防工办制定的《国防工业部门进出口工作若干暂行规定》。随后，国防科委成立中国燕山科学技术公司，二、七机部分别成立中国原子能工业公司和中国长城工业公司。

1980年12月，国务院决定六机部由国家机械工业委员会领导。

1981年9月，国务院、中央军委决定八机部与七机部合并，仍称

---

[1] 谢光主编：《当代中国的国防科技事业》（上），当代中国出版社1992年版，第133—134页。

七机部。第八机械工业部前身是 1975 年 7 月成立的第八机械工业总局，负责对战术导弹的工业生产、科学研究、学校教育和基本建设进行统筹规划，全面安排，组织实施。1979 年 9 月，升级为第八机械工业部。

1982 年 5 月，五届全国人大常委会第二十三次会议批准国务院部委机构改革，将二机部改名为核工业部，三机部改名为航空工业部，五机部改名为兵器工业部，七机部改名为航天工业部。将第四机械工业部、国家通信广播电视工业总局、国家电子计算机工业总局合并成立电子工业部。张挺任电子工业部部长（1983 年 6 月，江泽民任电子工业部部长）。撤销第六机械工业部，成立中国船舶工业总公司。

1982 年 9 月，中共十二届一中全会召开，邓小平当选为中央军委主席，叶剑英、徐向前、聂荣臻为副主席，杨尚昆为常务副主席兼军委秘书长，张爱萍、余秋里、杨得志、洪学智为军委副秘书长。1982 年 11 月 19 日，在五届全国人大常务委员会第二十五次会议上，通过了国务院提议，任命张爱萍为国务委员兼国防部长。中央军委提出了新时期国防科技和国防工业发展的十六字方针："军民结合，平战结合，军品优先，以民养军。"

1984 年 10 月，中共十二届三中全会作出《关于经济体制改革的决定》。中央军委根据国际形势的变化，作出国防建设服从经济建设大局的决策。在这些重大决策的指引下，国防科技工业的调整、改革逐步深化。1984 年 11 月，邓小平在军委座谈会上指出："现在需要的是全国党政军民一心一意地服从国家建设这个大局，照顾这个大局。这个问题，我们军队有自己的责任，不能妨碍这个大局，要紧密地配合这个大局，而且要在这个大局下面行动。军队各个方面都和国家建设有关系，都要考虑如何支援和积极参加国家建设。无论空军也好，海军也好，国防科工委也好，都应该考虑腾出力量来支援国民经济的发展。……国防工业设备好，技术力量雄厚，要充分利用起来，加入到整个国家建设中去，大力发展民用生产。这样做，有百利而无一害。总之，大家都要从大局出发，照顾大局，千方百计使我们国家经济发展起来。发展起来就好办了。大局好起来了，国力大大增强了，再搞一点原子弹、导弹，更新一些装备，空中的也好，海上的也好，陆上的也好，到那个时候就容易了。"[1]

军工体制改革，提到了日程上来。随后国务院常务会议决定，继电子工业部、中国船舶工业总公司之后，将核工业、航空工业、兵器工业和航天工业4个工业部由国防科工委转交给国务院直接领导。与国民经济各部门一样，纳入整个国家规划，由国务院统一组织和管理。国防科工委不再归口管理上述4个工业部的全面业务工作。这将打破自成系统的国防工业体系，是国防科技工业管理体制上一次深刻变革。

张胜（张爱萍之子）回忆说，国务院体制调整方案在会上拿出来后，张爱萍说，他不好举这个手。中央确定的事，当然要服从，这是原则。但这一切来的是如此突然，毕竟涉及面也太大了。他说："××同志，这个手，我举不起来。涉及军队的事情，国务院单方面决定是不妥当的。"国务院领导说："也好，我们这次会议先不做决定，就请爱萍同志把这个方案带到军委去吧。"会议还没有散，张爱萍就打电话给杨尚昆，建议马上召集各总部、军兵种负责同志开会。吃过午饭，各军兵种的司令员和有关部局的领导就集中在三座门了。大家都不知道是怎么回事，杨尚昆也不清楚。会议一开始就炸锅了。最后推举一个副总参谋长和国防科工委的副主任当代表，与国务院协商。军方的反应如此激烈，国务院的领导们也感到非常惊讶。事情反映到了最高

---

[1]《邓小平军事文集》第3卷，军事科学出版社、中央文献出版社2004年版，第261页。

决策层。最后邓小平表示，分两步走吧，核工业部和航天部暂时不动，其他两个部，兵器和航空先划拉过去。[1]

为贯彻执行中共十二届三中全会关于经济体制改革的决定和邓小平、杨尚昆在军委座谈会上的讲话精神，张爱萍邀请了几位国防科工委领导进行了研究座谈。经过充分酝酿，1984年11月30日，国防科工委给中央军委和国务院呈送了《关于军工体制改革的原则建议》，主要内容是："张爱萍同志最近邀科工委在京的几位领导同志，研究了如何贯彻执行十二届三中全会关于经济体制改革的决定和邓主席、杨副主席在军委座谈会上的讲话精神。十一届三中全会以后，中央、国务院根据当时情况，决定军工自己'滚'……为了更好地服从和服务于四化建设的大局，军工这支力量，今后应同国民经济各部门一样，纳入整个国家的规划，统一安排。据此：一、国防科工委不再归口管理核、航空、兵器、航天工业部的全面业务工作，改由国务院统一规划、组织和管理。……三、这四个军工部都按照中央的决定，实行政企分开，简政放权，扩大企业自主权。……另外，也可考虑，将核工业部（二机部）、航天工业部（七机部）……同目前一样，仍由国防科工委归口管理。"[2]

12月26日，张爱萍在这份文件上批示："总理：杨副主席要我请示你有何指示，以便军委常务会议研究。对此建议，遵你曾对我指示的原则，我说明如下几点意见。……其另外项，可不必要。虽邓主席提出'除二、七机部外'。"第二天，国务院负责人批示：同意爱萍同

---

[1] 张胜：《从战争中走来：两代军人的对话》，中国青年出版社2008年版，第444—445页。
[2] 张胜：《从战争中走来：两代军人的对话》，中国青年出版社2008年版，第446页。

志所批各点。[1]

由于各方面反应强烈，中央决定将国防科技工业领导体制的改革暂时缓一缓。

1985年中央军委扩大会议以后，国防科技工业为适应我军建设的战略转变，服从整个国家经济发展的大局，必须进行改革和调整。1986年6月3日，邓小平约国务院有关领导人及杨尚昆谈国防工业问题。在谈到军工体制问题时指出：我们的军工体制基本上还是苏联的模式。苏联体制的突出问题是军事工业孤立地一马当先，带动不了民用工业，带动不了整个经济和技术。军工力量不纳入整个经济发展范围，是极大的浪费。军工企业的人才、设备都是好的。这个力量用不上，对四个现代化建设不利，对国防建设也不利。因此，要下决心改变这种状况，要在第三季度完成军工几个部移交给国务院的工作，这件事关系到明年计划的安排，不能再晚了。这也是改革。[2] 国务院负责人在6月27日召开的国务院常务会议上传达了邓小平关于军工体制改革意见。

国防科工委随即在同年6月召开的各省、自治区、直辖市国防科工办主任座谈会上，研究了调整科研、生产能力和领导管理体制的问题。1986年7月，中共中央、国务院、中央军委决定，核工业部、航空工业部、兵器工业部、航天工业部这4个工业部划归国务院直接领导。国防科工委归口管理国防科研、生产以及航天技术和军品贸易。

和以往不同的是，这次军工体制改革的决心，以及改革的方向和总体思路，是中央最高层决定的。本着不争论的原则，事先并没有听取国防工业系统的意见。国防科工委只是根据总的意图，提交了贯彻

---

[1] 张胜：《从战争中走来：两代军人的对话》，中国青年出版社2008年版，第446页。
[2]《邓小平年谱（1975—1997）》下卷，中央文献出版社2004年版，第1119—1120页。

落实的具体方案。[1]此后,以建立军民结合的专业总公司为目标,各国防工业部门的领导管理体制改革开始加速。为从根本上改变国防科技工业自成体系、自我封闭、分工过细、军民分割的局面,历届中央领导高度重视、研究解决国防科技工业体制问题。中共中央、国务院采取了一系列重大举措,推动国防科技工业调整结构、转轨变型。

国防科工委对武器装备定型工作的管理得到加强。1988年6月,国务院、中央军委批准成立国务院、中央军委军工产品定型委员会,刘华清任主任,丁衡高、何其宗、甘子玉、刘明璞、谢光任副主任,办公室设在国防科工委科技部,王统业任办公室主任。同时,撤销常规军工产品定型委员会和战略核武器定型委员会。1989年10月8日,国务院、中央军委决定成立国务院、中央军委专门委员会,国务院总理李鹏任主任,副总理姚依林、中央军委副主席刘华清任副主任。办公室设在国防科工委,丁衡高兼办公室主任。

四、调整改革国防工业部门领导管理体制

按照邓小平关于国防工业"军民结合,平战结合,军品优先,以民养军"的方针和国务院关于国家机关机构改革的部署,国防工业部门的领导体制进行了相应的调整改革。

(一)兵器工业

1982年5月,五届全国人大常委会第二十三次会议通过《关于国务院部委机构改革实施方案的决议》,将第五机械工业部更名为兵器工业部。部长于一,副部长唐仲文、来金烈、李立青、庞天仪,科学技术委员会主任王立。6月26日,国务院批复兵器工业部机构编制,设

---

[1] 张胜:《从战争中走来:两代军人的对话》,中国青年出版社2008年版,第447页。

18个厅司局。实行部—局—厂（所）三级管理。同时撤销科学研究院，其行政机构与部合并，产品研究所由各专业管理局管理。1983年7月，经国防科工委批准，兵器工业部在重庆成立四川兵器工业管理局，作为部的派出机构。1984年2月，经国防科工委批准，兵器工业部成立陕西兵器工业管理局，作为部的派出机构。1986年4月，兵器工业部决定扩大四川、陕西兵工局的职能，两个局分别统一管理四川、陕西两省的直属企业。

1986年12月，兵器工业的领导体制进一步改革，管理机构做了较大调整。六届全国人大常委会第十八次会议批准了国务院的议案，撤销兵器工业部和机械工业部，组建国家机械工业委员会（简称"国家机械委"），并任命邹家华为主任。1987年2月，国务院批转了国家机械委的组建方案，要求机械委在管理职能上要改变过去政企职责不分的状况，由管理微观经济活动为主转向管理宏观经济活动为主；要打破部门和地区分割的状况，由部门管理转向行业管理；要改变单纯依靠行政手段管理经济活动的状况，由直接控制为主转向间接控制为主。在国家机械委的职能机构中，为了加强对兵器工业的领导，保证兵器工业不散不乱，在国家机械委主任的领导下，设立了军工总监，由国家机械委委员来金烈担任。设立了兵器发展司、武器局、弹药局和军工配套局，主管兵器工业的宏观管理和军工配套工作。同时恢复兵器科学研究院，对重大兵器型号和预研工作进行组织协调。1965年，根据国务院和中央军委关于国防科研与国防生产相结合的决定，炮兵科学研究院和总后勤部军械研究所合并到五机部，纳入兵器科学研究院。该院共拥有18个专业研究所和50余个厂属设计所，与大专院校的研究机构相结合，共同形成了较为完整的兵器科学技术体系。

1987年3月，国务院又明确兵工企业要全部下放，其他各部委机械制造企业也要下放,并指定这项工作由国家机械委牵头组织落实。国家机械委成立了兵工企业下放领导小组,下设办公室,与各省、自治区、直辖市具体商谈兵工企业下放的工作。到1987年底,国家机械委直属的兵工企业除一小部分交给其他部门或下放外,其余均未放下去。主要原因是,有相当一部分兵工企业的产品结构未及时得到调整,经济效益很差,亏损面大,亏损额高,地方政府在财力上难以承受,下放有困难。若继续由国家机械委直接管理这些企业,不仅不利于对机械行业进行宏观管理,也不符合国家机械委的基本职能,更不利于兵器工业自身的发展。因此,在1988年4月20日,国务院总理办公会议在研究机械电子部的机构设置时,批准成立工贸结合、军民结合、科研与生产结合的中国北方工业(集团)总公司,任命来金烈为总经理。总公司在国家计划单列,受机械电子部的委托管理全国兵器行业,并实行承包经营,独立核算,自负盈亏。为了加强对兵器工业的行业管理,1990年1月18日,国务院批准成立了中国兵器工业总公司,同年4月30日任命来金烈为中国兵器工业总公司总经理。

(二)航空、航天工业

根据中共中央、国务院作出的军工部门纳入整个国民经济的管理渠道,改革军工体制的决定。航空工业部进一步明确了航空工业战略转移的两项主要内容:一是发展方针由过去的军民结合、以军为主,转变为军民结合、以民为主;二是经济模式由产品经济,转变为有计划的商品经济。确定航空工业的发展方针是:军民结合,以民为主;航空为本,多种经营;科研先行,质量第一;面向国际,集团竞争。同时制定了体制改革的总思路:航空(产品)集中,民品放开;横向联合,形成集团;简政放权,搞活企业;理顺机关,转变职能。航空工业部部长莫文祥指出,如果把以军为主的航空工业作为第一次创业,那么，建立军民结合的航空工业就是第二次创业。

为了适应高技术产业的特点，统筹技术力量，促进军民结合，加强对航空航天工业的行业管理，中央决定撤销航空工业部和航天工业部，将两部合并。其主要职能是，研究拟定行业发展战略、产业政策、技术政策，组织和指导航空航天重大系统工程的实施，对新产品进行技术经济论证等。1988年1月12日，李鹏代总理听取林宗棠关于航空工业、航天工业合并的"三定"方案汇报，确定两部合并后定名航空航天工业部。李鹏指示，航空工业部建立在前，航天工业部建立在后，国际上通称 AEROSPACE，也是航空航天，以后就叫航空航天工业部。2月11日，航空航天工业部筹备组向国务院报送《关于航空航天工业部"三定"方案的报告》，指出：部机关设1厅、17司和直属党委，即：办公厅、政策法规司、体改管理司、综合计划司、科学技术司、航天系统工程司、军机司、民机司、质量司、民品司、生产调度司、财务司、建设司、人事劳资司、国际合作司、教育司、保卫司、行政司、直属党委。另有审计局、老干部局。定员800人。此外，航空航天工业部科学技术研究院、航空发动机总公司、机载设备总公司，不属机关编制。[1]1988年4月，七届全国人大一次会议通过成立航空航天工业部的决议。4月12日，中华人民共和国主席杨尚昆任命林宗棠为航空航天工业部部长。5月3日，国务院任命姜燮生、刘纪原、何文治、孙家栋为航空航天工业部副部长。[2]7月5日，航空航天工业部在北京召开正式成立大会。航空航天工业部的工作方针是："航空航天为

---

[1] 中国航空工业史编修办公室编：《中国航空工业大事记（1951—2011）》，航空工业出版社2011年版，第277页。

[2] 中国航空工业史编修办公室编：《中国航空工业大事记（1951—2011）》，航空工业出版社2011年版，第279页。

本，军民结合，军工第一，民品为主，走向世界。"发展思路是："军转民，内转外，攻关加合作。"[1]8月17日，航空航天部发文组成航空航天技术研究院。12月，科学技术研究院正式成立，何文治副部长兼任院长。[2]

（三）船舶工业

根据国务院关于经济体制改革的指示精神，我国造船工业便开始致力于打入国际市场，把全国造船工业进一步联合起来，成立打破部门和地区界限的生产和经营的经济实体。1982年5月4日，中国船舶工业总公司（简称"船舶总公司"）正式成立，同时撤销六机部的建制。柴树藩任董事长、党组书记，冯直任总经理、党组副书记。船舶总公司由原六机部机关及所属的138个企事业单位和交通部所属15个企事业单位组成，共有26个造修船厂、66个船用配套厂、61个事业单位，规定资产原值共44.6亿元。总公司实行工贸结合、军民结合、造修结合、科研生产结合，发展船舶工业。[3]它也是把以往由六机部和交通部两个部门分别管理船舶工业的行政体制，改变为统一的船舶工业经济实体。中国船舶工业总公司的成立是由过去的按行政办法管理改为按经济办法管理企、事业单位的初步尝试。此外，船舶总公司受国务院委托，对全国船舶工业进行一定的行政干预。船舶总公司成立以后，按照逐步转变为经济实体的发展方向，在经济管理体制方面也进行了一些探索性的改革。主要是：船舶总公司对国家实行税后利润总

---

[1] 中国航空工业史编修办公室编：《中国航空工业大事记（1951—2011）》，航空工业出版社2011年版，第281页。

[2] 中国航空工业史编修办公室编：《中国航空工业大事记（1951—2011）》，航空工业出版社2011年版，第282—283页。

[3] 中国航海学会编：《中国航海史（现代航海史）》，人民交通出版社1989年版，第356页。

包干或利润总额按比例上缴,对所属企业普遍实行利润分成;在所有制不变的原则下,扩大企业自主权,在所属企业中普遍推行厂长负责制,在部分企业中推行厂长任期目标责任制或承包经营责任制,使企业逐步由生产型转变为生产经营型;同时,继续改革外贸体制。1988年5月,国务院总理办公会议确定,中国船舶工业总公司由机械电子工业部归口管理。

(四)核工业

1988年4月,第七届全国人民代表大会决定撤销核工业部,成立核工业总公司,由能源部归口管理。1988年9月16日,中国核工业总公司成立,成为中国国务院直接领导下的一家核武器生产与民用产品生产相结合及贸工技相结合的具有独立法人资格的国有特大型企业集团,简称"中核总"。中国核工业总公司拥有200多个企事业单位,担负着国家核工业的生产、经营、科研、开发和建设任务;其中,规划、开发、建设和营运核电及其配套的核燃料工业,是中核总的中心任务。中国核工业总公司在核电和核燃料工业建设上,取得了很大成绩。核电方面建成秦山、大亚湾两个电站,并保持持续安全稳定运行。截至1996年两座核电站已累计发电457.40亿千瓦时。中核总还向巴基斯坦出口30万千瓦核电站。同时,中核总又是中国的国家原子能机构,办理中国核领域的涉外事项,参加国际会议,进行国际合作和交流。

第二节 与西方国家开展军事技术合作

中华人民共和国成立后,以美国为首的西方国家长期对中国采取军事封锁和经济遏制。朝鲜战争爆发后,中国军队赴朝参战。1950年

12月,美商务部宣布中国为"敌对国家",并按照美国《1949年出口管制法》,将中国列入全面禁运的Z组。1952年巴黎统筹委员会(输出管制统筹委员会,简称"巴统")成立专门的"中国委员会",形成所谓的"中国差别待遇",设立"中国禁单",即对中国贸易的特别禁单,该禁单所包括的项目比苏联和东欧国家所适用的"国际禁单"项目多500余种。1971年,尼克松访华,中美关系改善,美国对华技术禁运有所松动。但中美军事关系仍然停滞不前,中国与西欧国家的军事技术合作也只取得有限的进展。1978年12月,中共十一届三中全会召开,中国确定了改革开放的基本国策。1979年1月,中美正式建交,中国与西方国家的安全关系不断扩展深入,军事技术合作迅速展开。

一、中国航空工业代表团对西欧的首次出访及技术引进

1978年11月2日至12月23日,三机部部长吕东及3位副部长率领25人的中国航空工业代表团出访联邦德国、法国、英国,这是新中国航空工业创建以来到西方发达国家考察的第一个高级别代表团。代表团考察了西欧三国的45家企业、科研机构和大学,获得大量技术和经济贸易信息,开阔了眼界,增进了对世界航空工业发展的了解,探索了与西方发达国家开展技术交流、经贸来往的方法、途径。这次考察,对航空工业制订20世纪80年代的发展规划、加强科研设计工作、更加坚定地实行对外开放,产生积极而深远的影响。[1]

(一)中国航空工业代表团出访西欧三国的背景

经过20多年的发展,中国航空工业基本建成了门类齐全的科研生

---

[1]中国航空工业史编修办公室编:《中国航空工业大事记(1951—2011)》,航空工业出版社2011年版,第203页。

产体系，并开始了从仿制走向自行研制的新阶段。至 1977 年底，航空工业已拥有部属企业 113 个，事业单位 99 个，职工 41.2 万多人，固定资产 427356 万元。[1]虽然在体量上中国的航空工业已初具规模，但是在技术上水平方面，中国航空工业至少落后西方 20 年。[2]国防工业，特别是航空工业，集中了许多技术密集型产业，由于这种特殊性，它在自力更生的基础上，必须通过广泛的国际交流与合作才能迅速发展，但是这种交流在"文化大革命"中基本被中断了。[3]二十世纪六七十年代，正是世界航空技术飞速发展的重要时期。恰恰在这个时候，我国的航空工业丧失了一次发展的机会，把已经缩小了的技术差距又拉大了。[4]由于受到"文化大革命"的严重破坏，航空工业形成了科研落后、产品更新换代缓慢的被动局面，使空军的主力航空装备"青黄不接"。中国航空工业同世界先进水平的差距越来越大。[5]

此时，来自北方的军事威胁日益加剧，特别是在空中力量上，实力对比更加悬殊。苏联在远东地区部署了 1300 多架战斗机，由于机种新型化，能力不断加强。[6]米格-23 等第二代战斗机已成为苏联前线的主力作战机种，并出售给越南等国，在当时中苏、中越关系紧张的情况下，无疑对我国的安全构成了威胁。[7]特别是苏联新装备的苏-24 战

---

[1] 中国航空工业史编修办公室编：《中国航空工业大事记（1951—2011）》，航空工业出版社 2011 年版，第 197 页。

[2] 陈一坚口述，刘宇辉执笔：《我和"飞豹"："飞豹"总设计师陈一坚自述》，航空工业出版社 2010 年版，第 65 页。

[3] 洪学智：《洪学智回忆录》，解放军出版社 2007 年版，第 609—610 页。

[4] 周日新主编：《中国航空工业四十年》，航空工业出版社 1991 年版，第 63 页。

[5] 段子俊主编：《当代中国的航空工业》，中国社会科学出版社 1988 年版，第 95 页。

[6] [日] 青木日出雄：《远东苏军实力》，军事科学院外国军事研究部译，战士出版社 1983 年版，第 51 页。

[7] 本书编写组编：《科研试飞英雄：王昂》，航空工业出版社 2018 年版，第 152 页。

斗轰炸机和图-22M"逆火"式中型战略轰炸机,航程远、载弹量大、突防能力强,更是对中国腹地构成巨大威胁。而中国空军当时装备的主力战机仍然是歼-6(仿制米格-19),以及少量歼-7(引进、仿制米格-21)。这两型战机都属于苏联 20 世纪 50 年代的水平。空军在无现代化战斗机可用的窘境中,不得不提出"歼-6 万岁"的口号,急切要求装备能够全天候作战的新型飞机。而正在研制的歼-7Ⅲ(歼-7 大改)和歼-8[1]两型战机,作战性能明显低于米格-23 飞机,不能满足空军的需求。[2]由 611 所负责的歼-9 的研制工作始终停留在设计阶段,最终以下马告终。[3]实际上,歼-9 到了后期也仍然没有脱离第二代的技术范畴,已经落后了。[4]601 所负责研制的歼-6 后继机——歼-13 的情况也大体类似。由于受"文化大革命"影响,设计人员信息闭塞,思想落后,歼-13 的机载设备还不如国外 20 世纪 60 年代的战斗机。[5]整整酝酿 10 年之久,总体方案都定不下来,不得不停止研制。[6]

空军装备和航空工业的落后局面引起中央领导的高度重视。主持中央军委工作的军委副主席邓小平明确指出:"将来打起仗来,没有空军是不行的,没有制空权是不行的。……不管如何,今后作战,空军第一。……否则,什么仗都打不下来。我看今后重点放在发展空军。投资的重点应放在航空工业和发展空军。军用外汇的分配、使用,重

---

[1] 在空军主要领导坚决反对下,1979 年歼-8 白天型"连滚带爬"勉强定型。参见顾诵芬口述,师元光整理:《我的飞机设计生涯》,航空工业出版社 2011 年版,第 136 页。
[2] 本书编写组编:《科研试飞英雄:王昂》,航空工业出版社 2018 年版,第 152—153 页。
[3] 王南寿:《沉重的翅膀——歼 9 夭折内情回顾》,《航空档案》2006 年第 11 期。
[4]《回忆与思考——王南寿总师访谈录》,《航空档案》2006 年第 11 期,第 36 页。
[5] 参见顾诵芬口述,师元光整理:《我的飞机设计生涯》,航空工业出版社 2011 年版,第 162 页。
[6] 王树棕等编著:《"凤"舞蓝天——记中国工程院院士杨凤田》,航空工业出版社 2011 年版,第 74 页。

点是航空工业和装备。"[1]面对当时比较有利的国际环境，邓小平等中央领导积极主张引进国外的先进技术。1977年12月，邓小平在同三、五、六机部负责同志谈话时就明确表示：我们要有自知之明，我们的技术水平不够，应当先引进，引进外国的新技术作为起点。[2] 1978年3月，邓小平在全国科学大会开幕式上的讲话中特别强调：认识落后，才能去改变落后。学习先进，才有可能赶超先进。……独立自主不是闭关自守，自力更生不是盲目排外。……任何一个民族、一个国家，都需要学习别的民族、别的国家的长处，学习人家的先进科学技术。[3]

1978年6月12日，军委秘书长罗瑞卿和军委常委、副总理王震主持召开专门研究新机研制的会议。总参、空军、海军、国防科委、国防工办、三机部、四机部、五机部的领导参加会议。罗瑞卿指出："要争取引进先进技术，什么洋奴哲学，要打括号。总是要承认落后，无非是要搞得快一些。不承认落后，不这样搞，是因为他们发动。我们的同志如果也这样则是错误的。"[4]罗瑞卿提出，要派懂技术的人出国考察。

1978年6月26日至27日，邓小平、王震、罗瑞卿等听取了三机部部长吕东和空军司令张廷发的汇报。邓小平就飞机发展的战略目标、科研规划等情况做了重要指示，指出，歼-6确定为第一代，歼-7大改确定为第二代，同时搞歼-8，技术过了关，算第三代，第四代考虑引进。[5]邓小平提出，还可以买一些"猎兔狗"（即鹞式战斗机），第四

---

[1]《邓小平军事文集》第3卷，军事科学出版社、中央文献出版社2004年版，第153页。
[2]《邓小平关于新时期军队建设论述选编》，八一出版社1993年版，第151—152页。
[3]《邓小平文选》第2卷，人民出版社1994年版，第91页。
[4]《罗瑞卿军事文选》，当代中国出版社2006年版，第784页。
[5]中国航空工业史编修办公室编：《中国航空工业大事记（1951—2011）》，航空工业出版社2011年版，第200页。

代可以考虑引进两种:"幻影"2000 和"狂风"战斗战斗机。[1]邓小平强调:今后谈判引进问题,空军、三机部、研究机关要组织一个专门小组,从头到尾负责到底。[2]

6月下旬,华国锋主持中共中央政治局会议,听取了谷牧副总理赴西欧五国考察之行[3]的情况汇报。谷牧表示:二战后西欧发达国家的社会经济和科学技术有很大发展,和这些国家相比,我国大大落后了。这些国家大都对华友好,由于资金过剩,技术要找市场,商品要找销路,因此都非常重视与中国发展经济贸易交往。只要我们做好工作,许多似乎难办的事情都可以办成。汇报后,到会的中央领导同志展开了热烈的讨论。[4]李先念说,组织人员出国考察回来汇报,这也是调查研究,是个很重要的调查研究。我们还比较落后,不要打肿脸充胖子,要利用西欧这个力量,把先进的东西搞过来。[5]叶剑英从战略上强调:我们同西欧几十年没有打过仗,他们希望中国成为世界稳定的力量,我们需要他们的先进技术,他们资金过剩,技术需要找市场,引进技术的重点应放在西欧。聂荣臻态度坚决地说,过去我们对西方的宣传有片面和虚伪之处,这反过来又束缚了我们自己。谷牧这次调查比较全面,应当拍板了!不要光议论了![6]不久后,邓小平又找谷牧谈话并表示:引进这件事

---

[1] 孟赤兵等主编:《新中国航空工业主要创始人之一:段子俊》,北京航空航天大学出版社2010年版,第101页。
[2]《邓小平年谱(1975—1997)》上卷,中央文献出版社2004年版,第333页。
[3] 1978年5—6月由当时的国务院副总理谷牧任团长的中国代表团正式访问法国、瑞士、比利时、丹麦、联邦德国等西欧五国。回国后,谷牧写了长篇报告:《关于访问欧洲五国的情况报告》。
[4] 田毅:《杨波口述1978年西行记》,《第一财经日报》2008年7月2日。
[5]《李先念年谱》第5卷,中央文献出版社2011年版,第621页。
[6]《谷牧回忆录》,中央文献出版社2009年版,第327页。

要做，下决心向外国借点钱搞建设，要抓紧时间。[1]谷牧赴西欧五国考察的情况汇报和讨论的成果，最终促成了中央推行对外开放的决心。

为落实中央决策，王震主持中央军委科学技术装备委员会会议，研究军工口的规划和技术引进问题，国防科委主任张爱萍谈了规划想法、引进目标，会议进行了讨论。[2]作为军委常委和主管国防工业的副总理，王震把引进国外先进技术摆在突出地位，要求国防工业各部门抓住时机，抓紧同国外进行科学技术和经济合作，通过买方信贷、补偿贸易、合作生产等多种渠道，加强科研，加速武器装备的更新换代，赶上世界先进水平。[3]随后，张爱萍与军委科装委办公室主任刘华清商量按照王震的要求，由国防科委系统对引进项目和规划进行总体研究。刘华清主持军委科装办会议，研究引进项目用汇事宜，听取了三机部、四机部、五机部、第八机械工业总局等单位对用汇问题的具体意见。[4]

1978年7月12日，三机部上报《关于航空工业技术引进规划的报告》（以下简称《报告》），《报告》提出：成套引进先进的歼击机制造专利，争取引进美国的F-15和F-16战斗机，如不能实现则从西欧引进法国的"幻影"2000战斗机和联邦德国的"狂风"战斗轰炸机或瑞典的"雷"式战斗机的制造专利。拟找英国或法国，要他们用先进的导航、火控系统改装歼-7飞机，并引进先进的空空导弹，引进科研试验设备和仪器、引进一套主机和辅机制造厂。共107项，约需外

---

[1]《邓小平年谱（1975—1997）》上卷，中央文献出版社2004年版，第335页。
[2]姜为民主编：《刘华清年谱》上卷，解放军出版社2016年版，第288页。
[3]孙兴盛：《改革开放之初的王震》，《党政论坛》（干部文摘）2009年第4期。
[4]姜为民主编：《刘华清年谱》上卷，解放军出版社2016年版，第288页。

汇 34 亿美元。[1] 在审议《报告》时，刘华清代表军委科装委表示：军口研究后不同意引进"狂风"，因为它的发动机比斯贝发动机性能差很多，斯贝发动机的专利我们已经买了，而且买了一些发动机成品，大家意见还是研制歼轰-7。[2] 随后，三机部对引进规划进行了调整，将引进规划所需外汇减为 12.6 亿美元。调整后的引进项目主要包括：法国的"幻影"2000 飞机，"空中闪光"导弹，歼击机导航、火控系统和飞行控制系统，以及科研所需的测试、处理系统等。[3] 随后，军委向中央报送了军队引进项目的具体清单。邓小平主持召开了关于军队引进国外先进技术问题座谈会，原则上同意了军队的引进项目。至此，中央对航空工业等部门引进西方先进技术的决策基本落定。

（二）航空工业代表团对西欧三国的考察访问

对于引进西方先进技术，航空工业内部并非没有不同意见。当年引进斯贝发动机时，争论就很大。为落实中央的决策部署，三机部领导层必须首先要统一思想，正确处理好独立自主与引进外国先进技术的关系。

三机部新任部长吕东思想开阔，重视科研，对引进国外先进技术持积极务实的态度。他强调首先要从思想上厘清是非，去除障碍。吕东在担任三机部部长不久，就在会议上明确提出：要通过深入揭批"四人帮"，分清路线是非，弄清思想。重点是把路线是非搞清楚。例如，质量是不是个路线问题，科学研究工作是不是要先行的问题，独立自主、自力更生与引进新技术、洋为中用的关系问题等。[4] 吕东强

---

[1]淡然：《机殇：歼 7 Ⅲ 的发展与反思》，《航空档案》2007 年第 5 期。
[2]姜为民主编：《刘华清年谱》上卷，解放军出版社 2016 年版，第 288 页。
[3]淡然：《机殇：歼 7 Ⅲ 的发展与反思》，《航空档案》2007 年第 5 期。
[4]《吕东经济文集》，冶金工业出版社 1995 年版，第 186 页。

调，航空工业要坚持科研领先。坚持科研走在生产建设前面的方针。为了加快航空科学技术的发展，一定要遵照毛主席的指示："我们必须打破常规，尽量采取先进技术。"要以当代世界先进水平为起点。首先，要大力加强自己的科学研究基础和科学研究工作。……为了加快航空科学技术的发展，还必须把国外的先进科学技术学到手。为此要派人出国考察。对国外的先进技术装备、机种，特别是加强航空科研必需的科学技术和研究实验设备，看准了的，要继续引进。[1]

1978年7月22日至8月2日，吕东在天津主持召开航空科学技术工作会议第一次明确提出，航空工业要实行科研先行的方针，提出了飞机发展"更新一代、研制一代、预研一代"的目标。这是航空工业进入新的历史发展时期具有重要战略意义的一次会议。从此，航空工业开始从重点抓成批生产转向重点抓科研和新飞机的战略转变。[2]会议还特别提出：正确处理学习外国与自己独创的关系，打破闭关自守的状态，在自力更生的基础上积极引进外国先进技术，提高航空科技发展的起点。[3]不久，三机部下发《1978—1985年航空工业科学技术发展规划纲要（试行草案）》（以下简称《纲要》），提出加强技术引进和国际航空科技交流。[4]《纲要》确定了高推重比发动机、先进火控技术、机载设备电子技术等8项关键课题。其奋斗目标是：到1985年，航空科研的大部分领域要接近、赶上20世纪70年代世界先进水

---

[1]《吕东经济文集》，冶金工业出版社1995年版，第189页。
[2] 中航工业编史办供稿：《吕东——为航空工业"拨乱反正"》，《中国航空报》2011年4月16日。
[3] 段子俊主编：《当代中国的航空工业》，中国社会科学出版社1988年版，第96页。
[4] 中国航空工业史编修办公室编：《中国航空工业大事记（1951—2011）》，航空工业出版社2011年版，第202页。

平。把航空科研与世界先进水平的差距缩短到 10 年左右。[1]《纲要》还就加强技术引进和国际航空技术交流和合作，列出了 1985 年前引进的重点。[2]

吕东和副部长段子俊商议后认为，到 2000 年，仅仅依靠现有的国防工业基础加上外援的军工产品，显然是难以实现国防工业现代化的，必须迅速、坚决地打破航空工业"闭关锁国"的局面，走国际合作之路。[3]邓小平在听取三机部工作汇报时指出："中国航空工业的发展，按现在这个速度不行，要引进国外先进技术。美国的买不来，就到西欧去买，然后在引进、吃透的基础上再发展。"[4]根据中央领导关于航空工业要大力进行技术引进工作的指示，1978 年 6 月，吕东决定成立技术引进领导小组，由段子俊、陈少中、油江 3 位副部长负责。段子俊受吕东部长委托，亲自抓技术引进工作。[5]为了实地了解西欧航空工业的具体情况，相机选择有用的产品、实验设备和技术，争取尽快加以引进，三机部党组决定组团到西方先进工业国家考察。一是看航空工业的制造和科研水平，二是看军民产品的结合，三是看现代化工业管理。

1978 年 8 月，三机部党组向国防工办、国务院呈送《建议派出我航空工业代表团去西欧三国的请示报告》，建议由吕东任团长，率领航

---

[1] 刘鸿志：《回忆与思考——刘鸿志回忆录》，航空工业出版社 2010 年版，第 214—215 页。
[2] 徐昌裕口述：《为祖国航空拼搏一生》，航空工业出版社 2006 年版，第 295 页。
[3] 孟赤兵等主编：《新中国航空工业主要创始人之一：段子俊》，北京航空航天大学出版社 2010 年版，第 105 页。
[4] 孙肇卿：《西天取经"晴"——歼-7M 研发及出口经验总结》，《航空档案》2007 年第 5 期。
[5] 孟赤兵等主编：《新中国航空工业主要创始人之一：段子俊》，北京航空航天大学出版社 2010 年版，第 112 页。

空工业代表团,于1978年10月下旬或11月初去联邦德国、法国和英国访问一个半月至两个月。主要任务是考察先进战斗机和武装直升机,以及空空、空地导弹,电子火控设备等;了解西欧航空科学研究的现状与发展趋势以及航空工艺和生产管理问题。[1]8月23日,王震副总理批示同意。

11月2日,吕东部长率领中国航空工业代表团出访西欧三国。中国航空工业代表团集中了航空工业各方面的专家一共25人,包括第三机械工业部副部长段子俊、陈少中、徐昌裕;国务院国防工办副主任周太和、海军航空兵副司令员李景;航空研究院副院长张池、宋中文;沈阳航空发动机厂总工程师程华明、空军工程部工厂部副部长王华成、哈尔滨飞机制造厂总工程师孙肇卿、沈阳飞机制造厂副总工程师顾诵芬等。

联邦德国是代表团考察访问的第一站。在联邦德国经济部的安排下,代表团抵达第二天即开始对联邦德国的航空工业进行访问。11月3日至15日,代表团先后访问考察了波尔茨的德国航空航天研究院(DFVLR)总部和亚琛大学、不来梅福克公司、汉堡MBB分厂、申克公司、慕尼黑MTU发动机公司、奥托布伦达MBB工厂、多尼尔公司;DFVLR导航、风洞、飞行试验部分以及DFVLR哥廷根空气动力试验院(AVA)等。MBB是"狂风"战斗机的生产厂商,对接待中国代表团表现积极,态度友好。MBB请中国代表团参观了"狂风"战斗机的保密油漆车间和全金属样机,但对飞机交易回避不谈。

11月17日,中国代表团抵达法国巴黎。法国政府对中国代表团的访问高度重视,法国国防部装备部和航空总署官员专程陪同。吕东表

---

[1] 孟赤兵等主编:《新中国航空工业主要创始人之一:段子俊》,北京航空航天大学出版社2010年版,第105页。

示,这次参观的重点是"幻影"2000,并且寻求技术合作以及科研学术合作的途径。11月21日至12月6日,代表团访问了达索飞机公司圣克鲁和阿让特设计和试验机构、斯奈克玛发动机公司、汤姆森微电子公司、达索公司波尔多总装厂、空客公司总部、法国航空试验中心、法宇航直升机分部、克鲁泽导航设备公司、马特拉导弹公司、法国基础科学研究院以及萨吉姆惯导公司、萨克累发动机高空试验台。吕东部长与达索公司总裁瓦利埃举行了正式会谈,对方表示,可以先谈"幻影"F1,"幻影"2000尚在试飞阶段,难以商谈合作条件。法国国防部装备部与代表团举行了两次会谈。法国国防部对两国科研与民机生产的合作表示支持,对军机合作则回避不谈,但提议中方可以写一份航空合作协议书经政府同意交中国大使签署后法方再派人去中国具体洽谈。[1]

中英的航空合作领先于其他西方国家。在叶剑英、李先念等中央领导支持下,1975年12月,中英签订了中国引进斯贝发动机的专利合同。后来,中央安排王震副总理主抓斯贝的引进和研制工作。王震对此项目非常支持。[2]在航空工业代表团访英前夕,1978年11月6日至17日,王震副总理访问了英国。访英期间,王震参观了英国宇航公司、罗尔斯·罗伊思公司、拉特克里夫发电站、英国造船公司、马可尼公司、国际计算机公司、法兰蒂公司等工业单位。随同王震出访的军委科装办主任刘华清还单独参观了鹞式和鹰式飞机的部分生产和装备流程及鹞式飞机的表演,向英方提出十几个引进技术和购买军工

---

[1] 辛文:《开放的大幕——中国与西方军用航空合作开端纪实》,《航空档案》2009年第5期。
[2] 叶正大口述,师元光等主编:《新中国航空科技工作开拓者:叶正大将军回忆录》,航空工业出版社2013年版,第312页。

产品项目。[1]王震对航空工业代表团的考察情况非常关心，在回国途中，专门听取了吕东等的汇报。[2]这样，航空工业代表团对英国相关方面的情况就更加清楚了。12月7日，代表团抵达英国。英方对这次访问高度重视，积极主动促成中英航空项目合作，举行了有百余家厂商参加的招待会。英国外贸部、工业部和国防部与航空工业代表团进行了会谈，英国外贸大臣表示，可先签一批航空项目协定，由大使参加签署协定草案，以便明年初大使访华时正式签约。吕东表示，待参观以后再商议。[3] 12月8日至20日，中国航空工业代表团先后参观考察了FERRANTI公司、EMI电子公司、英国宇航公司、REDIFNSIMULATION公司、罗罗发动机公司、马丁贝克公司、英国国家燃气轮机研究院、MARCONI以及克兰菲尔德大学、皇家飞行研究院等。代表团与英国厂商签订了10多项初步协议。

在50多天里，中国航空工业代表团考察访问了联邦德国、法国和英国三国的4所大学、9个研究所和32家工厂，几乎包括了所有主要航空科研机构和主要飞机、发动机制造公司。通过考察，代表团开阔了眼界，看清了差距。吕东部长表示："对比之下，我们是大大地落后了。""我们航空工业的全体同志应当立下雄心壮志，加快产品更新"，"这是关系到缩短与世界各国先进水平差距的重大战略问题"。西方航空工业的科研成果和手段引发了部长们深深的思考。三机部领导更加明确了航空工业要高度重视科学技术研究和科研基础设施的建设，要

---

[1]姜为民主编：《刘华清年谱》上卷，解放军出版社2016年版，第297—298页。
[2]姜为民主编：《刘华清年谱》上卷，解放军出版社2016年版，第297页。
[3]辛文：《开放的大幕——中国与西方军用航空合作开端纪实》，《航空档案》2009年第5期。

把新产品研制放在重要地位。[1]这次考察,对中国航空工业的发展产生了积极而深远的影响。以此为开端,中国航空工业开始广泛与世界各国接触。

回国后,代表团专门召开了对西欧三国航空工业的考察情况汇报会。1978年底,三机部党组根据中共中央关于"吸收国外先进技术,加速航空工业现代化建设"的指示,提出"科研先行,引进科研测试手段、先进技术和先进装备,发展中国的航空工业"战略设想,得到中央领导同志充分肯定。中共中央、国务院要求航空工业尽快利用已有的技术和实力,通过多种途径筹措资金,尽快启动引进工作。[2]1979年1月6日,三机部党组向中央上报的《航空工业代表团访问西欧三国情况汇报》说,经与三国官方、航空企业界以及航空科研机构广泛接触,可以明显看出:(1)科研设备大都能从西欧买到,并且达到或基本达到他们现有设施的水平。(2)对基础理论研究,或非直接用于军事目的之预研课题进行的可能性完全存在。(3)他们渴望向我们推销更多的民用飞机,也愿同我方商谈民用飞机的种种合作办法。(4)他们正在研制定型的军用飞机(如"幻影"2000)和刚开始生产的飞机(如"狂风")尚不肯出售,但表示愿意合作研制新飞机(或派人来中国合作),愿意出售较先进的机载设备以改进我现有机种,还积极向我推销正在大量生产的(如"鹞"、"幻影"F1)军用机。(5)航空院校原则上都可以考虑接纳我留学生、研究生,并愿同我院校进行

---

[1] 周日新等编著:《航空春秋》,航空工业出版社2001年版,第255—256页。
[2] 中航工业编史办供稿:《吕东——为航空工业"拨乱反正"》,《中国航空报》2011年4月16日。

交流和合作。[1]建议：（1）迅速引进先进机载设备，改进我第二代作战机种（即歼-7、歼-8），以满足当前和近年内急需。（2）争取同西欧有关企业合作研制第三代作战机种，利用他们的技术提高我发展起点，并确保在1985年前后拿到相当70年代末期水平的新型作战飞机。（3）迅速从西欧引进关键科研实验设备，把我科研基地切实武装起来，为真正能自力更生地发展航空技术，也为研制好第四代机准备必要条件。（4）在国内有一定需要，并有可能外销以换取外汇的前提下，同西欧合作生产一两种民用飞机，以达到"以民养军，以民掩军"的目的。（5）通过互访等方式，积极开展同西欧三国科研机构的交流活动，并进而实施某些项目的合作研究。（6）迅速组织，及时派出研究生去西欧三国有关院校留学。[2]

（三）中国航空工业与西欧三国谈判的主要合作项目

在中国航空工业代表团结束出访回国之际，1978年12月22日，中共十一届三中全会在北京闭幕，这次会议实现了新中国成立以来党的历史上全局性的、根本性的伟大转折，以此为开端，开启了改革开放历史新时期。从此，中国航空工业结束了将近20年与外界基本隔绝的封闭状态，同外国的交往与合作进入了一个新的发展时期。[3]

1979年1月18日，邓小平和王震听取了吕东、段子俊关于航空工业情况的汇报。邓小平指出，引进外国大型科研设备，同外国科研

---

[1] 孟赤兵等主编：《新中国航空工业主要创始人之一：段子俊》，北京航空航天大学出版社2010年版，第107页。

[2] 孟赤兵等主编：《新中国航空工业主要创始人之一：段子俊》，北京航空航天大学出版社2010年版，第107页。

[3] 段子俊主编：《当代中国的航空工业》，中国社会科学出版社1988年版，第114—115页。

机构合作搞科研,加速科学技术现代化,这个好。[1]邓小平强调:"民用飞机要搞合股经营,军用飞机能搞经营也可以。关键的问题是要抢时间。买产品时要买全,要同技术制造的资料结合起来。如武钢一米七轧机就是例子嘛!说这个中国也能搞,那个也能搞,不买,结果是浪费了钱,浪费了时间,最后还得向外国买。"[2]1979年2月,邓小平、王震等批示同意了《航空工业代表团访问西欧三国情况汇报》。三机部和有关部门立即着手对西欧三国的技术引进工作。

英国是军用航空技术合作的重点对象。代表团访问期间,已与有关公司初步商谈引进英国的电子火控设备,以改装歼-7、歼-8飞机。1979年,我国成立了总参、国防工办、三机部、四机部以及空军海军组成的歼-7、歼-8改装领导小组,由三机部副部长段子俊和空军副司令曹里怀任正、副组长,中央由王震副总理直接抓。[3]3月,马可尼公司派出了由一、二把手常务董事率领的12人的庞大代表团,来北京进行商谈。在段子俊、陈少中领导下,中方谈判组共由三机部、四机部所属18个单位42人组成,由132厂总工程师屠基达出面主谈。中英双方前后进行了10轮谈判,历时16个月。王震副总理感到歼-7引进改装的谈判进行得太慢,发了脾气。[4]1980年6月底,中航技公司与英国马可尼、史密斯、费伦提(梯)3家公司签订了购买机载雷达、平视仪等7项电子设备及其部分生产许可证,用于改装歼-7飞机的合同。

---

[1]《邓小平年谱(1975—1997)》上卷,中央文献出版社2004年版,第473页。
[2]《邓小平关于新时期军队建设论述选编》,八一出版社1993年版,第155—156页。
[3] 屠基达:《淡墨集——飞机设计师屠基达自述》,航空工业出版社2010年版,第144页。
[4] 屠基达:《淡墨集——飞机设计师屠基达自述》,航空工业出版社2010年版,第140页。

合同总价 3700 万英镑。[1]1980 年 7 月 31 日，中国政府批准上述合同。9 月 1 日合同正式开始执行。但就在此时，因国民经济调整，12 月 23 日，张爱萍（接替王震出任主管国防工业副总理）召开会议，决定歼-7 引进改装的项目"停止工程，撤销合同，不再谈判"。空军也表示不要改装后的飞机了。此时，高达 4000 万元人民币的合同预订金、银行信贷、保险、手续费等已支付，如果退出合同，将白白损失掉，国际信誉也遭受影响。屠基达积极和领导机关研究万全之策。最后上级同意引进的电子设备先装在歼-7M 型上出口，解决缺乏引进资金这一矛盾。这样做风险很大，流言蜚语甚多。在合同执行过程中，段子俊副部长亲自去 630 所检查督促试飞鉴定工作，陈少中副部长亲自去成飞公司作"背水一战"的动员，花费了很大精力。[2]最终成飞通过艰苦努力，完成了 2 亿多美金的出口合同。歼-7M 飞机很快成为出口的主要机种之一，博得用户好评。[3]在王震副总理支持下，空军曾希望引进鹞式飞机。军委科装办为王震同英国谈引进鹞式飞机做了相关的准备工作，并开会研究了飞机的引进问题。[4]聂荣臻认为："少买几架是可以的。但军工产品必须设法买他的专利，立足于自己制造，不能受制于人……希望谈判时注意这个问题。"[5]但最终引进鹞式飞机的计划还是放弃了。

中法两国在航空领域的重要合作项目是从引进"海豚"直升机生产制造技术为开端的。在中国航空工业代表团访法期间，曾访问了法

---

[1] 周日新主编：《中国航空工业四十年》，航空工业出版社 1991 年版，第 63 页。
[2] 孙肇卿：《西天取"晴"——歼-7M 研发及出口经验总结》，《航空档案》2007 年第 5 期。
[3] 周日新主编：《中国航空工业四十年》，航空工业出版社 1991 年版，第 63 页。
[4] 参见姜为民主编：《刘华清年谱》上卷，解放军出版社 2016 年版，第 30、312 页。
[5] 周均伦主编：《聂荣臻年谱》（下），人民出版社 1999 年版，第 1150 页。

国宇航公司直升机分部,对"海豚"直升机有所了解,但当时法国不愿转让生产技术。为满足国内各部门对直升机日益增长的需要,国家计委同意"三机部采取技贸结合的办法","引进制造技术,进口少量关键设备、仪器,购买直升机零部件,从装配开始,逐步掌握所引进的技术,以达到全部自制",使我国直升机制造技术有个显著的提高,从20世纪40年代末提高到70年代先进水平。[1]1979年初,航空部和总参在中航技公司的安排下,派出调查组,到美国、加拿大、法国访问考察。1979年8月,当法国知道我们准备从美国引进直升机技术时,改变了原来态度,愿意转让技术。法国的态度十分积极,在八九个月中,5次派团来华洽谈。法国大使馆武官处、法国航空总署几经活动找到段副部长,称法国新开发的"海豚"直升机要参与竞争。[2]在此期间,从法国宇航局驻华代表到法驻华使馆的大使、参赞、武官等也都为直升机项目与美国竞争,进行努力。"海豚"直升机基本上满足了军民各方当时的需要,所以国内各用户一致赞同选择"海豚"365N/N1作为引进机型。1980年5月27日,三机部向国务院进出口委员会上报《关于引进法国"海豚"365N型直升机制造技术的请示报告》。7月2日,中国航空技术进出口公司和法国航空航天公司、透博梅卡公司草签合同,10月10日中法两国政府予以批准。合同规定,法国转让"海豚"直升机及其发动机制造权,中国装配直升机50架,发动机100台。中方先用法方零部件装配整机,然后部分自行制造,通过六阶段分期作业,最后达到全部立足国内生产,并掌握先进的直升机

---

[1] 柯德铭、曹竞南、付杰、阮宜维:《旋翼风雷——亲历"海豚"直升机技术引进过程》,《航空档案》2009年第8期。

[2] 柯德铭、曹竞南、付杰、阮宜维:《旋翼风雷——亲历"海豚"直升机技术引进过程》,《航空档案》2009年第8期。

制造技术。[1]直升机合同总金额6607万美元,发动机购销合同1216万美元,发动机专利合同263万美元。合同还规定:1983年以前,中方将分阶段完成由装配、部分制造到全部制造共50架"海豚"直升机及发动机的生产,然后转入用中国材料制造"海豚"直升机,计划生产200架。中国生产的该型直升机可以出口亚非地区(除法语区及正在战争的地区)。中方返销直升机、发动机零部件的总金额可达合同金额的30%。[2]直-9定点在哈尔滨飞机制造厂生产。由株洲航空发动机公司生产发动机,哈尔滨发动机厂等生产传动装置,保定螺旋桨厂生产桨毂和尾桨叶。从直-5到直-9,在制造技术上是从20世纪50年代水平向80年代水平的质的飞跃。[3]

"幻影"2000一直是空军和三机部重点关注并希望引进的先进战机。1979年,法国巴黎航空展的主办单位邀请我国空军派代表团赴法参观。在航展上代表团较详细地了解了"幻影"2000飞机。航展之后,法方又来华积极向中国推荐"幻影"2000飞机。[4]1981年,法国达索公司向中国空军和航空工业部门专门举办了"幻影"2000推介会。推介会后,中国空军向法方提出要求考察达索公司和"幻影"2000战斗机,并要求试飞该机,以体验其使用性能,法方对中国的要求表示同意。[5]1982年6月,空军副参谋长姚峻率领代表团到法国对"幻影"2000进行详细考察,代表团成员由空军和航空工业等相关部门的人员组成,空军特级飞行员葛文墉和蒋德秋参加。考察期间,葛文墉

---

[1]段子俊主编:《当代中国的航空工业》,中国社会科学出版社1988年版,第218页。
[2]柯德铭、曹竟南、付杰、阮宜维:《旋翼风雷——亲历"海豚"直升机技术引进过程》,《航空档案》2009年第8期。
[3]段子俊主编:《当代中国的航空工业》,中国社会科学出版社1988年版,第218页。
[4]葛文墉:《飞行札记》,蓝天出版社2004年版,第319页。
[5]袁新立编著:《一路前行:飞机设计专家李明》,航空工业出版社2012年版,第80页。

和蒋德秋两人共试飞双座的"幻影"2000B型1号机7架次,包括熟悉飞行2架次,特技、导航、对地攻击、雷达、空战及全挂载飞行各1架次。[1]葛文墉对该机的性能给予了高度评价,回国后他坦率地向我国的资深飞机设计师表示,我们的飞机差得实在太远,除非"幻影"2000飞行员犯了错误,否则我们的飞机没法把它打下来。[2]1982年8月6日和21日,三机部和空军分别向军委科装办汇报了考察"幻影"2000飞机的情况。[3]空军根据在法国的考察情况,向中央军委上报了采购"幻影"2000飞机的报告。[4]空军希望购买"幻影"2000,尽快改善空军主战装备的落后局面。1982年9月3日至13日,国防科工委科技委副主任叶正大组织了军方、三机部等有关方面的专家,对是否引进"幻影"2000进行论证。会上提出了4种引进方案。决定性的意见认为:飞机性能确实很好,但部队要使用,就要有地面设备,还有配套、维护问题,一共要花200亿—300亿元人民币,于是国防科工委以经费难以支持、法方又不提供技术为由,给国务院、中央军委写了报告,不同意引进"幻影"2000。[5]

在放弃引进"狂风"战斗机的计划后,三机部希望与联邦德国MBB公司等合作研制歼击轰炸机。1979年2月,联邦德国MBB公司董事长马特隆访问中国,段子俊与他进行了会谈;同年7月,段子俊又率团赴联邦德国MBB公司考察和谈判,探讨合作研制歼击轰炸机的

---

[1] 葛文墉:《飞行札记》,蓝天出版社2004年版,第324页。
[2] 顾诵芬口述,师元光整理:《我的飞机设计生涯》,航空工业出版社2011年版,第166页。
[3] 姜为民主编:《刘华清年谱》上卷,解放军出版社2016年版,第414—415页。
[4] 袁新立编著:《一路前行:飞机设计专家李明》,航空工业出版社2012年版,第82页。
[5] 《新中国航空科技工作开拓者:叶正大将军回忆录》,航空工业出版社2013年版,第322—323页。

问题。[1]王震特意叮嘱段子俊："我们与西欧比，在技术水平上应当承认差一段。我们要请德国人来合作。你们这次去西德考察的人，与德国谈合作，思想要打开一点，要争口气，突破禁区，多出主张，与其它行业引进作些比较。思想要解放，搞现代化一点也不能对付，土洋结合只能在农村。"[2]尽管中德双方都有良好的合作意愿，但共同研制歼击轰炸机的谈判却没有成功。德方要价21亿元人民币，这个价格是世界上研制新型飞机的基本水平，不算高。但当时中国一年全部科研经费不过几十亿元。"飞豹"最后研制费10亿元人民币。王震副总理听完汇报后表示："别的还可以讨论，就这一条我也爱莫能助，国家哪有这么多钱。"[3]虽然中德联合研制歼击轰炸机的计划搁浅，但"飞豹"总设计师陈一坚在与MBB公司的谈判过程中，了解了飞机设计的美式技术规范，深感我国长期遵循的苏式技术规范的落后，遂力排众议，毅然采用美式技术规范MIL-A-8860系列作为"飞豹"飞机的主要设计规范，从此中国新机研制走上新的路径。此后，在MBB公司提议下，中德双方决定联合研制70座级的喷气式支线客机MPC-75飞机。该项目是我国航空工业与外国制造公司从可行性研究开始，进行飞机制造全过程合作的第一个项目。[4]可惜由于种种原因，最终MPC-75项目中途夭折。

开展国际技术交流与合作，是引进国外先进技术的又一个途径和

---

[1] 孟赤兵等主编：《新中国航空工业主要创始人之一：段子俊》，北京航空航天大学出版社2010年版，第112页。
[2]《王震传》，人民出版社2008年版，第578页。
[3] 陈一坚口述，刘宇辉执笔：《我和"飞豹"："飞豹"总设计师陈一坚自述》，航空工业出版社2010年版，第66—67页。
[4] 中国航空工业史编修办公室编：《中国航空工业大事记（1951—2011）》，航空工业出版社2011年版，第273页。

方式。三机部首先选定的合作伙伴是联邦德国航空航天研究试验院（DFVLR）。航空工业代表团在参观联邦德国时，联邦德国航空航天研究试验研究院院长约尔尼非常热情、积极，与中方结下了友谊，吕东部长邀请他来中国访问。[1]1979年3月，约尔尼院长率领联邦德国航空航天研究试验研究院代表团17人访问中国航空工业，并草签了中国航空研究院和DFVLR在民用航空领域内科技合作议定书。9月，三机部副部长兼航空研究院院长徐昌裕率代表团，分两批回访了DFVLR所属5个研究中心的15个研究所。双方提出了在10个领域内的44个合作课题。1980年4月，中国航空研究院和联邦德国航空航天研究试验研究院签订在民用航空研究领域内的合作议定书。从1980年10月开始互派科学家。[2]中国与联邦德国的航空科技合作纳入了国家层面的合作范畴。国家科委认为，航空工业部同联邦德国在航空技术方面的合作，在国内是比较好的，是有成绩的。[3]

（四）成果与经验

与西欧三国的航空技术合作取得了丰硕成果。在我国航空工业的发展过程中，引进国外生产技术的项目不少，但有的项目从酝酿阶段开始就出现分歧和争论，甚至在引进后还在争论，比较典型的像斯贝发动机。[4]1983年初，在航空部企业领导干部会议上，主管国防工业的领导在讲话中点名批评航空工业部引进上的三件大事是引进"三大洋马"，第一是引进斯贝发动机，第二是引进马可尼的航电，第三是引

---

[1] 徐昌裕口述：《为祖国航空拼搏一生》，航空工业出版社2006年版，第220页。
[2] 中国航空工业史编修办公室编：《中国航空工业大事记（1951—2011）》，航空工业出版社2011年版，第207页。
[3] 徐昌裕口述：《为祖国航空拼搏一生》，航空工业出版社2006年版，第240页。
[4] 柯德铭、曹竞南、付杰、阮宜维：《旋翼风雷——亲历"海豚"直升机技术引进过程》，《航空档案》2009年第8期。

进"海豚"直升机，要求吸取教训。[1]从后来这几个项目的执行效果看，这些引进项目都发挥了很大作用，取得了成功。斯贝发动机作为"飞豹"歼击轰炸机的配装发动机，对"飞豹"的研制成功并批量装备部队迅速形成战斗力，起到了不可或缺的作用。斯贝发动机引进决策在执行中的主要失误在于发动机的使用问题没有解决好，影响了这一引进项目的技术经济效益的充分发挥。[2]歼-7M型飞机则成为我国军机出口的支柱，创造了一个机型出口创汇最多的纪录。歼-7M最后共引进380多套马可尼航电设备，装备飞机。1985年，歼-7M飞机获得国家科技进步奖一等奖。[3]哈飞采用全额贷款的方式引进法国"海豚"直升机专利生产直-9，开启了"以民促军"模式，使我国直升机研制水平一举跨越了30年，并在其基础上研制生产了我国第一代武装直升机。在直-9军机平台的基础上，哈飞经过技术的迭代升级，推出了AC312系列民用直升机，这也是当前我国市场占有率最高的国产民用直升机，并出口到马里、赞比亚、肯尼亚等11个国家，为国产航空产品"走出去"起到了积极的宣传作用。[4]实践证明，与西欧三国的合作大大提升了中国航空工业相关领域的技术水平，为中国航空工业后来的迅速发展奠定了一定基础，是非常成功的。

正确处理了技术引进与自主发展的关系。20世纪80年代初，中央军委对于近期内武器装备的发展方针作出决定，重申了自力更生的方针和常规武器装备应首先发展陆军武器装备的原则。明确新型武器

---

[1] 屠基达：《淡墨集——飞机设计师屠基达自述》，航空工业出版社2010年版，第160页。

[2] 段子俊主编：《当代中国的航空工业》，中国社会科学出版社1988年版，第273页。

[3] 屠基达：《淡墨集——飞机设计师屠基达自述》，航空工业出版社2010年版，第162—163页。

[4] 刘丹：《领航军民融合打造"哈飞模式"》，《中国航空报》2018年7月26日。

装备的研制，主要依靠自力更生，必要时引进部分先进技术的方针。[1]国防工业的领导也提出了对外合作应遵循的原则。聂荣臻指示："买外国的武器装备，不要只买实物，一定要注意买专利，为自行设计制造服务。"[2]聂荣臻强调："武器装备依靠进口技术搞现代化是妄想，我们不能靠进口买个现代化，还是要立足自己动手，以自力更生为主，当然不排除引进个别关键技术。至于整套引进，那是作梦。我们没有那么多外汇，外国人也不会把技术全部卖给我们。"[3]张爱萍多次表示："我们现在的基础是很不错的"，"有些东西可以自己搞，就下决心搞，不要出去买"[4]，"引进技术是为了改进和发展我们自己的装备，但没有很好地执行，总是想要人家的新东西，另起炉灶，向国外订这个项目，订那个项目，而对我们的东西改进不大"[5]。他批评道，一些国防项目"自己搞的过急了，和外国人搞的东西也过急了"。[6]中航工业在与西欧三国的航空技术合作中，较好地解决了自主研制与引进先进技术的辩证关系，积极消化吸收引进的先进技术，并在此基础上均有所创新和发展。歼-7系列出口飞机的发展和直-9直升机的迭代升级，就是最好的例子。当然也有遗憾。原航空工业部外事局局长兼中国航空技术进出口公司总经理孙肇卿在总结歼-7M研发及出口经验时说，引进电子火控系统提高我国产飞机的作战性能花钱不多，收效很大，是一个正确的决策。但由于种种原因后来只引进了平视显示仪、大气数据计算机和雷达高度表三项生产技术专利，以致后来歼-7M型飞机销售

---

[1] 谢光主编：《当代中国的国防科技事业》（上），当代中国出版社1992年版，第131页。
[2] 周均伦主编：《聂荣臻年谱》（下），人民出版社1999年版，第1148页。
[3]《聂荣臻军事文选》，解放军出版社1992年版，第552页。
[4]《张爱萍军事文选》，长征出版社1994年版，第354页。
[5]《张爱萍军事文选》，长征出版社1994年版，第353页。
[6]《张爱萍军事文选》，长征出版社1994年版，第373页。

出去几百架时由于我们没有建立完整的电子火控系统生产线，只得一而再、再而三地向马可尼公司购买，所以坚持技术引进、洋为中用的方针甚为重要，必须坚持。[1]购买许可证生产这种引进方式，可以在较短时间内给空军提供急需的先进的战斗机，但遭到了普遍的反对，认为违背了自力更生的原则。这个问题应全面客观地分析。在引进"幻影"2000的计划被否决10年之后，对于是否引进苏-27生产线，在军队和航空工业内部再次展开了争论。反对的原因是苏-27引进的是生产许可，主要是制造技术方面的问题，以引进设备、生产线为主。[2]设计资料一概不卖。[3]航空工业部门反对购买的意见很强烈，一度造成了中央不能马上下决心决策。[4]事实证明，国防工业部门如果过高估计自己的实力，贻误时机，对国家安全会造成不利的影响。

改革开放初期中国航空工业引进项目虽然取得了不少成果，但中国与西欧三国的航空合作的规模仍比较有限。首先是资金上的原因，在国家总体贫困的情况下，中国航空工业引进项目的规模必然大大受限。当时的西欧发达国家，剩余资金很多，为推动对华项目合作，愿意提供相对优惠的融资条件。但在改革开放初期，由于各种主客观条件的限制，技术引进的步伐不可能太大。其次，中国认为"当今世界上的先进技术，还是苏联与美国掌控"[5]。在中美建交，两国军队的关系日益改善，安全合作不断加强的背景下，开展与美国的军事技术合

---

[1] 孙肇卿：《西天取"晴"——歼-7M研发及出口经验总结》，《航空档案》2007年第5期。

[2] 本书编写组编：《科研试飞英雄：王昂》，航空工业出版社2018年版，第226页。

[3] 徐德起等编著：《情志蓝天——记航空气动专家、中国科学院院士李天》，航空工业出版社2011年版，第68页。

[4] 本书编写组编：《科研试飞英雄：王昂》，航空工业出版社2018年版，第225页。

[5] 姜为民主编：《刘华清年谱》上卷，解放军出版社2016年版，第354页。

作成为中国的优先选择，例如歼-8飞机的改装。这样，在相近的条件下，与欧洲国家的军事技术合作自然排在第二选项。最后，与美国军工企业广为联系的以色列国防公司积极参与对中国出口先进的军事技术，对西欧三国的航空企业形成了竞争。中国军方认为，"要寻找机会，打通苏美的关系。一个方面不行，可以从另一个方面来做工作"[1]。以色列的有关公司，由于具有特殊的背景和条件，积极充当了这个角色。自1979年起，埃森贝格集团就频繁访问中国，与中国军方就"对外合作工程"展开会谈。1979年9月，邓小平召开专门会议，研究与以埃森贝格集团谈判引进装备技术问题。会议同意了通信系统、雷达系统、飞机自卫系统、电子系统项目等大项目的引进。[2]此后"对外合作工程"（即"三七"工程）不断扩展，成为改革开放以后军事技术方面一次系统性技术引进，也是最有成效、影响深远的对外项目。[3]与美国军事技术颇有渊源的以色列国防公司还积极向中国空军出口新型空空导弹等武器技术，并愿意提供最先进的技术参与中国第三代战斗机的研制。由于以色列等国的公司开出了更好的条件，并得到中国军方的青睐，西欧国家的有关产品和公司在竞争中逐渐处于下风。

改革开放初期，中国航空工业引进项目占了"天时、地利、人和"的有利条件。所谓天时，指有利的国际国内政治环境和政策措施。所谓地利，是西方发达国家和航空企业都清楚，中国的航空市场潜力巨大，争相进入并拓展这个市场。所谓人和，主要是从中央领导到航空工业干部群众，对我国航空工业水平落后的面貌认识一致，并迫切要求改变状况。在吕东部长率领中国航空工业代表团出访联邦德国、法

---

[1] 姜为民主编：《刘华清年谱》上卷，解放军出版社2016年版，第354页。
[2] 姜为民主编：《刘华清年谱》上卷，解放军出版社2016年版，第317页。
[3] 姜为民主编：《刘华清年谱》上卷，解放军出版社2016年版，第314页。

国、英国之后，中国航空工业对外合作打开了局面。多种渠道、多种形式引进国外先进技术，开展国际科技合作，使中国航空工业在许多领域收到了博采众长、提高起点，推陈出新、加快发展的效果。[1]

二、中国与美国的军事技术合作

1971年，尼克松访华，中美关系改善，美国对华技术禁运有所松动。1971年4月，作为改善对华关系的一个信号，尼克松政府结束了对中国的禁运，重新将中国划入Y组，允许向中国出口相当于对苏联出口商品的70%。随后向中国出口了10架波音707飞机。尼克松因水门事件下台后，美国在改善对华关系方面裹足不前，对华技术出口政策也没有大的进展。直到中美建交，美国一直坚持对中国和苏联采取同样的出口政策，不能出口苏联的技术和产品也绝对不许出口中国。中美军事技术交流与合作基本停滞不前，美方仅对售华某些特定技术产品进行了可行性评估。

卡特上台后，在美国政府内部，关于中美之间是否应建立安全关系一直存在争论，布朗和布热津斯基一直认为需要与中国进行某种防务合作，而国务卿万斯则怕惹恼苏联坚持反对意见。1979年1月1日，中美正式建交。1月底，邓小平访美。邓小平访问美国期间，卡特总统授权布热津斯基着手与中国进行一些"特殊会谈"，当年底，达成了一项非正式协议。

1979年12月底，由于苏联入侵阿富汗，美国政府内部的争论解决。美国政府的态度有了很大转变。1980年1月，布朗访华，称"我们已在与中国人的战略关系上采取了一项重大步骤"。随后几周，美国

---

[1] 段子俊主编：《当代中国的航空工业》，中国社会科学出版社1988年版，第118页。

国务院放宽了对30来种支持装备的管制，可以由军火控制局发放许可证向中国出口，作为我们对苏联入侵阿富汗的部分反应。这些装备包括防空雷达、无线电、对流层通讯设备、运输直升机、栽种牵引车和电子干扰装置。1980年4月，美国商务部把中国从华沙条约国家组"Y"类转入新的国家组"P"类，使中国有资格获得更广泛的输出品，尤其是敏感性领域的产品，如运输机、远距离通讯设备和军用直升机。1980年5月底，军委秘书长耿飚访问美国，象征着两国间的安全关系正在扩大。同年7月，美国商务部宣布进一步放宽发放许可证的标准。9月，五角大楼一个高级代表团访问中国，并批准颁发400多项技术先进的军事支持设备的出口许可证。

1980年11月17日至12月21日，五机部军工技术考察团应美国国际技术援助公司的邀请，对美国常规兵器的生产技术发展进行了考察。这是五机部军工技术考察团首次访问美国。从此，揭开了中美常规兵器生产技术交流的新篇章，具有重要意义。这次考察的目的，一方面了解美国常规兵器生产技术发展的情况，另一方面探讨中美两国开展军工技术交流、技术转让和合作的可能性及其途径。根据张爱萍副总理指示，这次是技术考察，因此考察团成员必须全部由工程技术人员组成，并经他严格审查批准。五机部军工技术考察团以部长张珍为团长、副部长唐仲文为副团长，成员分别是坦克车辆、火炮等方面的专家。五机部军工技术考察团在美国期间，先后考察了美国政府（军队）直辖的岩岛兵工厂、阿伯丁试验场和食品机械公司的履带装甲车厂，休斯公司的激光仪器厂，卡特莱克量具公司的炮控和轮式装甲车辆厂，EDS电子计算机服务公司，瓦罗光学仪器公司，大陆坦克发动机公司，约克公司的自行火炮厂，科尔特公司的M16步枪厂，奥林公司的火药生产厂及通用汽车公司的研究开发中心等19个私营企业，共计 21 个单位。这次考察，五机部军工技术考察团与美国各有关公司进行了广泛接触，并积极洽谈贸易和技术合作、技术转让、技术交流等。所到之处都受到友好、热情的接待。在考察结束之前，五机部部长张珍和考察团的几位主要成员还会见了美国国防部副部长佩里博士。整个考察工作进展比较顺利，达到了预期目的，有些方面还超出了原来的意料，取得了较丰硕的成果。这次考察工作在考察团访美结束后，于 1981 年 1 月 8 日，张爱萍副总理亲自主持会议，在国防科委召集国防科委、国防工办机关及所属二、三、五、七、八机部的主要负责同志、专家听取了五机部军工技术考察团访美的汇报及经验介绍。张爱萍对这次考察作了充分肯定，他强调这次是先搞一个试点，也是一个开端。各部出去进行技术考察或请人家来，都要互相交流。[1]

1981 年 1 月，里根上台后，采取"双轨政策"，一方面保持同中国的交往；另一方面又加强与台湾当局的联系，还在一定程度上升级了对中国台湾的军售。6 月 10 日，中国外交部发言人发表谈话，再次重申反对美国向中国台湾出售武器的立场。他说："我们已多次声明，我们宁可不要美国的武器，也绝不同意美继续干涉我内政，售武器给台湾。"鉴于此，中国政府推迟了副总参谋长刘华清原定于 8 月的访美日程，而原计划本次访美是以讨论向美国购买武器为主要内容的。中美军事技术合作关系基本处于止步不前的状态，两军功能性的合作仅限于训练和后勤方面的交往。

1982 年中美签订了《中华人民共和国与美利坚合众国联合公报》，简称《八一七公报》，中美关系有所缓和。1983 年 5 月 21 日，里根总统以"双轨政策"很难衡量为由，批准将中国由"P"类改为"V"组，

---

[1]《张珍回忆录》，兵器工业出版社 2005 年版，第 421—424 页。

列入"友好的非盟国"一类。1983年5月,美国商务部长马尔科姆·鲍德里奇访问中国。其访问的结果是,美国同意放宽对中国的出口限制,尤其是放宽7种具有"双重用途"的项目的出口限制。[1]

1983年夏,新任国防部部长不久的张爱萍将军邀请美国国防部长温伯格访华。张爱萍回忆说,当时,……苏联和越南对我南北夹攻,苏联在国际上疯狂推行其霸权主义,在我边境陈兵百万。自1972年中美两国领导人先后签订公报和《八一七公报》,双方关系得到了改善,尽管两国军队尚未接触,但已有交往的基础,且有利益相关。如果我们与美军建立起一定的关系,既能推动军事技术上的合作,以促进我国国防现代化的建设;也能引起第二世界国家的重视。基于这些考虑,我决定近时期军事外交工作的重点放在疏通中美两军关系、加强其交往、争取军事技术合作上。[2]

1983年9月25日,美国国防部长温伯格访问中国,恢复了中断3年的中美官方军事联系。访问期间,温伯格与张爱萍相互欣赏,建立了深厚的个人友谊。在与张爱萍谈到军事技术转让问题时,鉴于中国方面于1981年6月曾给美国列有要求提供的若干项的一个清单,温伯格讲了其中多少项可以解决后,又谈到美国技术转让的基本政策。温伯格对加强中美军事关系态度积极。[3]

中美双方随后就确定了在两国已装备部队或正在生产和某些处于研究发展阶段的军事装备和武器系统所具有的技术水平上,进行军事技术合作的原则。随后,双方成立了参谋级别的中美军事技术合作工

---

[1][美]卡斯珀·温伯格:《在五角大楼关键的七年》,军事科学院外国军事研究部译,军事科学出版社1991年版,第185页。

[2]东方鹤:《张爱萍传》下卷,人民出版社2000年版,第1049—1050页。

[3]东方鹤:《张爱萍传》下卷,人民出版社2000年版,第1051—1052页。

作组,继续进行了讨论,并决定中方派出考察组赴美国考察。会后,即组成以张品为组长,贺平、贺鹏飞参加的三人小组,先头赴美考察。[1]

1984年3月下旬,根据中国要求出售火炮、反坦克武器和防空系统的信函,[2]双方达成协议,美国同意向中国转让火炮、反坦克武器和防空武器,并大致确定向中国出售的武器和转让的技术用于以下四个方面:反坦克、火炮弹药、防空雷达和导弹、岸舰反潜艇战。

1984年6月,中国国防部部长张爱萍回访美国,受到美方热情接待。6月12日,里根签署了同意中国享受"对外军事销售"(FMS)待遇的文件,这样就用法律的形式肯定了中国在美国对外军事销售和技术转让中的地位。自此,中国购买有关军事设备和技术转让项目,无需再经过美国国会批准。[3]里根在与张爱萍会面时表示,"我们是把中国作为不结盟的朋友看待的"。[4]访美期间,张爱萍与温伯格签署了军事技术合作备忘录,这一备忘录阐明了两国未来军事技术合作的基本原则。双方签署的联合公报中提到三项特殊计划:生产一种用以对付中苏边境大量苏联坦克的反坦克导弹;制造重型火炮及弹药;为中国"旧式的歼8截击机发展成套的电子设备"。[5]1985年10月12日,国务院、中央军委向总参谋部、国防科工委、国家计委、空军、航空工业部、电子工业部发出了国发〔1985〕120号文件,"八二工程"正式

---

[1] 东方鹤:《张爱萍传》下卷,人民出版社2000年版,第1053—1054页。
[2] [美]卡斯珀·温伯格:《在五角大楼关键的七年》,军事科学院外国军事研究部译,军事科学出版社1991年版,第206页。
[3] 东方鹤:《张爱萍传》下卷,人民出版社2000年版,第1068页。
[4] 东方鹤:《张爱萍传》下卷,人民出版社2000年版,第1063页。
[5] [美]卡斯珀·温伯格:《在五角大楼关键的七年》,军事科学院外国军事研究部译,军事科学出版社1991年版,第206—207页。

立项。该项工程是 1980 年以来与美国签订的一系列军售合约中数额最大的一笔交易。[1] 采用中美军事技术合作的方式,为歼 -8 Ⅱ 战斗机改装一套数字化的综合火控系统。上级确定了总参谋部和国防科工委的项目负责人,并决定空军由林虎副司令员负责,航空工业部由何文治副部长负责;要求空军和航空工业部组建有权威的工程管理机构。之后,总参谋部与国防科工委发文,进一步明确通过歼 -8 Ⅱ 战斗机改装项目,要实现以下 6 个目标:用新型火控系统改装 50 架歼 -8 Ⅱ 飞机,以增强空军的作战能力;提高空军的后勤维护能力;锻炼和培养一批歼击机设计、工艺技术、使用维护和管理人才;促进国内歼 -8 Ⅱ 飞机二期工程的研制工作;促进新歼的研制工作;学习现代化的管理方法,改善国内的科研管理水平。

1986 年 10 月 30 日,中方代表正式签字批准了报盘建议书(LOA),至此歼 -8 Ⅱ 飞机改装合作项目正式生效,中美合作改装歼 -8 Ⅱ 型飞机电子综合火控系统工作正式启动。经签字批准的 LOA 是中美军事技术合作的合同书,它详细表达了中方对歼 -8 Ⅱ 型飞机综合火控系统的改装要求和中美双方以及承包商在整个项目中应承担的责任。在双方签订的报盘建议书中规定,美国为中国提供 55 套生产型设备(50 套装机设备和 5 套备用设备)和 4 套原型设备,并包括初始备件、支援设备、技术资料、训练、后勤支援和美国政府的管理。其中,4 套原型设备在全尺寸发展阶段生产,2 套用于试验计划,1 套用于航空电子综合实验室,1 套用于航空电子试验保障。在全尺寸发展阶段,美国对中国提供的两架试飞样机进行综合火控系统改装的全面研制,包括地面试验、飞行试验、设计、改装工程以及项目管理。其

---

[1] 本书编写组编:《科研试飞英雄:王昂》,航空工业出版社 2018 年版,第 252 页。

中火控系统将包括可与连续波照射器（CWI）兼容的雷达、雷达天线罩、惯性导航系统、火控计算机、多路数据传输总线、备用控制器和接口组件、大气数据计算机、平视显示器、下视显示器、显示记录仪、控制和显示面板、转换编程器、驾驶杆和油门控制杆。中国政府将向美国空军提供必要的资料，提供维护和后勤人员、支援设备以及操作人员，提供所有必要的零备件和发动机等，以确保美国空军及时对构型做出精确控制和试飞计划的完成。本报盘建议书预计总费用为501754733 美元。这个中美政府之间的军事技术合作项目，国内称之为"八二工程"，而美国方面则称之为"和平珍珠计划"（Peace Pearl Program，PPP）。[1]

经过 3 个多月的招标准备工作，最终波音、格鲁门、罗克韦尔 3 家公司决定参与歼-8 Ⅱ改装工程的招标，并且提交了投标建议书。1987 年 6 月 2 日至 7 日，中方派出 21 人组成的评标工作组先后抵达代顿参加评标工作。评标工作组的主要任务是通过参与美方的评标活动，全面了解各主承包商的投标信息，比较他们在管理、技术、后勤训练、进度等方面的特点；回答美国空军和主承包商在评标中提出的各类技术问题；根据评审意见和我方决策意向，与美国空军进行谈判，正式提出我方意见。技术组对各家公司提出的火控系统、电源系统、环控系统（ECS）、电磁兼容性、电子综合、发放水平限制、对飞机的总体布局的影响、可靠性和维修性、试飞等技术方案和系统规范/技术要求文件（TRD）等进行逐项评定。对于发现的重大问题，技术组填了 30 张表格交给美国空军，美国空军研究后，又与我方进行了 3 次技术谈判，所提的问题都得到处理后，形成正式文件。经过评标，格鲁

---

[1] 袁新立编著：《一路前行：飞机设计专家李明》，航空工业出版社 2012 年版，第 134 页。

门公司中标并于1987年7月被选为"八二工程"主承包商。[1]歼-8Ⅱ战斗机改装工程正式进入实施阶段。

为了保证项目的顺利进行,由"八二工程"总设计师李明任组长,中方派遣了十几人的技术支援组常驻格鲁门公司。格鲁门公司为项目组建了100来人的研发/改装工作团队,并将位于纽约长岛的一个大机库改建成了一个专用的、相对独立、近似封闭的工作场所。中、美之间关于"八二工程"的最高层协调工作会议每半年召开一次,先后共举行了4次,在中、美方轮流举行。1988年底,项目全尺寸发展阶段已进行到最后关头。1989年2月,两架试飞样机正式移交给美方。就在"八二工程"进行到关键时刻,1989年春夏之交,中国国内发生政治风波。美国总统布什于1989年6月5日发表声明,暂停中美军事技术合作项目。随后美国空军单方面宣布中断合作,中方人员被迫当天撤离工作现场。但合作中断期间,格鲁门公司对飞机的改装工作并没有停止,只是由于没有中方的技术支援,改装中积压了不少问题无法解决。在项目中断了3个月后,经中美双方高层协商,决定重新恢复工作。9月28日,中方留守人员又进入格鲁门公司现场,国内派出的第五批技术支援组于10月23日进入格鲁门公司继续工作,工程又有了很大进展。1989年10月30日至11月4日,在美国亚利桑那州菲尼克斯市的卢克空军基地召开了项目管理评审会议,作为恢复工作后的第一次高层管理会议,这次会议针对存在的问题进行了讨论,并安排了下一阶段的工作。但是在这次会议上,美国方面表示,由于工程暂停,整个工程的进度将拖后3—6个月,而且经费也需增加。美方的解释是,格鲁门公司曾与莫哈维试飞基地签有合同,租用机库和

---

[1] 袁新立编著:《一路前行:飞机设计专家李明》,航空工业出版社2012年版,第139页。

试飞支持设备,并且已预付款,但由于工程暂停,合同取消,而要恢复租借,需重新签订合同,而价格已大涨了,且其他供应商也有类似情况。1990年3月,美方提出需增加的经费超过2亿美元,对此,中共中央和中央军委领导做出决策,决定停止"八二工程"。4月下旬,中美高级代表就工程发展前途举行了谈判,并签署文件,决定终止工程发展,会议决定在中方已付款的基础上,完成飞机改装、地面试验,以及相关工作。7月5日,技术支援小组人员全部撤回。1990年5月,空军"八二工程"办公室联合航空航天工业部及下属的有关厂所共15个单位召开会议,对"八二工程"做出了处理意见。结合当时的实际条件,要求国内立即停止试飞用的零备件、保障设备和工具的发运工作;停止48架飞机的生产准备工作和重量重心调整工作,以及2架改装样机的国内试飞准备工作等。"八二工程"正式成为了一段历史。[1]

中方为此项目支付了2.057亿美元。"八二工程"结束时,2架试飞样机的改装工作已经基本结束。后来美方将2架试飞样机和4套原型综合火控系统运回中方。由于各种原因,使得由我们自己完成后续工作并开展试飞研究的建议未能得到落实。不过,不少设备,如APG-66雷达、雷达罩的防雷击导流条的制造工艺、惯导设备的通风冷却、15千伏安交流电源控制器的电磁兼容性设计等,为国内相关研究单位的产品研制和技术攻关提供了借鉴。李明总设计师认为,参与"八二工程"的主要收获可归结为两个方面,一是为掌握综合航电系统的顶层设计和系统研制技术打下了坚实基础,基本具备了组织和主持开展综合航电系统研制的能力。二是通过"八二工程"直接了解和见识了飞机研制领域所反映的、所代表的美国各种先进技术,这些技术

---

[1] 袁新立编著:《一路前行:飞机设计专家李明》,航空工业出版社2012年版,第159—161页。

正是美国在第三代战斗机研制中普遍采用的,对改进和提高我国的设计技术和研究水平产生重大促进作用。[1]

三、中国与西欧国家的军事技术合作

相比较中美两国军事技术合作的坎坎坷坷,一波三折,中国与西欧国家的军事技术合作则较为顺利,主要原因是西欧国家在这个问题上采取了积极合作的态度,政治上的阻力小。早在20世纪70年代初中期,中国与西欧国家的军事技术合作就已取得一定突破,如在1975年12月13日,中英双方签订了中国引进英国斯贝军用发动机专利合同(斯贝发动机,中国型号定名涡扇-9,配装中国"飞豹"战机),合同金额5亿英镑。

美国对中国与西欧国家的军事技术合作采取了默许甚至鼓励的态度。1979年1月,卡特总统同英国、德国和法国领导人在瓜德罗普岛进行过一次非正式讨论,卡特总统表示,在中国购买武器问题上,西方采取松动态度,我们不会不高兴。1979年4月底,布朗和布热津斯基说服了万斯,要他告诉英国人,"我们不反对他们向中国出售武器,希望他们不要把这种买卖提请巴黎统筹委员会批准,在那里可能会引起争论"[2]。

虽然中国一直倾向于向美国引进先进军事技术,但由于中美军事关系长期没有突破,中国只能面对现实,转向西欧寻求合作。当时海军和有关部门就引进国外技术改装导弹驱逐舰一事讨论过多次,已向

---

[1] 袁新立编著:《一路前行:飞机设计专家李明》,航空工业出版社2012年版,第162—163页。

[2] 现代国际关系研究所选编:《美中建交前后——卡特、布热津斯基和万斯的回忆》,时事出版社1984年版,第97页。

中央写过几次报告，但一直有些不同意见，主要是这个工程该不该搞，需要多少钱，搞出来有多大价值。国防科委副主任刘华清在听取六机部、海军等部门汇报后表示："这些问题不能小看，要进一步慎重研究。有三个问题要考虑：一、技术上值不值得，对发展和改进我们的科研生产技术有何作用，对海军装备科研有多大提高？二、经济上是否合算，现在要价太高，如果技术上有价值，花点钱可以，如果花钱太多也值得研究。三、时间问题，如果要等五六年才能拿到东西，就需考虑怎么能快点，把时间缩短一点。在技术上还要考虑引进一点能带动一片的问题，改装导弹驱逐舰既要能带动导弹、电子、自动化等方面的技术，也要考虑形成系列，不光导弹驱逐舰用，其他舰艇也能用。同时，还要研究如何同我们的科研生产水平相适应，不能脱离我们的现实水平。有些设备自己能搞，技术上相差不多的，就自己搞；自己搞不了的，就有针对性地买，不要搞全套引进。关于费用问题，还是按原来议的办，国内费用纳入各部计划。工厂、研究所的改造问题，原则上科研、生产用的设备，要尽量用自己的，不要新建生产线，不能都靠引进。总之，引进国外技术要很好研究论证，要与自主发展结合起来。"[1]

1978年11月6日至17日，国防科委副主任刘华清陪同王震副总理出访英国。目的在于了解英国工业发展情况，探讨引进英国的民用和军用技术，加强两国、两军之间的交流和友谊。派刘华清同行，主要侧重于调研和探讨军用先进技术和装备的引进问题。访英期间，王震一行与英国首相卡拉汉以及工业、外交、能源、贸易、财政等五大臣进行了会谈；与外交大臣欧文签署了中英科技合作协定；会见了保

---

[1]《刘华清军事文选》上卷，解放军出版社2008年版，第117—118页。

守党领袖撒切尔夫人和前首相希思,参观了英国宇航公司、罗尔斯·罗伊思公司、拉特克里夫发电站、英国造船公司、马可尼公司、国际计算机公司、法兰蒂公司等工业单位,出席了英中贸易协会和48家集团举行的招待会以及英格兰银行总裁的午宴。刘华清除随同王震一起参观外,还单独参观了一些工厂和研究单位,主要有:航空方面,参观了英宇航公司所属金斯登厂鹞式和鹰式飞机的部分生产和装备流程及鹞式飞机的表演,参观了罗尔斯·罗伊思公司RB211大功率航空发动机和斯贝发动机的制造厂及研究部门;兵器方面,参观了维克斯公司的坦克制造厂;造船方面,除参观民用船厂外,还参观了桑尼克罗夫特军用造船厂制造的即将完工的42型导弹驱逐舰,到海军基地参观了两型军用气垫船;电子方面,参观了法兰蒂公司实验室和车间及其生产的陀螺、惯性导航设备、飞机用地貌跟随仪和航行自动计划仪,参观了马可尼公司的一个工厂、一个实验室以及几种新型雷达、综合通信系统、录像显示系统,参观了英属国际计算机公司的集成电路元器件陈列室,在访问期间,刘华清经请示王震后,向英方提出十几个引进技术和购买军工产品项目。[1]回国后,刘华清写了《英国军工技术和引进其技术的意见》(以下简称《意见》),就引进国外先进军事装备技术问题的进一步落实提出7点建议,[2]报送张爱萍、洪学智、李耀文。在报件前,附有给张爱萍的便笺:"张主任:我去英国考察的部分情况,已写了一文字报告,现呈上请阅示。遵照你的指示,我已召集会议向军兵种、各工业部、工办的领导同志介绍了情况,对今后引进技术工作的建议也征求过意见,大家一致认为统一组织下为好,是否可行请指示。几个具体的问题,单独开会组织。正在与各方商办。"19日,张

---

[1] 姜为民主编:《刘华清年谱》上卷,解放军出版社2016年版,第297—298页。
[2]《刘华清回忆录》,解放军出版社2004年版,第377—378页。

爱萍在《意见》上批示："我同意对引进英军事装备的七项建议。如同意，请科装办与国防工办共同研究，提出具体方案。请你们（洪学智、李耀文）审示并退华清同志。"[1]

在改革开放初期，英国是中国军事技术合作方面最重要的伙伴。一个重要项目是空军电子装备的引进，[2]另外一个重要项目是海军051型驱逐舰的现代化改装。在1978年王震、张爱萍访问英国、意大利的基础上，1979年2月、3月，第六机械工业部柴树藩部长和海军刘道生副司令员，分别率中国造船技术考察组和中国海军技术考察组先后访问了英国、法国，并提出从英国引进技术改装和新建驱逐舰的建议。经总参谋部、国防工办报请王震副总理同意，并呈请中共中央、国务院、中央军委批准，中英合作改装051S驱逐舰工程（简称"051S工程"）正式列入国家计划项目。1979年10月，由张爱萍、洪学智、刘华清、邹家华签报的向总参谋部、国防工办《关于从英国引进技术改装和新建驱逐舰的请示》，经邓小平、李先念等四位中共中央领导和徐向前、聂荣臻两位军委副主席批阅同意。1979年12月，张爱萍向中央建议，不买鹞式飞机，专谈合作改装051驱逐舰，这样对我在南海与越南斗争也是需要的。1980年1月，邓小平再次批示，同意张爱萍意见。1980年7月，总参谋部、国防工办又将051S工程的实施方案报请国务院、中央军委审批。万里、薄一波、姚依林等七位国务院领导和杨得志、耿飚等五位军委常委批示同意，并指示抓紧进行。

1980年3月，英国国防大臣皮姆访华，两国军队领导人将中英合

---

[1] 姜为民主编：《刘华清年谱》上卷，解放军出版社2016年版，第299页。
[2] 刘肇卿：《西天取"睛"——歼-7M研发及出口经验总结》，《航空档案》2007年第5期。

作改装051S工程列为双方军事技术合作的重点。1981年6月，中英双方确定了051S型防空驱逐舰改进设计方案：采用高干舷甲板船型，正常排水量达到了4000吨，装备重型"海标枪"区域防空导弹，使051S型舰具有一定的海上编队区域和较强的单舰防空作战能力。1982年11月，经过长期艰苦谈判，中英合作改装051S型舰工程合同在北京初步草签。按照这个合同，在英方的协助下，中国海军将先行改装2艘051S型舰，随后自行改装剩下的6艘后续舰。1983年1月，在对引进合同进行最后审查的联合评审会议上，中国船舶总公司和航天工业部力举马岛战争中英国42型驱逐舰的表现欠佳，据理力争，表示可以依靠自己的技术力量，在相同时间完成国内自行研制，达到相当技术指标，而经费只需引进合同一半。经过综合考虑，1983年2月，中国政府决定将资金用于自行设计新型驱逐舰的发展，051S的合同最终未获批准自动撤销。

在陆军武器装备方面中国也从英国引进了许多技术。最重要的就是"三七"系统的引进。1978年3月7日，经邓小平亲自拍板，中国与英国正式开始了引进L7型105毫米线膛坦克炮及弹药全套生产技术的谈判。引进合同在国内被称为"三七"工程，共分2期进行。第一期引进项目包括：105毫米线膛高膛压坦克炮和全套弹药（尾翼稳定脱壳穿甲弹、榴弹、碎甲弹）、战斗室灭火抑爆系统、8000型电台和VIC-1车内通话器。第二期引进项目包括：扰动式简易火控系统、身管热护套、夜视观瞄设备等。这个项目意义重大，对中国陆军主战装备的发展影响深远，"在坚持自力更生、独立自主发展我国坦克工业的基础上，积极引进先进技术，使我们跨越了某些传统技术的发展阶段，装备科研上了一个新的台阶，加快了更新换代的步伐。随着先进技术的采用，我军装甲兵一方面对现有装备进行技术改造，其火力、火控等方面都有了大幅度提高，可与国外先进坦克装甲车辆相抗衡；另一方面，为研制新型主战坦克和配套装备奠定了基础，装甲兵装备科研开始了向更高的目标迈进"。[1]中国还从英国引进3部"辛柏林"迫击炮侦察雷达。

中国与法国的军事技术合作也进展顺利。法国积极推动对中国的军事技术出口。1978年，法国巴黎航展的举办单位邀请中国空军派代表团赴法国参观。航展之后，法方又来华积极向中国推荐"幻影"2000飞机。法国人还极力向中国推销"米兰"、"霍特"反坦克导弹和武装直升机。他们不但邀请中国去法国参观访问，还来华进行实弹射击表演。[2]1985年11月，海军司令刘华清访问法国和美国。其间，会见了法国国防部武器装备部、航空总局和汤姆逊、马特拉、纳富科等公司的领导人，他们详细介绍了生产的武器装备情况，表示愿意发展与中国的合作。[3]不久，中国与法国签订了多项海军装备方面的引进合同。我国从法国引进"海响尾蛇"舰空导弹，仿制改型为"海红旗-7"（HHQ-7），长期以来是中国人民海军制式点防空系统。引进了"卢瓦尔T-100C"紧凑型舰炮，安装在053H1Q型护卫舰四平号（544）上。该炮是法国于1984年研制成功的，用于攻击海上目标及防空，也可执行反导及对岸压制任务。火炮结构紧凑、重量轻、自动化程序高，具备当时先进水准。从法国订购8架"小羚羊"武装直升机，主要用于模拟对抗训练，积累武装直升机的使用经验。从法国引进的AS565反潜直升机，该机是在法国AS365直升机的基础上改装的轻型反潜直升机，配备了HS-12吊放声呐、音响处理系统、声呐浮标、水面搜索雷

---

[1]《莫文骅回忆录》，解放军出版社1996年版，第698页。
[2] 蔡寅生：《"红箭"-8研制侧记》，《兵工科技》2008年第4期。
[3]《刘华清回忆录》，解放军出版社2004年版，第518页。

达等系统,可以挂载 2 枚轻型反潜鱼雷,作战半径 50 公里,所有探测系统通过数据总线有机连接,形成一个完整的反潜系统,并且通过数据链与载舰相连,形成了一个立体化的综合反潜系统。为了进一步提高我国海军猎潜艇的探测性能,我国海军又为猎潜艇加装了引进的法国 SS-12 型艇载小型拖曳变深声呐。

此外,中国与意大利、德国(西德)、瑞士、奥地利等国也开展了卓有成效的军事技术合作。

第三节 武器装备研制取得突破性进展

1977 年 12 月,中央军委会议作出了《关于加速我军武器装备现代化的决定》,强调武器装备现代化建设要有重点,有步骤,以常规武器为主,有重点地抓紧发展导弹核武器,加快新型武器装备研制的步伐。同时,提出了 1981 年至 1985 年的发展计划以及到 20 世纪末的设想。20 世纪 80 年代中期,中央军委进一步明确了近期军队武器装备的发展,仍以常规武器为主,适当发展战略核武器的方针。国防科技事业把科学研究摆在一切工作的首位,重新出现了蓬勃发展的形势。不仅重点完成了洲际导弹、潜地导弹、通信卫星的研制、试验任务(简称"三抓"任务),而且常规武器装备也获得较大发展。

20 世纪 80 年代中期,国际形势继续趋于缓和,国防建设的指导思想从临战状态转到和平时期建设的轨道。在改革、开放的新形势下,国防科技工业贯彻军民结合方针,实行战略转变,在为发展国民经济作贡献的同时,把发展国防科技摆在军队装备建设的首位,跟踪世界先进技术,保持发展后劲,不断提高武器装备的性能和水平。从 1985 年到 1989 年,大批常规武器装备研制成功,通过了设计和生产定型。其中有

137项荣获国家科技进步奖，有些项目已达到国际水平。这个时期，常规武器装备不仅走上了自行研制的新阶段，而且整体水平有了较大的提高，特别是陆军武器装备，是历史上发展最快、取得成绩最好的时期。[1]

一、陆军武器装备研制水平明显提高

按照中央军委《关于加速我军武器装备现代化的决定》，武器装备研制计划列为重点攻关的有11项，不久调整为12项。概括起来为："三车"——69改主战坦克、二代主战坦克、履带式步兵战车；"四炮"——152毫米自行火炮、新122毫米榴弹炮、双37毫米自行高炮、双25毫米高炮；"五弹"——第二代反坦克导弹、两种高密度100毫米穿甲弹、122毫米子母弹、122毫米火箭布雷系统。经过精心设计，刻苦攻关，都取得突破性进展。其中研制进展较快的项目，如69-3型坦克、122毫米榴弹炮、152毫米自行火炮、122毫米火箭炮、火箭布雷系统、红箭-8型反坦克导弹和新型7.62毫米自动步枪等，提前作为国庆35周年献礼项目。在受阅的42个方队中，有37个方队配用了兵器工业系统研制和生产的武器，其中24个机械化方队，有19个装备了兵器工业研制的装备，在国内外反响甚大，壮了军威，振了国威。按照以新中国成立40周年大庆为目标的兵器"七五"研制计划，开展了新一轮技术攻关。其中重点研制项目17项，主要有二代主战坦克、履带式步兵战车、120毫米自行榴弹炮和自行坦克炮、155毫米加榴炮、小口径枪族等。研制工作进展较快，技术上有较大的突破，使武器装备向自行化、高精度、大威力迈进了一大步，其综合技术性能上了一个新台阶。20世纪80年代，获得部级以上奖励的科技成果达1400

---

[1] 谢光主编：《当代中国的国防科技事业》（上），当代中国出版社1992年版，第183页。

项，其中荣获国家发明奖 129 项、国家科技进步奖 104 项。有的技术接近国际先进水平，缩短了与国际水平的差距。[1]

（一）88 式主战坦克

88 式主战坦克是中国自行研制的第二代主战坦克。20 世纪 80 年代初，为了使中国的坦克发展适应现代化作战的需要，开展了新型主战坦克的研究设计。研制工作以 617 厂为主，447 厂、616 厂、201 所等单位参加。1981 年确定了总体设计方案，并着重解决了部件可靠性和火控系统的稳定性等技术关键。1985 年试制出了定型试验用样车，经部队在实际使用中进行考核，证明达到了预期的战术技术指标。1987 年设计定型，命名为 88 式主战坦克，获国家科技进步奖二等奖。

88 式主战坦克战斗全重 38.5 吨，研制中采用了大量国内外先进技术成果，在防护、火力、火控、机动、通讯等方面均有全面提高。一是应用了复合双向稳定器和光点注入式简易火控系统，以光点瞄准代替光学分划瞄准。弹道计算机根据激光测距机测得的目标距离等变量和环境参数计算出提前量，驱动光点偏转和双向稳定器自动调炮，从而缩短了瞄准时间，提高了射击精度，具有在静止状态下对活动目标射击的能力。二是采用了自行研制的 12150L-7B730 马力废气涡轮增压柴油机，提高了坦克单位重量功率。三是行动部分，研究设计用了 6 对中直径负重轮和 3 对托带轮代替 5 对大直径负重轮；以及强力扭杆和无油自润滑复合材料的摩擦减震器，增大了负重轮的动行程，提高了车辆行驶速度和行驶的平稳性。四是在防护方面，车体前上装甲可以披挂复合装甲，两侧安装了橡胶屏蔽，炮塔上装了栅栏式

---

[1] 王立、庞天仪、于桂臣主编：《当代中国的兵器工业》，当代中国出版社 1993 年版，第 292 页。

屏蔽，增强了对敌空心装药破甲弹的防护能力。五是在观瞄方面，车长、炮长、驾驶员采用了微光观察仪器，加强了夜间作战能力。此外，还配备了灭火抑爆系统和三防装置、抛射式烟幕发射装置和潜渡装置等。稍加准备，即可潜渡5米深的江河。通讯系统采用了性能先进的VRC-8000电台，应用了跳频技术，加装了保密机。88式主战坦克的研制成功标志着新中国的坦克工业技术发展已进入一个新的阶段。1988年，88式主战坦克在北京国际防务技术展览会上首次公开展出，在国际上引起了强烈的反响。[1]

（二）86式履带步兵战车

中国研制步兵战车起步较晚。20世纪70年代末，开始研制履带式步兵战车和轮式步兵战车。

1980年，627厂参照国外同类车型研制出履带式步兵战车初样车，1983年制造出正样车。经高温、高寒地区部队使用考核，于1986年设计定型，命名为86式履带步兵战车。86式履带步兵战车，战斗全重13.3吨，乘员2人，载员8人，最大时速65公里。车身低矮，结构紧凑，重量轻，火力强，机动性好。车体中部安装有可旋转360度的单人炮塔，炮塔上安装有73毫米低压滑膛炮1门，12.7毫米高平两用机枪1挺，反坦克导弹发射装置1具，在3000米距离内能有效地对抗坦克的进攻。动力采用150毫米直径V型6缸水冷柴油机，功率为300马力。机械传动，液力操纵，扭杆悬挂，并配有三防、自动灭火和红外夜视观察装置。627厂在86式履带步兵战车的基础上，以25毫米火炮的单人炮塔代替73毫米火炮的单人炮塔，改装出501A型履带式步兵战车。627厂还以501履带式步兵战车为基型车发展

---

[1] 王立、庞天仪、于桂臣主编：《当代中国的兵器工业》，当代中国出版社1993年版，第112—114页。

了NFH-1型和NFV-1型步兵战车和503履带装甲输送车、505履带装甲救护车、506履带装甲指挥车等,形成了501履带式步兵战车车族。[1]

（三）86式152毫米加农炮

86式152毫米加农炮由127厂工程师周燕生组成的设计组负责研制。研制任务于1958年10月由总参谋部、炮兵司令部、军械部和二机部等下达,四上三下,历时27年,它是兵器工业历史上研制周期最长的三个"长胡子项目"之一。新型152毫米加农炮是一项从火炮到弹丸、药筒和发射火药整个武器系统的全新设计,选用新技术、新工艺、新材料多,研制难度大,加之战术技术要求不断提高和"文化大革命"的干扰,研制工作历尽波折,直到20世纪80年代才走向正常。在攻克了一系列技术关键后,于1985年设计定型,命名为86式152毫米加农炮。该炮结构新颖,功能完善。采用小立轴带后防撬板的上架结构,炮身具有360度回转性能,采用分离式绞盘、扭杆式缓冲装置,射击稳定性好,射速快,是当时中国自行研制的射程最远（30千米）,威力最大（战斗部重48千克）,炮身最长（8060毫米）的远射程火炮。部队反映良好。荣获国家科技进步奖一等奖。

二、积极抓紧新一代飞机的研制和定型

1977年底,中央军委确定空军装备重点发展中、高空歼击机,积极发展中、近程轰炸机和强击机,并要求加快正在改进和研制的军用飞机的进度。根据中央军委的决定,总参谋部、国防工办会同有关部门,积极采取措施,在抓好现有飞机的改进改型和齐装配套的同时,

---

[1] 王立、庞天仪、于桂臣主编:《当代中国的兵器工业》,当代中国出版社1993年版,第120页。

积极抓紧新一代飞机的研制和定型工作。在这一时期,还研制霹雳-5乙型空空导弹、新型可全向攻击的红外型格斗空空导弹等武器装备。新型机载雷达的性能和水平也有很大的提高,使中国的国土防空和要地防空能力都得到显著加强。

(一) 歼-8 II 型飞机

根据世界歼击机的发展趋势和中国空军的作战要求,中央军委批准研制歼-8 II 型飞机。它是歼-8型、歼-8 I 型飞机的改进型,在保留其气动、结构及各系统、设备成熟设计的基础上,进行了有重点的改进,其中主要是:突出了飞机的中低空机动性能,采用了从机身两侧进气的方案;增加了外挂,可悬挂多种武器;改进了机载电子设备、电子干扰设备以及武器和飞行控制系统。1980年9月,国家批准歼-8 II 型飞机主要战术技术要求,1981年4月进行方案论证,确定了总体方案。飞机研制任务由沈阳飞机设计研究所和沈阳飞机制造公司承担。歼-8 II 型飞机的研制,采取了系统工程管理。在型号研制总指挥、航空工业部副部长何文治的主持下,飞机研制实行了技术、经济、进度三坐标论证,建立总设计师技术责任制、行政指挥责任制、经济承包责任制,以及质量检查责任制,实行了技术、经济、进度、质量的四坐标管理。在这一系统工程管理中,以顾诵芬为首的总设计师系统占有重要的地位。沈阳飞机设计研究所从1982年开始技术设计、结构设计,到1983年5月就发完全套图纸;到1984年5月底,完成风洞试验39项,吹风11000次,完成结构、系统试验58项,动静力试验25项。1984年6月12日,歼-8 II 型飞机在试飞员曲学仁的驾驶下,完成了首次试飞。[1]

---

[1] 段子俊主编:《当代中国的航空工业》,中国社会科学出版社1988年版,第166—167页。

（二）强-5 Ⅲ型飞机

强-5 Ⅲ型飞机是在强-5 Ⅰ型飞机的基础上，根据使用国提出的具体改装要求而研制的出口型飞机。改装内容共 32 项，主要是增加带有弹射挂钩的挂架，以适应悬挂使用国的炸弹和导弹，换装较先进的电子设备，以及其他一些改进。1981 年 4 月双方签订合同，南昌飞机制造厂随即展开试制。其间，南昌飞机制造厂设计了改型图纸 3949 幅，占强-5 型飞机全机图纸总数的 12.4%。进行了风洞试验和共振试验，制造专用工装 570 项，生产了 3 架样机，共试飞 130 个起落，飞行 101 小时 37 分钟，各项性能都达到了规定指标。1983 年 1 月，强-5 Ⅲ型飞机通过技术鉴定。试制周期仅为 1 年 10 个月。1983 年 1 月至 1984 年 1 月，数十架强-5 Ⅲ型飞机全部交付，履行了合同。中国独立研制并批量生产的第一代强击机强-5，装备了空军、海军，壮大了国防力量。1985 年，强-5 型飞机研制成果获得国家科技进步奖特等奖。航空工业通过这个机种的研制，培养锻炼了飞机设计技术力量，增强了自行设计飞机的能力。[1]

（三）直-8 大型直升机

直-8 大型直升机参照国外直升机设计。航空工业部确定直-8 试制由江西直升机厂承担。直-8 装有 3 台发动机，旋翼系统采用 6 片金属桨叶，尾桨有 5 片金属桨叶。机身是水密全金属半硬壳式结构。该机最大起飞重量为 13 吨，可用于运输、救护、搜索、警戒、反潜、扫雷等。1975 年，江西直升机厂开始研制直-8 直升机。航空工业部先后组织了 6 次大规模的技术协调会和工艺分析会，动员了部内外 130 多个单位参加研制，工作进展较快。1979 年，因国民经济调整，直-8 被列为缓上

---

[1] 段子俊主编：《当代中国的航空工业》，中国社会科学出版社 1988 年版，第 187—188 页。

项目，许多工作随之放慢。工厂为了保证研制不断线，及时调整了产品结构，实行"以民养军"，用民品收入补贴直-8研制。1984年6月，根据国务院领导的指示，直-8项目重新上马。1985年12月11日，在江西景德镇机场，直-8直升机升空，做了5米悬停、左右360度转弯、前飞、侧飞、后飞、升速飞行等科目，首飞获得成功。[1]

三、新型舰艇和新型舰用武器装备研制成功

1977年，中央军委确定海军装备的发展仍以潜艇、导弹舰艇以及反舰导弹、鱼雷等为重点。为改进现有舰艇装备和解决存在的问题，1978年11月，中央军委批准成立鱼雷核潜艇、驱逐舰、中型鱼雷潜艇、大型导弹快艇、反潜护卫舰等5型舰艇工程领导小组。经过几年的努力，5型舰艇的改进工程取得了重要成绩。到1984年，第一代舰艇的研制和改进任务全部完成，性能均有提高，并开始研制第二代海军舰艇。根据海军建设的需要，在国防科技"七五"计划期间，重点是继续研制已安排的新型导弹驱逐舰、多功能护卫舰、新型常规动力潜艇、反舰导弹和水中兵器等第二代海军舰艇和武器装备，着力提高反潜、防空、反导、反舰各类武器系统的攻击能力，信息的反应处理能力，电子、水声的对抗能力，以及自动化、智能化水平。在这个时期研制成功的鹰击8号导弹，具有能超低空掠海飞行、突防能力强、命中精度高、弹小威力大和一弹多用等特点，荣获国家科技进步奖特等奖，并在此基础上逐步形成了中国第二代反舰导弹系列；上游2号固体舰舰导弹，使用操作方便，战斗部威力大，武器系统设备与上游1号通用，可节省装备费用；053H2型导弹护卫舰采用全封闭、全空调

---

[1] 段子俊主编：《当代中国的航空工业》，中国社会科学出版社1988年版，第216—217页。

技术，在作战能力、现代化和自动化水平等方面，都有较大幅度的提高；新研制的 051G 型驱逐舰交付部队试用。在这期间，低空超音速反舰导弹和高性能轻型自导反潜鱼雷等武器装备的研制也取得了较大进展。[1]随着一批自行研制的新型舰艇下水和新型舰用武器装备研制成功，较大地提高了中国海军的战斗力。

（一）051G 型驱逐舰

为适应现代战争的需要，20 世纪 80 年代初，经国务院、中央军委批准，对第一代驱逐舰实施现代化改装，研制改进型，并作为开发新一代驱逐舰的第一步。1983 年，七院集中 701、709、716、724 等所，进行第一代导弹驱逐舰改进型舰载作战系统的方案论证，并确定 701 所为驱逐舰作战系统的主要技术责任单位。经过各方面的共同努力，改进型导弹驱逐舰作战情报指挥系统的主要设备于 1986 年 12 月开始，成功地进行了陆上对接联调试验，尔后装在改进型导弹驱逐舰上。1987 年，第一代导弹驱逐舰的改进型在大连造船厂开工建造。由于采取以上两个方面的重大技术措施，这型导弹驱逐舰在武器装备和生活设施方面都有较大的改善，尤其是加强了电子对抗能力，提高了作战指挥的自动化程度。改进型导弹驱逐舰——051G 型驱逐舰于 1989 年 12 月建成交付海军。[2]

（二）053H2 型导弹护卫舰

导弹护卫舰的研制，经过一段曲折的道路。1976 年，对海型导弹护卫舰建成。20 世纪 80 年代初，双管 100 毫米舰炮系统研制成功，

---

[1] 谢光主编：《当代中国的国防科技事业》（上），当代中国出版社 1992 年版，第 186—187 页。

[2] 谢光主编：《当代中国的国防科技事业》（下），当代中国出版社 1992 年版，第 238—239 页。

并安装在对海型导弹护卫舰上,改称为对海Ⅰ型导弹护卫舰(053H1型)。053H1型首舰建造之际,海军装备部向沪东造船厂提出了一张053H改进的构想外形图。经过沪东造船厂设计人员的初步设计,提出了053H1舰改进的方案设想,于1981年12月在北京向海军首长和六机部作了汇报。海军首长和各领导机关领导对这一方案表示赞赏,并给予支持。海军首长和六机部领导提出了搞设计建造总承包的要求。1982年2月20日海军函告六机部,要求按汇报会确定的内容安排053H1型对海导弹护卫舰修改设计及建造。1982年6月7日,海军向总参报告要求建造053H2型导弹护卫舰。6月25日总参批复海军,同意先建造2艘。8月,中船总和海军联合召开了"053H2型导弹护卫舰方案设计审查会",会议审查并通过了沪东造船厂提出的方案设计。1983年,国防科工委下文批复《053H2型导弹护卫舰战术技术任务书》。1983年11月4日,沪东造船厂与海军驻沪东造船厂军事代表室签署了我国军工产品实行经济技术总承包的第一个合同。沪东造船厂、中国船舶工业总公司系统工程部和航天部三院又共同对对海Ⅰ型导弹护卫舰进行改进,主要是将2座上游1号导弹双联装回转式发射装置改为8座鹰击8号导弹固定发射装置;作战指挥室装备简易的作战情报指挥系统;增设电子战系统;全舰改为封闭式。改进后的护卫舰称为对海Ⅱ型导弹护卫舰(053H2导弹护卫舰)。1984年10月,053H2导弹护卫舰首舰在沪东造船厂开工建造,1985年12月下水,1986年12月正式服役。

(三)鹰击8号导弹

1966年,七机部三院在第三总体设计部组建了空舰导弹研究室。研制成功鹰击6号空舰导弹。1976年9月,国务院、中央军委正式批准了多用途反舰导弹研制方案,并命名为鹰击8号导弹。三院全面开展了研制工作,确定三院239厂为导弹总装厂。239厂组建固体导弹试制、总装生产线,加快了鹰击8号导弹的研制进度,于1978年试制出第一发鹰击8号导弹。从1979年11月至1980年11月,共发射自控弹7发,除1发助推器点火线路发生故障外,其余都获得成功。试验结果验证了导弹总体设计方案是正确的,同时也检验了导弹自控段的精度。1985年9月,在辽西导弹试验场组织鹰击8号导弹装24快艇进行设计定型试验,主要考核导弹的大、中、小射程,双发齐射和战斗弹的杀伤威力以及艇上设备和整个武器系统的战斗性能。这次试验,先后发射6发导弹,全部直接命中预定目标。鹰击8号导弹定型试验胜利结束。鹰击8号导弹是中国自行研制的第二代反舰导弹。它采用了固体火箭发动机和箱式发射等先进技术,具有超低空掠海飞行、突防能力强、命中精度高、一弹多用和小型化的特点,其主要性能相当于世界同类型反舰导弹的先进水平。鹰击8号导弹1987年设计定型,1988年获国家科技进步奖特等奖。[1]

四、大力提高军事电子装备水平

"文化大革命"期间,军事电子技术发展缓慢。在"六五"计划期间,列为重点的军事电子装备有国土防空雷达和作战指挥系统、军用计算机系列等5个大类。为加速军事电子技术的发展,国防科工委和电子工业部抓住对外开放的有利时机,积极组织和开展国际科学技术合作和交流,引进先进技术。同时确定在研制各类产品中,要尽量采用新型元器件、新技术,使基础电子技术的水平大大提高一步。这个时期,军事电子技术得到迅速发展,取得了丰硕成果。"七五"计划期间,中央军委提出了军事电子装备发展以侦察情报、通讯指挥、电子

---

[1] 谢光主编:《当代中国的国防科技事业》(下),当代中国出版社1992年版,第95页。

对抗为重点的要求。在这个时期研制成功的高水平的503型中高空远程警戒雷达、新型381甲型相扫三坐标舰用雷达以及雷达情报处理自动化系统,均荣获国家科技进步奖一等奖;新一代远程警戒引导雷达、高炮火控雷达、防空自动化指挥系统二期工程和地空导弹旅自动化指挥系统等也相继研制成功;军用卫星地球站建成和光缆通信设备的投入使用,使军事通信增加了现代化手段,有效地提高了作战指挥能力;银河数字仿真计算机系统技术上具有20世纪80年代初期国际先进水平,荣获国家科技进步奖一等奖。这些装备对加强部队的现代化建设起了重要作用。

(一)383型(JY8)三坐标引导雷达

383型(JY8)雷达是中国第一部集成化、数字化、自动化的三坐标引导雷达,达到世界先进水平,发现距离超过美国TPS43雷达。由38所所长王福如、总工程师王小谟主持研制。电子工业部38所在接受这项研制任务时,正值所址迁往三线。研制人员在科研条件十分艰难的情况下,积极克服困难,以较短的时间突破许多关键技术,于1984年完成了研制任务。获国家科技进步奖一等奖。它采用多波束、频率分集、快速机械跳频、数字终端以及图像和数据传输等先进技术,并首次配有计算机与自动录取设备。这种雷达系统设计合理,测量精度高,作用距离远,情报容量大,自动化程度高,并具有高增益、大带宽等优点和良好的抗积极干扰能力,是新一代的常规雷达。383型雷达的研制成功,填补了中国三坐标雷达技术的空白,标志着中国发展新一代防空雷达的开始。随后,38所又研制出车载可移动式384型中远程三坐标警戒引导雷达,可担负目标的拦截引导和空中监视任务。[1]

---

[1] 谢光主编:《当代中国的国防科技事业》(下),当代中国出版社1992年版,第303—304页。

(二)503型中高空远程警戒雷达

503型中高空远程警戒雷达由电子工业部14所华海根主持研制，1986年研制成功。研制过程中实行了严格的质量控制和突破了一批关键技术，保证了整机的可靠性和先进性。503型中高空远程警戒雷达采用全相参脉冲压缩加动目标显示体制和捷变频抗干扰等新技术，探测距离远，搜索空域大，抗干扰能力强，动目标显示性能好，可靠性较高，并可车载移动、操作维护简便，运转费用低，雷达的配套设备、元器件和原材料全部立足国内，是新一代的两坐标警戒雷达。该雷达1986年获电子工业部科技进步奖特等奖，1988年获国家科技进步奖一等奖。

(三)第一代防空自动化指挥系统

由于受"文化大革命"的干扰，防空自动化指挥系统的研制工作陷入停顿。为尽早研制出用于实战的第一代防空自动化指挥系统，1979年5月，四机部和空军共同决定，第一步，先研制1个雷达情报传递处理自动化系统(简称"团站系统")和1个歼击机指挥引导自动化系统(简称"引导系统")。研制工作由四机部28所承担系统的总体工作，四机部15所、38所、761厂、830厂和空军3所等单位承担新的计算机、雷达录取、显示控制台及通信分系统等设备的研制和联试。28所科研人员到部队反复调研，在全面总结经验教训的基础上，采用中心计算机双机自动化处理技术，选用新型三坐标雷达、自动或手动录取设备和以微波、超短波为主的新的数字通信网，从而保证了系统的战术技术要求，提高了雷达情报获取、传输的容量、速度和质量。团站系统1983年交付部队使用。1985年，荣获国家科技进步奖一等奖。1984年，引导系统研制成功，交付部队使用。与此同时，机动式指挥引导系统的研究工作也相继完成。1988年，14所、50所采用先进的全固态相控阵雷达和战术数据通信系统，研制成功地空导弹旅(团)自动化指挥系统。1989年,28所还根据空军的要求,研制成功空军战区级作战自动化指挥系统。它采用先进的分布式处理结构、双总线异机种多规程联网、战术预警和监控码声设备、首长显控台、终端多功能并发、系统监控、系统统一自动对时、多功能显示控制以及智能辅助决策等技术,并广泛地采用汉语和汉字,在技术上达到国际水平。[1]

---

[1] 谢光主编:《当代中国的国防科技事业》(下),当代中国出版社1992年版,第329—331页。

第四章

跨越发展（1993—2012）

第一节　深化国防科技工业领导管理体制改革

党的十四大以后，中共中央坚持军民结合、平战结合的方针，探索具有我军特色的武器装备现代化的发展道路，不断深化国防科技工业体制改革，建立和完善国防工业运行机制。中央领导多次表示，要高度重视、研究解决国防科技工业体制问题。按照发展社会主义市场经济的要求，坚持军民结合、平战结合，建立和完善国防工业运行机制，提高军民兼容程度，增强平战转换能力，走出一条符合我国国情并反映时代特征的国防现代化建设道路。[1]中共中央、国务院采取了一系列重大举措，推动国防科技工业调整结构、转轨变型。

一、新国防科工委与总装备部成立

20世纪90年代，世界军事革命飞速发展。中央军委确定了新时期军事战略指导方针，把未来军事斗争准备的基点放在打赢可能发生的现代技术特别是高技术条件下的局部战争上。如何加速发展国防科技工业，改变武器装备落后局面，军委领导高度重视。江泽民强调，

---

[1]《江泽民文选》第1卷，人民出版社2006年版，第473页。

必须把国防科技发展和部队装备建设放在突出地位。要狠抓国防科研和装备发展，以增强我军应付现代技术特别是高技术条件下的局部战争的物质基础，使我军尽快拥有几手先进的顶用的制敌手段，切实提高我军的威慑能力和实战能力。江泽民指出，要高度重视体制问题。这个问题很复杂。现在，要简单地恢复过去那样一种国防科研体制恐怕也困难。要很好地研究解决这个问题。

尽管进行了政府职能转变，但军工各行业自成体系、自我封闭、分工过细、军民分割的局面未得到根本改变。1996年12月，江泽民在中央军委扩大会议上讲话指出，迎接世界军事发展的挑战，要千方百计把我军武器装备搞上去。一个重要的问题，就是要理顺武器装备的科研、生产、购置和维修等方面的体制。体制不顺，浪费了资金，延误了时间，这是我们长期以来没有解决好的老问题。[1]这揭示了深化国防工业改革的必要性和紧迫性。从1997年开始，中央在一年半的时间里反复考虑和研究，决定对国防科技工业管理体制进行根本上的改革。1997年12月，江泽民在中央军委扩大会议上明确提出：国防科研和武器装备发展，要下决心解决规模大、战线长、力量分散、低水平重复等严重问题。这些问题积累多年，如不加以解决，经费再增加也会事倍功半，军队现代化就没有希望。[2]

1998年1月28日，经过与全军体制编制调整改革领导小组和总部机关人员研究交流，在听取各大单位意见和反复论证的基础上，军委副主席张万年就装备管理体制的调整改革问题，专门向中央领导进行了书面汇报。报告认为：目前，海军、空军、第二炮兵和集团军师以上单位设有装备技术部；总部和军区没有装备技术部，具体业务工

---

[1]《江泽民文选》第1卷，人民出版社2006年版，第609、610页。
[2]《江泽民文选》第2卷，人民出版社2006年版，第85—86页。

作由总参谋部、总后勤部和国防科工委分工管理。这种体制的最大问题是管理分散多头，协调难度大；部门之间职能交叉；装备研制周期长、速度慢、效率低；在经费使用上难以通盘筹划、保障重点。按照邓小平关于"装备体制必须高度集中统一"的思想和江泽民关于"要理顺装备科研生产、购置和维修方面的体制"的指示精神，并考虑到国务院机构改革情况，为进一步加强中央军委对全军武器装备建设工作的集中统一领导，适应军队现代化建设和未来高技术条件下作战的需要，考虑设立总装备部，作为中央军委归口管理全军武器装备建设的领导机关。总部这样调整后，军区也作相应调整。这样调整的最大好处是加强了中央军委对装备工作的集中统一领导，有利于集中财力办大事，有利于加速军队的现代化建设。2月27日，江泽民打电话给张万年，明确党中央、国务院正在拟制方案，准备把国防科工委改成新的国防科工委，现在的科工委与总参谋部装备部合并，组建新的总装备部。3月29日，江泽民在中南海主持召开中央军委常务会议，明确作出了成立总装备部的决策。[1]

4月，中国人民解放军总装备部在原国防科工委军事部门以及总参谋部、总后勤部相关部门的基础上在北京正式组建，曹刚川任总装备部首任部长，李继耐任总装备部首任政委；总装备部下设司令部、政治部、综合计划部、军兵种部、陆军装备科研订购部、通用装备保障部、电子信息部等主要机构。总装备部成立之后，随即各军兵种、军区直至军、师、旅、团级作战部队均成立了装备部（处），这样我军进一步加强了武器装备建设的集中统一领导和武器装备全系统、全寿命（从武器研制、采购到维修、报废整个生命周期）的管理。总装备部的

---

[1]《张万年传》(下)，解放军出版社2011年版，第144—145页。

成立，大大推进了武器装备现代化建设，实现了全军武器装备建设集中统一领导和全系统、全寿命管理，提高了武器装备建设的整体效益。

在组建总装备部的同时，中共中央、国务院、中央军委根据国际国内形势发展和国防科技工业实际状况，对原有的国防科技工业体制进行重大改革。党的十五大明确提出"建立和完善与社会主义市场经济体制相适应的国防工业运行机制"的目标要求。中央和国务院非常重视国防科技工业的改组工作，把它视为国务院政府机构改革的最后一仗。1998年3月，九届全国人大一次会议审议通过了《关于国务院机构改革方案的决定》。根据改革方案，国务院组建新的国防科学技术工业委员会，将原国防科工委管理国防工业的职能、国家计委国防司的职能以及各军工总公司承担的政府职能，统归新组建的国防科学技术工业委员会管理。国防科工委作为国务院主管国防科技工业的部门，负责研究拟制国防科技工业发展的方针、政策和法律、法规、规章；研究国防科技工业发展规划，做好国防科研、生产、建设的统筹和衔接；组织军品科研生产的资格审查和许可；审核科研生产单位与军方签订的科研生产合同，协调、监督、检查订货合同的执行，保障军事装备的生产供应；对核、航天、航空、船舶、兵器工业等行业实施行业管理，指导军工电子行业管理；组织研究和实施国防科技工业体制改革，组织国防科技工业能力、结构和布局调整；负责编制国防科技工业固定资产投资、军转民技术改造及技术开发的规划、计划并组织实施；负责国防科技工业的对外交流与国际合作。

1998年4月，中央军委决定在原国防科工委军事部门以及总参谋部、总后勤部相关部门的基础上组建总装备部，总装备部下设司令部、政治部、综合计划部、军兵种部、陆军装备科研订购部、通用装备保障部、电子信息部等主要机构。总装备部成立之后，随即各军兵种、军区直至军、师、旅、团级作战部队均成立了装备部（处），这样我军进一步加强了武器装备建设的集中统一领导和武器装备全系统、全寿命（从武器研制、采购到维修、报废整个生命周期）的管理。总装备部的成立，实现了我军武器装备建设的集中统一领导，为我军武器装备建设实行全系统、全寿命管理创造了条件，有利于对武器装备建设进行总体规划和设计，按照缩短战线、突出重点的原则，科学安排经费的投入，从而可以提高各项武器装备建设经费的整体使用效益。[1]

二、组建十一大军工集团公司

1993年3月，八届全国人大一次会议审议通过了《关于国务院机构改革方案的决定》，撤销航空航天部，组建航空工业总公司、航天工业总公司；撤销机电部，组建机械工业部、电子工业部；在国务院序列中继续保留国防科工委，仍属军队建制，由国务院、中央军委双重领导。至此，原6个国防工业部门都被改组为直属国务院、由国防科工委归口管理的军民结合的专业总公司，分别为：中国船舶工业总公司、中国核工业总公司、中国兵器工业总公司、中国电子工业总公司、中国航空工业总公司、中国航天工业总公司，初步实现由政府行政部门向经济实体的战略转变。

五大军工行业总公司的建立仅仅是科研生产单位企业化转制的开始，它们并不是完全意义上的企业，而是一种行政性军工公司总公司，承担着各自行业的政府管理职能，呈现出一种"半行政、半市场化"的体制特征，"政企不分"的问题没有得到完全根除。通过对军工总公司的改组，将军工总公司承担的有关政府职能剥离统归到隶属国务院

---

[1]《江泽民文选》第2卷，人民出版社2006年版，第267—268页。

的新国防科工委,从体制上进一步解决了"政企不分"问题,改组后国防科工委不再直接管理企业,各军工总公司也不再承担政府职能。

中央决定对国防科技工业管理体制进行重大变革,将航空、航天、舰船、飞机、兵器、核能等五大行政性军工总公司进行公司制和市场化改革,改组为若干集团公司。这次国防科技工业体制改革,是遵照江泽民指示,党中央、国务院、中央军委根据国际国内形势发展和国防科技工业的现状,反复听取各有关方面意见后作出的重要决策;目的在于建立起适应社会主义市场经济发展要求的政企分开、产研结合、供需分离、精干高效的管理体制,为跨世纪长远发展打好基础。党中央和国务院非常重视国防科技工业的改组工作,把它视为国务院政府机构改革的最后一仗。在一年半的时间里反复考虑和研究。1998年10月后,国务院两次召开总理办公会议,研究国防科技工业的改组问题。会后朱镕基向江泽民作了汇报。1999年3月8日,中央政治局常委会通过了改组方案。

1999年7月1日,国防科技工业十大集团公司宣告成立。这十大集团公司是:中国核工业集团公司、中国核工业建设集团公司、中国航天科技集团公司、中国航天机电集团公司、中国航空工业第一集团公司、中国航空工业第二集团公司、中国船舶工业集团公司、中国船舶重工集团公司、中国兵器工业集团公司、中国兵器装备集团公司。江泽民致信表示祝贺,朱镕基出席成立大会。

朱镕基在讲话中指出:"由于多方面的原因,当前我国国防科技工业还很不适应形势发展的需要。科技基础薄弱,武器装备发展与部队的需求相比差距很大;力量分散,重复建设严重,结构很不合理;企业改革滞后,机制不活,冗员多,效益差。这些使得国防科技工业成为全国最困难的行业之一。这次国防科技工业体制改革,是党中央、国务院、中央军委根据国际、国内形势发展和国防科技工业的现状，反复听取各有关方面的意见后作出的重要决策。各军工总公司改组为若干集团公司，要着力解决五个方面的问题：一是政企分开；二是建立适度竞争的机制；三是科技力量适当集中，确保武器装备的生产和发展；四是促进国防科技工业的合理布局和结构调整；五是有利于企业搞活和脱困。通过改革，建立起适应社会主义市场经济发展要求的，政企分开、产研结合、供需分离、精干高效的管理体制，为跨世纪长远发展打好基础。"

对于国防科技工业下一步的改革和发展方向，朱镕基提出："第一，进一步解放思想，更新观念，转变职能，真正把政企分开这件事情做好。国防科工委是国务院的职能部门，要切实加强行业管理，主要职责是搞好行业规划、行业政策、行业法规、行业标准和行业监督，加强宏观调控和组织协调。其他事情少管一点。集团公司和过去的总公司不一样，总公司带有一定的行政管理性质，现在政企分开了，要把集团公司真正办成自主经营、自负盈亏的经济实体。集团公司要严格按照经济规律办事，自己负责，亏损了自己想办法。集团公司下面的企业都是独立的经济实体和市场主体，集团公司要满腔热情地支持它们搞活，把应该管的事情管好，把不应该管的事情坚决放下去，不要干预过多；干预越多，企业越难实行自主经营、自负盈亏。处理好这几个环节的关系，是这次国防科技工业机构改革成功的一个关键。要使企业集团真正搞活了，而不是搞死了，既要有竞争、有压力，又要有配合、有协调。第二，加快武器装备的发展，千方百计满足部队的需要。企业集团组建以后，国防科工委和各集团公司都要牢固树立'保军'、为国防现代化服务的思想，坚决完成武器装备研制、生产、保障的任务。'保军'就是保军队的需要，这是国防科技工业的首要任务、头等大事,要认真抓好,特别是要把具有战略意义的'杀手锏'武器装备搞上去。同时,要不断提高武器装备的科研水平,增强国防科技工业的发展后劲。部队也要支持国防科技工业。我一直主张,部队买国防科技工业的武器装备,价格应该是成本加一定的利润,要让国防科技工业的企业能够活下去。如果国防科技工业企业赔本卖产品,就无法进行经济核算,无法考核,无法比较,也无法促进国防科技工业的进步。总之,'保军'是我们最重要的任务、首要的任务、全力以赴的任务,同时希望部队也要支持国防科技工业企业的发展。第三,采取坚决措施,加快国防科技工业结构调整和企事业单位战略性重组步伐。当前国防科技工业的种种矛盾,很多是由于结构不合理造成的。各级领导干部都要提高对结构调整紧迫性的认识,统一思想,下定决心,切实打好结构调整的攻坚战。要通过军、民品分线和关停、转产一部分企业,尽快把那些不需要的而又落后的生产能力压下来;广泛采用先进技术,加强技术改造,把真正需要的东西搞上去。要通过适度竞争、优胜劣汰,进一步搞好军工企事业单位的战略性重组,从而达到浓缩、精干军工的目的。第四,坚持'军民结合'方针,大力发展军民两用技术。要在确保军品任务的前提下,真正按照市场需求,加强科技开发和产品开发。要充分发挥人才、技术、设备优势,着力开发军民两用技术,发展高新技术产品和高新技术产业,推动军工技术向民用技术的转移。这是'保军促民'的一个重要方面。只靠'保军',还不能满足国防科技工业自我发展的要求,必须搞民用产品。在别的一些国家,例如美国的通用电气、通用汽车、波音公司,都是既生产军品,又生产民品;没有只生产军品而不生产民品的企业。发展民品,不仅是为了使国防科技工业企业不亏损,能够发展自己,加强科研,更好地'保军',而且也是为了促进民用工业的发展。国防科是最先进的科技，是能够促进民用工业发展的，是能够给民用工业带来活力的。国防科技工业企业的领导和职工都要明确，这次成立的十大集团公司，'保军'是首要任务，同时必须大力发展民品。要把军事工业技术移植到民用工业上来，把保证军事工业产品的那种严格的管理、严格的质量要求、严格的工作态度转移到民品的生产方面来，给所有的民用工业带一个头，树立一个榜样。要真正做到，从国防科技工业企业出来的民用产品都是顶呱呱的，技术是先进的，产品质量是优良的。目前，国防科技工业的军民结合还没有达到很好的状态。'保军'当然是首要的、重要的，但民品也要做好，民品做不好也有损企业的信誉，使企业活不了。特别是船舶企业，不搞民品怎么行？不搞出口就活不下去。我们有这么大的船舶生产能力，要把订货拉进来，把民用船舶打出去，打到国际市场，为船舶企业的生存和发展积累后劲，这样才能够更好地'保军'。所以，国防科技工业企业无论如何要把民品生产搞上去，采取与军品生产同样的态度，抓得紧，抓得严，否则就没有信誉，没有市场。第五，深化企业改革，加快国防科技工业企业脱困的步伐。要从国防科技工业的实际出发，按照建立现代企业制度的方向，把企业改革、改组、改造和加强内部管理紧密结合起来，转换经营机制，增强企业活力，提高经济效益，千方百计搞好企业扭亏脱困工作。要把党中央、国务院关于国有企业改革的各项方针、政策、措施落到实处，知难而进，扎实工作，力争用三年左右时间，使大多数国有大中型亏损企业摆脱困境，为21世纪的更好发展奠定基础。"[1]

1999年10月，国防科技工业体制改革工作会议在北京召开。会

---

[1]《朱镕基讲话实录》第3卷，人民出版社2011年版，第278—281页。

议提出，按照国务院对成立各军工集团公司的批复精神，今后两三年内，要通过"摘帽、销号、转产、关闭"等不同方式，对已经没有军品任务或任务很少的企事业单位进行调整。同时，要切实搞好军品科研生产能力调整，大力推进军工企事业单位的战略性重组，逐步建立寓军于民的开放体系。军工企业改革和发展的目标是：第一阶段到2000年或稍长一点时间，完成国务院在批准组建集团公司时提出的企事业单位调整任务；到2000年底，使大多数大中型亏损企业摆脱困境，大多数大中型企业建立现代企业制度；军工企业的经济状况得到改善。第二阶段到2010年，建立起开发设计和系统集成能力强、社会配套水平高的开放式、寓军于民、"小核心、大协作"的军工科研生产体系；形成适应国防现代化建设需要、符合市场经济规律、协调高效的军工科研生产运行机制；军工企业的整体效益显著提高，发展进入良性循环；一批骨干军工企业主导产品、关键技术和综合素质接近或达到国际水平，一批大型企业和企业集团具有较强的国际竞争力和影响力。

2002年3月，国家又将信息产业部所属军工研究院（所）改组成立中国电子科技集团有限公司（简称"中国电科"），军品管理归口国防科工委。至此，六大军工行业所属11家军工集团公司成立。

三、改组成立国防科工局和新的军工集团公司

党的十七大进一步作出了"调整改革国防科技工业体制"的重大决策，从顶层设计上明确了国防科技工业走军民融合式发展道路的根本途径、基本思路和组织架构。2008年3月，第十一届全国人民代表大会决定，不再保留国防科学技术工业委员会；将原国防科工委除核电管理以外的职责都纳入新成立的工业和信息化部；同时，成立国家

国防科技工业局，由工业和信息化部管理。国防科工局负责核、航天、航空、船舶、兵器、电子等领域武器装备科研生产重大事项的组织协调和军工核心能力建设。

为实施《国家中长期科学和技术发展规划纲要》确定的重大科技专项，国务院成立了大型飞机重大专项领导小组，组织了专家论证委员会独立开展论证，经过6个月的工作，形成了《大型飞机方案论证报告》。2007年2月26日，国务院总理温家宝主持召开国务院常务会议，听取大型飞机重大专项领导小组关于大型飞机方案论证工作汇报，原则批准大型飞机研制重大科技专项正式立项，同意组建大型客机股份公司，尽快开展工作。国务院常务会议认为，我国航空工业经过50多年的发展，已经具备发展大型飞机的技术和物质基础。自主研制大型飞机，发展有市场竞争力的航空产业，对于转变经济增长方式、带动科学技术发展、增强国家综合实力和国际竞争力，加快现代化步伐，具有重大意义。会议指出，一要加强组织领导，集中力量，合力攻关。二要坚持高标准、高水平、高质量。三要坚持以我为主，积极开展国际合作。四要统筹协调大型客机与大型运输机的研制。五要坚持体制机制创新。六要充分利用我国航空工业的现有基础。中国的飞机研制水平与西方发达国家相比，还有一定差距。要加快速度迎头赶上，必须集中航空工业所有的科研和制造资源，而两大航空集团都是独立法人，互不隶属，资源相对分散，不仅不利于集中资源，而且还会产生重复建设的问题。大飞机项目的推进，使得航空业的整合迫在眉睫。为了让中国航空业做大做强，2008年，中央决定对航空工业改革重组，中国航空工业第一集团公司和中国航空工业第二集团公司实行合并，成立新的中国航空工业集团。2008年5月26日，中组部、国务院国资委宣布了中共中央、国务院关于组建中国航空工业集团公司筹备组的决定。7月25日，中国航空工业集团公司筹备组正式向工业和信息化部提交《关于对中国航空工业集团公司组建方案给予审核的请示》。10月21日，国务院批准了上报的方案和章程。11月，中国航空工业集团公司正式成立。

纵观新中国成立以来国防科技工业的发展历程，其领导体制可谓变动频繁。这是因为，国防科技工业在发展过程中面对的政治形势、社会经济环境是复杂的、变动的，需要适时调整改组，建立符合武器装备建设规律、适应社会经济发展要求的制度体系和运行机制。可以说，这是不断探索、实践和创新、跨越的历史过程。

第二节　武器装备研制生产能力实现跨代跃升

20世纪90年代，国际战略格局已经发生变化，中国安全环境和军事斗争任务也发生重大变化。海湾战争揭示了现代局部战争所具有的高技术特点，全新的现代战争样式登上了历史的舞台。中央军委领导多次提出，现代战争正在成为高技术战争、世界军事领域正在发生深刻变革。1993年1月，中央军委扩大会议确定了新时期军事战略方针，在战略指导上实行了重大调整，把打赢现代技术特别是高技术局部战争作为军事斗争准备的基点。加强"撒手锏"——高新技术武器装备建设，是适应国际战略形势特别是世界军事变革的必然要求，是提高人民解放军打赢现代技术特别是高技术条件下局部战争能力的迫切需要。发展高新技术武器装备，给国防科技工业的机制改革提供了良好机遇，创造了有利条件。

一、优先发展高技术条件下局部战争急需的"撒手锏"

"七五"计划期间,国防科研投资占国家财政支出的比例呈连续下降趋势。军工企业的设备大部分是二十世纪五六十年代制造的,多年来未进行技术改造,生产高新技术武器比较困难。军品生产能力虽已大大压缩,但每年的装备订货量仍然不多,一些骨干军工企业生产任务减少,国防科技和工业生产的综合水平难以提高。党中央会议曾明确,今后十年,必须进一步推进国防现代化建设。随着经济的发展和国力的增强,适当增加国防费用,有重点地加强新武器的研制,提高军队武器装备的现代化水平。[1]

新时期军事战略方针明确了新形势下我军军事斗争准备的目标和任务,抓住了我军建设的主要矛盾,正确解决了我军建设和改革的发展方向问题,有力地推动了国防建设和军队建设。中央军委提出,新时期军事战略方针在落实步骤上,要分两步走。第一步:调整"八五"建设目标,加强基础建设,展开作战急需项目的规划设计和起步工作,积极稳妥地进行调整改革,为落实新时期积极防御军事战略方针奠定基础。第二步:在"八五"建设的基础上,加快发展速度,争取用5到10年时间,基本实现新时期积极防御军事战略方针的要求。[2]

在编制"八五"计划时,国防科工委经过与各军工部门、各军队使用部门反复研究,确定选择有重大影响的陆、海、空军四项研制项目作为国家重点武器装备研制项目,集中力量攻关,在科研力量,研究试验条件建设,新材料和配套设备研制等各方面给予保证。国家重点项目的选择条件,一是武器装备的总体技术水平有较大提高;二是

---

[1]《刘华清回忆录》,解放军出版社2004年版,第584—585页。
[2]《张万年军事文选》,解放军出版社2008年版,第380页。

能较大幅度提高部队的战斗力，具有威慑作用；三是对国防科技的发展有带动作用。组织上，为了加强集中统一领导，研究处理和统筹安排军工科研、生产和军民结合等重大问题，国务院、中央军委决定成立国务院、中央军委专门委员会（简称"中央专委"），国务院总理李鹏任主任，国务院副总理姚依林、中央军委副主席刘华清任副主任，办公室设在国防科工委，国防科工委主任丁衡高兼任办公室主任，负责日常工作。[1]国务院、中央军委专门委员会于1989年12月召开的第一次专委会讨论批准了四个重点项目，要求工作上严密组织，经费上优先保证，质量上精益求精，集中人力、物力、财力，各方面大力协同确保完成。在以后的年度计划安排中，这四项重点的研制经费达到国防科研总经费的一半。国家计委在技术改造和民口新材料试制方面也给予重点保证。这四项重点装备到"九五""十五"计划时均已陆续设计定型，转入生产装备部队，使我军武器装备更新一代，同时提高了国防科技工业的研制和生产水平。[2]

"八五"计划期间，国防科学技术研究和武器装备研制、生产取得了很大成绩。经过广大国防科研人员和职工的努力，有一批主要武器装备和一般武器装备设计定型，几项国家重点武器装备和重点卫星及国家重点专项进展情况良好，其他的重点武器装备研制项目也取得了新的成果。国防科技预先研究有所突破，对提高常规武器、战略武器和航天系统的性能具有重要的作用。技术基础工作坚持为型号研制和预研服务的方向，在许多领域进步很大，有力地支撑了重点型号工程的研制工作。"八五"计划期间建成的一批国防科技重点实验室，对于改善国防科技基础性研究手段落后的状况，具有重要作用。对外技术

---

[1] 谢光主编：《当代中国的国防科技事业》（上），当代中国出版社1992年版，第161页。
[2] 怀国模：《难忘岁月——我的军工生涯》，国防工业出版社2013年版，第119页。

合作与引进工作进展很快，取得了一批很好的成果。通过对外合作引进先进的制造、加工、测试、试验设备，学到了许多国外的有益经验和先进的设计制造技术，加快了国内新型武器装备的研制速度。从总体上看，经过这几年的艰苦奋斗，我国的国防科研水平上了一个新台阶，我军的武器装备水平上了一个新台阶。[1]

1995年12月中旬，中央军委扩大会议审议通过了《"九五"期间军队建设计划纲要》（以下简称《纲要》）。《纲要》明确了21世纪初（2010年前）军队建设远景目标，主要内容是：通过十五年左右时间的努力，全面实现新时期军事战略方针提出的各项要求，使国防实力与军队建设整体水平同我国的国际地位和打赢现代技术特别是高技术条件下局部战争的要求相适应。[2]《纲要》明确提出要实现"两个根本性转变"，一是在军事斗争准备上，由准备打赢一般条件下局部战争向准备打赢现代技术特别是高技术条件下局部战争转变。二是在军队建设上，逐步由数量规模型向质量效能型、由人力密集型向科技密集型转变。在今后相当长的时间内，我军建设的各个方面，军事斗争准备的各项工作，都要紧紧围绕这两个根本性转变来进行。《纲要》进一步指出，实现"两个根本性转变"的关键是实施科技强军战略，依靠科技进步提高战斗力。[3]中央军委及时确立科技强军战略，提出以科技强军为主要杠杆推动军队的现代化建设，推进军队建设"两个根本性转变"，抓住了我军建设面临的主要矛盾，指出了解决我军建设主要矛盾的根本途径。落实军队建设指导思想的"两个根本性转变"，为世纪之交的国防和军队建设及军事斗争准备指明了方向。按照这一转变要求，

---

[1]《刘华清军事文选》下卷，解放军出版社2008年版，第454页。
[2]《张万年军事文选》，解放军出版社2008年版，第517—518页。
[3]《张万年军事文选》，解放军出版社2008年版，第520页。

国防科技工业进一步深化体制机制改革,向提高高新技术武器装备供给能力的方向前进。

军委领导深刻意识到:"随着高技术在现代战争中的广泛应用,先进武器装备的地位和作用越来越突出。""在武器装备质量相差悬殊的情况下,部队数量上的优势难以弥补武器装备质量上的劣势。现在世界主要国家及我国周边国家和地区,都在加速发展先进武器装备,已经向我们提出了严峻挑战。这是一场历史性的竞争,进则掌握主动,退则被动挨打。我们条件有限,不可能全面追赶,但决不能落伍。"[1]中央军委向国防科技工业提出要求:要有选择地抓好预先研究,重点突破国防科研的关键技术,努力实现较大跨度的发展;特别是要集中力量,合力攻关,重点发展能有效制敌的"撒手锏",并以此来带动整个武器装备体系的全面发展,提高军队武器装备现代化水平。

"九五"计划期间,国防科研继续贯彻中央军委确定的新时期军事战略方针,坚持缩短战线、突出重点、保障急需和协调发展的原则。围绕主要方向和重点部队的作战需求,精选新上项目,优先发展高技术条件下局部战争急需的新型武器装备,保证确定的几项国家重点武器装备和国家重点卫星,继续完成"八五"结转的重点项目,搞好系统配套,尽快形成主战装备的作战能力。抓紧技术引进工作,重视搞好主要技术的消化吸收和创新,加快重要零配件的国产化。加强军用电子元器件和新材料等关键基础技术攻关,有重点地开展关键技术预先研究,实现较大幅度的技术进步。按照国家有关改革与发展的总体部署,积极慎重地进行国防科技工业的改革。进一步压缩调整军品科研生产能力,继续搞好三线布局的调整。不断总结经验,改进管理方

---

[1]《张万年传》(下),解放军出版社2011年版,第164—165页。

法，逐步形成军品科研生产的新的运行机制，到 2000 年初步建立适应社会主义市场经济要求、符合国防科技工业发展规律的新体制。[1]

国防科技工业根据江泽民关于国防科技工业要建立"哑铃型结构"和"竞争机制、监督机制、评价机制、激励机制"的指示和中共中央提出的深化国防科技工业体制改革的要求，始终坚持以军事斗争准备为牵引，加快高新技术武器装备发展。一是"作战牵引"。未来打什么仗，需要什么装备，就发展什么装备；敌人害怕什么，就发展什么。二是"重点突破"。充分考虑国情军情，兼顾需要与可能，缩短战线，集中力量发展高新技术武器装备。三是"自力更生""自主创新"。最核心的先进技术是买不来的，即使买来了，关键时刻也要受制于人。要确立"信息先导，技术支撑"的观念，加大武器装备的自主研发和科技创新力度，尽快突破关键技术。四是"质量第一"。牢固树立质量就是生命、保证质量就是保胜利的观念，精益求精，全程控制，不留隐患。五是"持续发展"。要坚持装备一代、研制一代、储备一代、预研一代，实现高新技术装备建设的滚动性可持续发展。

新世纪之交，在日新月异的科技进步推动下，世界军事革命迅猛发展。世界各主要国家纷纷调整军事战略，加快军队现代化建设，形成了以高技术质量建设为主要标志的军事竞争新态势。我军的现代化建设和军事斗争准备，面临艰巨任务和严峻挑战。在这个重要历史关口，中央军委把跨越式发展作为我军现代化的发展道路，并提出实现我军机械化、信息化双重历史任务。这一战略决策，为我军在世界军事领域的激烈竞争中赢得战略主动指明了正确方向。

---

[1]《刘华清军事文选》下卷，解放军出版社 2008 年版，第 457—458 页。

二、深化国防科技工业体制改革

在世界新军事变革浪潮的推动下，中国国防科技工业瞄准世界军事前沿，充分利用国家科技力量发展军工科研生产，加强与世界各国国防科技工业的合作与交流，促进高新技术武器装备研制，加速科研成果转化步伐，在实现武器装备科研水平技术性跨越方面，取得了显著成效，为人民解放军的现代化建设提供了强有力的保障，走出了一条中国特色的高新技术武器装备建设发展之路。

"十五"计划期间国防科技工业体制改革取得重大成就。国防科技工业以加快发展军工经济为主题，以能力、结构和布局调整为主线，以体制创新和科技创新为动力，积极推进"四个机制"建设，深化体制改革，大力推进国防科技工业能力结构布局调整、军工企业改革脱困和军工企事业单位战略性重组，积极探索军工企业股份制改造和非公经济参与国防建设，各项工作取得了明显的进展和成效。

"十五"计划期间，为建立起既满足国防建设需要，又适应社会主义市场经济要求的国防科技工业新体制，切实解决好军工历史遗留的问题，中共中央、国务院决定对国防科技工业实施第三次军品科研生产能力调整。这是国家在宏观层面上对国防科技工业进行的战略性调整，也是国防科技工业一次难得的机遇。军工企业改革脱困方案对军工企业改革发展和历史遗留问题提出了一揽子解决方案，对一批国有军工企业按重点保军、放开搞活、退出市场三种类型分别采取了不同措施，对必须退出市场的企业以实施政策性关闭破产为重点，减轻企业债务和人员包袱；通过改组、兼并、出售、联合、租赁等多种形式，使企业进入市场寻求自身发展壮大；把重点任务集中到保军企业，真正建立"小核心、大协作"的格局，实现结构调整和升级。军工企业改革脱困工作覆盖面广，特殊优惠政策多，综合改革配套性强。到"十五"计划末期，军工企业改革脱困工作取得了重要阶段性成果，关闭破产工作基本完成，军工行业战线长、摊子大、冗员多的矛盾开始从根本上得到解决；军工企业债务负担明显减轻，资产状况进一步好转，经济运行成本进一步下降，提前三年实现全行业扭亏为盈；军工经济迅速壮大，职工收入得到较大改善，其他经济增长点正在加快形成，军民结合产业快速发展，军民协调发展的能力逐步加强。[1]

实施军品科研生产能力结构布局调整。对于重点保军企业和保留了重点专业的科研院所，对军品科研生产能力进行分层分类核定，目的是进一步保留核心能力、压缩富余能力、淘汰老旧能力，精干军工主体，构建哑铃型和"寓军于民"适应社会主义市场经济的国防科技工业投资方式，根据项目情况和性质，在政府直接投资、资本金注入、投资补助、贴息等多种投资方式的基础上，积极探索采用代建、租赁、借用、补偿、调配等新的投资方式。要综合权衡国家安全和引入社会资本的要求，将国防科技工业投资领域划分为放开类、限制类和禁止类三类，有步骤、有序地扩大社会资本的投资领域。

积极探索和尝试，建立不断适应国防建设和市场经济要求的新型体制与机制。"十五"计划期间，随着国家科技体制改革的不断深入，军工科研院所适应新形势的需要，围绕提高自主创新能力，激发内部活力，调动科研人员的积极性，在内部运行机制上积极推进改革。通过改革，不断优化科研结构和体系，促进科研生产和谐发展，积极探索先进的决策、用人、分配、竞争、激励、监督、评价等机制，取得了一定的成绩。同时，不断研究各集团公司体制和内部运行机制等方

---

[1]《"十五"期间国防科技工业体制改革取得重大成就》，《国防科技工业》2007年第4期。

面的新情况和新问题,对集团公司实行母子公司体制、集团公司资本经营和股份制改造、军工企事业单位战略性重组、军工企业利用资本市场任务的完成和国防科技工业新体制的构建。5年来,大多数集团公司已经建立母子公司体制,军工上市公司已达53家,其中47家境内上市,累计募集资金200多亿元。

5年来,紧紧抓住结构调整这个主线,对整个行业的科研生产能力进行了一次大梳理,国家核定的军品保留能力得到细化分解和量化落实,摸清了科研生产能力的瓶颈与窄口,为转型升级和加强能力建设打下了良好的基础。同时通过企业改革脱困盘活存量资产,扩大再就业渠道,安置富余职工,确保社会稳定大局。国防科技工业实现了能力结构布局的初步优化,艰难的"瘦身"过程基本完成,为进一步建立起适应国防现代化和社会主义市场经济发展要求,规模适当、结构合理、适度竞争、动态优化,"小核心、大协作、寓军于民"的国防科研生产体系,为今后的统筹规划和能力管理奠定了良好基础。[1]

以2005年各项任务顺利完成为标志,国防科技工业"十五"计划主要目标全面实现。这5年,国防科技工业快速发展,军工经济不断壮大,整体实力大幅提升;继"两弹一星"之后,载人航天等一批重大工程取得辉煌成就。在"十五"计划期间,武器装备研制生产能力进一步提升,建成了一批武器装备科研生产基地,武器装备的研发、试验验证、集成、制造能力进一步提升,一批高新技术武器装备研制成功并批量交付军队,以高新技术武器装备研制生产能力为核心、以专业化协作配套为依托,具有较高水平的新型军工体系逐步形成。

"十一五"规划期间,国防科技工业提出"转型升级战略",建设

---

[1]《"十五"期间国防科技工业体制改革取得重大成就》,《国防科技工业》2007年第4期。

创新型国防科技工业，增强国防科技工业自主创新能力，按照"机械化与信息化复合发展"的要求，加大新型武器装备的研制力度，锻造科研实力，不断加快高新技术武器自主创新步伐，一批新型武器装备系统研制成功，一批关键核心技术取得重大突破，军品研制生产能力实现跨代跃升。

作为我国最大的导弹武器研制生产单位，航天科工始终坚持以航天防务为基业，导弹武器装备研制与生产一直处于领跑者的地位。现已基本形成了完备的航天防务装备体系，建立了完整的系统技术开发和研制生产体系，大幅提升了核常兼备、近中远结合、多类型战斗部地地导弹武器系统和亚超结合、多平台、中远程、多种精确导引方式的飞航导弹武器系统的研发生产能力，形成了全空域、多平台防空导弹武器系统研发生产能力。"十一五"期间航天科工集团始终强调，完成武器装备建设任务是集团公司的首责，完成任务必须"后墙不倒"。航天科工广大干部职工正是凭着这种"破釜沉舟"的气概和钢铁般的意志，奋力拼搏，攻坚克难，圆满完成了武器装备建设任务，并实现了综合实力和水平的大踏步提升。[1]

航天科技集团"十一五"期间以自主创新推动发展，在尖端科技方面实现了重大跨越。"十一五"期间，中国航天科技集团公司连续两次捧得科技创新特别奖，获得国家最高科学技术奖 1 项、特等奖 1 项、一等奖 6 项，发明二等奖 2 项。2006 年，作为唯一一家军工企业，集团公司被列入国家首批创新型企业试点单位，并于 2008 年获得创新型企业称号。集团公司对航天科技自主创新重要性和必要性的认知和践行实现了一个新的跨越。从首次载人航天飞行到"神舟七号"航天员

---

[1] 元龙：《军品研制迈上台阶——国防科技工业"十一五"成就之一》，《国防科技工业》2010 年第 12 期。

翟志刚实现出舱行走,从"嫦娥一号"到"嫦娥二号","十一五"期间,以载人航天工程、月球探测工程、新一代大型运载火箭、第二代导航定位卫星系统、高分辨率对地观测卫星系统为代表的一批尖端航天科技取得了重大跨越式发展,中国航天实现了一次次自我突破和创新发展。5年来,集团公司干部员工依靠刻苦攻关和不断创新,攻克和掌握了一项又一项航天领域的核心技术和关键技术,形成了一大批具有自主知识产权的创新成果,自主创新能力得到极大提升。仅专利的申请总量就从2005年的781项上升到2009年的5899项。作为国内导弹武器装备的骨干力量,在国庆60周年阅兵仪式上,中国航天科技集团公司抓总研制生产的5种共152套高科技导弹武器装备精彩亮相。[1]

航空工业将坚持自主创新、不断提升核心竞争力视作实现跨越发展的关键,始终注重集成创新、原始创新、引进吸收再创新,结合重大型号研制攻克技术难关,完全掌握了第三代战斗机和发动机、先进直升机的研发技术,取得了近百项重大科研成果。以歼-10研制成功为标志,形成了一整套具有自主知识产权的第三代战斗机设计技术;以"太行"发动机为代表,实现了我国军用航空发动机从第二代向第三代、从涡喷向涡扇、从中推力向大推力的飞跃。

兵器工业集团以"发展兵器高科技"的战略方针为指导,全力推动兵器科技自主创新,成功掌握和攻克了一大批新型机械化和信息化核心关键技术,打造形成了以远程压制、两栖突击、精确打击、防空反导、高效毁伤、光电信息为核心的兵器高科技体系。

兵器装备集团不断加快开放型研发体系建设,大胆创新军品科研投入机制,建立军品发展基金,对加快集团公司军品科研创新起到了

---

[1] 刘斐:《自主创新推动发展:中国航天科技集团公司"十一五"辉煌成就大回顾》,《中国航天报》2010年12月1日。

明显的推动作用。集团公司还打破传统思维，促进军品科研与生产领域竞相创新，使集团公司军品支撑少、能力弱、效率低的局面获得改变，呈现出生产一代形成能力、研制一代取得成果、预研一代实现突破、探索一代取得进展的良好态势。

"十一五"规划期间，中国电子科技集团作为副总指挥长单位，在载人航天工程全部七大系统中负责测控通信系统设备、雷达探测设备、太阳能电池和大量关键元器件的研制任务；在探月工程中，承担了卫星、运载火箭、发射场、测控通信和地面应用等五大系统中的重要研制生产任务。借助于对重大专项的参与实施，中国电科在军工电子领域的技术引领、攻坚克难和骨干支撑作用进一步增强，其研制的包括预警机在内的一大批信息化武器系统、装备和核心元器件，也有力地支撑了我军武器装备的信息化建设。[1]

"十一五"规划期间，国防科技工业瞄准国家远景目标，立足当前国防建设和国民经济发展的需要，在高新技术武器装备供给方面基本满足部队装备机械化和信息化要求，在高技术产业发展方面初步实现结构高级化，在基础能力方面使基础科研和基础建设得到显著加强，初步形成寓军于民新体系框架和军民互通、互动机制，国防科技工业的新跨越，初步形成若干具有国际竞争力的大企业集团。

2011年初，国防科技工业工作会议明确了未来5年国防科技工业7项重点任务。一是完成武器装备科研生产任务。依据军队武器装备建设发展战略和规划，按照军队建设要求，以高新技术武器装备科研生产为重点，确保军品任务按照时间节点和质量要求全面交付。二是努力建设先进的军工核心能力。围绕武器装备建设需求，坚持能力建设

---

［1］元龙：《军品研制迈上台阶——国防科技工业"十一五"成就之一》，《国防科技工业》2010年第12期。

与军品任务相匹配并适度超前、机械化与信息化复合、军工产业与民用产业融合的思路,建设军工核心能力体系。三是加速推进科技创新。重点围绕具有战略性、前瞻性、关键性技术和国防基础科研项目进行突破,完成探月工程二期任务,推进三期任务实施;完成深空探测论证并展开实施;积极配合做好载人空间站等重大工程;实施高分辨率对地观测系统建设。四是促进科研生产信息化建设。按照军队建设的阶段性目标要求,推进以数字化为核心的先进制造方式能力的建设。五是健全完善军民融合式发展体系。支持和引导军工企事业单位深化改革、优化重组,调整经济结构;推进产业、技术和能力的军民结合;支持民口企事业单位参与武器装备科研生产和建设;引导社会资本参与军工企业股份制改造;推进军工先进技术为民所用。六是持续拓展国际合作。推进军贸和国际合作迈上新台阶;扩大进口规模,增加进口先进技术、关键设备、重要能源和短缺原材料;推动国际合作,加大先进技术和人才引进力度;参加国际防扩散、核安全和核反恐工作,开展中美、中法和国际原子能机构等双边与多边国际合作。七是加强军工核心人才队伍建设。逐步完善军工核心人才建设工作体系,以培养造就一批领军型军工核心人才为重点,提高武器装备型号研制人才、国防关键技术人才、国防基础科研人才、国防先进技术应用人才以及年轻后备人才的整体素质和专业能力。中国国防科技工业"十二五"主要奋斗目标:军工经济年均增长15%以上;实现军工核心能力建设升级换代,满足武器装备科研生产需求;武器装备供给保障能力、自主创新能力、军民转换与平战转换能力、市场竞争能力、高素质人才成长和创造能力均有较大提高,实现国防科技工业综合实力整体跃升。[1]

---

[1] 付毅飞:《国防科技工业"十二五"将重点完成七大任务》,《科技与生活》2011年第1期。

三、开展中（苏）俄军事技术合作

依据国际形势变化，从 20 世纪 90 年代初开始，中国开展了与苏联的军事技术合作。苏联解体后，中国国防科技工业与俄罗斯进行了长期的卓有成效的军事技术合作。

1990 年 3 月，国防科工委副主任谢光率团访问苏联。临行前军委副主席刘华清交代：要多了解苏联的情况，探讨与苏联开展军事技术合作的可能性。几十年来，苏联大规模发展国防科技工业，在许多领域处于世界领先地位，有许多高新技术值得我们引进和借鉴。要针对国内情况，有计划有重点地去看。人家不会像 50 年代那样对我们援助了，要将他们的高新技术、高新军工产品引进，是要付出代价的。访苏代表团回国后，向军委作了汇报。军委常务会议上，研究了与苏联搞军事技术项目合作问题。有人不赞成引进苏联军事技术，主张还是自力更生。有的说，为了加快国内研制速度，避免摸索时间过长，少走弯路，还是引进一点。刘华清明确表示："我们强调自力更生是正确的，但现在基础还不行，应引进有关的先进技术。"最后决定：把先进技术拿到手，不是完全仿制，而是创新。[1]

4 月下旬，李鹏总理访问苏联，表示中方对航天航空方面深层次的合作感兴趣，并建议成立混合小组具体讨论。苏部长会议主席雷日科夫表示同意，并明确苏方小组组长为部长会议副主席兼部长会议军事工业问题国家委员会主席别洛乌索夫，组员为外经部长、航空工业部长、通用机械部长等。中方小组组长由刘华清担任，小组成员由国防科工委主任丁衡高、航空航天工业部部长林宗棠、对外经济贸易部

---

[1]《刘华清回忆录》，解放军出版社 2004 年版，第 590 页。

副部长李岚清等组成，统一负责对苏国防科技及军工领域合作的一切事项。根据军委常务会议精神，刘华清在5月3日召集丁衡高、林宗棠和李岚清，以及军队各总部有关领导，专门研究了与苏联开展军事技术合作的问题。会议明确了中苏军事技术合作混合委员会中方人员组成、访苏代表团的组成、主要任务、与苏合作方式、经费来源等问题。根据中苏合作的历史和国际惯例，往往购买技术时都会与购买装备挂钩。会议特别研究了向苏方提出购买最先进战斗机的问题，当时的最佳选择是苏-27或米格-29飞机。5月31日，中国代表团启程访苏。随行的有航空航天工业部部长林宗棠、对外经济贸易部副部长李岚清、国防科工委副主任沈荣骏等。这次访问，是中苏军队高层领导中断30多年后的第一次交往。苏方十分重视。这次访问中，双方举行了中苏政府间军事技术合作混合委员会第一次会议。会谈后，刘华清与别洛乌索夫签署了《中华人民共和国政府和苏维埃社会主义共和国联盟政府关于军事技术合作的协定》和《中苏政府间军事技术合作混合委员会第一次会议纪要》。访问期间，代表团重点考察了苏联的航空航天工业。苏联安排代表团观看了苏-27、米格-29歼击机和米-28、米-35战斗直升机飞行表演，参观了流体动力、发动机等3个研究机构和1个设计局，米格-29飞机及发动机制造厂等4个工厂，航空飞行控制中心、宇航培训中心、发射场以及空、海军基地等单位。代表团特别留意苏-27和米格-29两种歼击机。两机的飞行性能非常出色，尤其苏-27更为突出。结束访问前，别洛乌索夫又一次和刘华清进行小范围会谈。别洛乌索夫表示，苏联政府已原则同意向我出售苏-27飞机，准备下半年召开第二次混合委员会会议。[1]

---

[1]《刘华清回忆录》，解放军出版社2007年版，第591—594页。

代表团回到北京后，刘华清向军委常务会议汇报了访苏情况，并建议：积极稳妥推进对苏加强军事技术合作，坚持自力更生为主，重点引进先进技术，明确有限目标的方针。要有组织、有计划、有步骤地开展工作，先从航空航天领域的合作入手，逐步扩大到兵器、电子、船舶等领域。着手筹备在北京举行第二次混合委员会会议，并尽快派团赴苏考察苏-27飞机。6月30日，军委召开常务会议，再次研究进口苏联战斗机问题。会上传达了军委副主席杨尚昆的书面意见："同意从苏联进口一些飞机，以应当前急需，但不要多买，要买还是买'苏-27'，它的发动机比较好。"会议决定，原则同意进口苏联战斗机。8月23日至9月13日，总参装备部部长率团赴苏，对苏-27飞机再次进行了技术考察，基本摸清了飞机的技术状态和作战使用特点以及苏方向我提供飞机的商务条件。回国后，向军委常务会汇报了访苏考察情况。10月25日，别洛乌索夫率领苏联政府代表团一行19人到达北京。当天下午，中苏双方举行第二次中苏政府间军事技术合作混合委员会会议。11月1日，双方顺利签署了《中苏政府间军事技术合作混合委员会第二次会议纪要》。12月中旬，苏联外经部副部长戈里申海军上将率团来华，继续进行苏-27飞机政府间协议的谈判。双方进行了封闭式的谈判，最终达成了协议。12月28日，苏联向中国提供若干架苏-27飞机的合同在北京国贸大厦签订。[1] 1991起，航空工业部、国防科工委和空军先后组团到苏联考察苏-27飞机。1991年12月，苏联解体。中苏的军事技术合作名义上告一段落。中国和苏联的军事技术合作，由俄罗斯全盘接手。

中共中央、国务院、中央军委对航空武器装备非常重视，把它放在

---

[1]《刘华清回忆录》，解放军出版社2007年版，第594—599页。

重要位置，作出了一系列重大决策。中央领导多次视察了航空工业有关厂所，研究航空武器装备发展问题，加大了科研、生产和技术改造投入的力度。为了进一步缩短与国外的差距，实现航空工业腾飞，中央下了很大决心，宁可在别的地方忍耐一点，牺牲一点，也要多投入一些经费来加强航空工业的建设。把引进技术与加强国内研制有机结合起来，努力缩短时间，提高水平，是航空工业的一项重要任务。

苏-27引进的是生产许可证，以引进设备、生产线为主。当时，对于引进苏-27，航空工业内部意见不一致。两种意见中，反对购买的意见还很强烈，这也造成了中央不能马上下决心决策。1992年，朱育理担任航空航天工业部副部长之后，首先找到几位航空工业老领导征求意见。航空工业部原副部长徐昌裕表示："我认为这是个好时机。"他说："我认为如果航空工业不同意买许可证生产，国家也不会拿出那么多钱让你自己干。因为你没有一个时限，什么时候能拿出来？何况我们正在搞歼-10，这也是三代机，再搞一个型号，航空没这个力量，国家不会给你这个钱，歼-10的经费就不足，哪能再给你钱呢？现在国家肯拿出这么一大笔钱来，机会难得，而且苏-27飞机确实是个好飞机。"姜燮生副部长也支持引进苏-27。航空航天工业部总工程师、副部长王昂负责带队考察苏-27，他也持赞成购买的意见，党组其他同志也没有不同意见。[1]朱育理找到刘华清副主席，就引进苏-27生产许可证问题向他汇报。刘华清很关切地问，航空部门是不是统一了意见？朱育理说统一了。他还关切地问，老同志也同意？朱育理回答，老领导们也都同意，因为大家都理解，这对航空工业也是个很好的机会，中央考虑很全面。[2]1993年3月1日，副总参谋长曹刚川、空军副

---

[1] 本书编写组编：《科研试飞英雄：王昂》，航空工业出版社2018年版，第225页。
[2] 本书编写组编：《科研试飞英雄：王昂》，航空工业出版社2018年版，第225—226页。

司令员林虎、国防科工委副主任怀国模在小汤山开会,研究引进苏-27工作,定下了引进苏-27生产许可证的决策。1995年12月,中俄两国签署了关于苏-27飞机项目合作的协议。根据合同,中国航空工业第一集团属下的沈阳飞机制造公司在15年时间内制造200架苏-27,其中第一批苏-27的机体全部由阿穆尔河畔共青城飞机生产联合体提供,以后批次的机体逐步过渡到中国自主制造,但俄罗斯仍然提供全部200架飞机所需的发动机、雷达及电子设备、机载武器。

为了推动中俄军事技术合作,刘华清亲自担任中俄军事技术合作混合委员会中方主席,从1992年到1997年,中俄军事技术合作混合委员会共召开过6次会议,其中3次在北京、3次在莫斯科。这6次会议确定了在航空、航天、兵器、造船、电子等方面的合作项目,为了具体规划、合同谈判和组织实施,国防科工委在综合计划部专门设立中俄军技合作局。[1]

从苏-27开始,国防科技工业有选择地开展了对俄军事装备和技术的引进工作。引进工作的重点,一是突出重点急需,结合在研型号开展引进,努力提高型号研制起点和技术水平;二是通过考察访问、技术合作等多种渠道,力争在关键技术的研究方面有所突破;三是抓紧已签合同的履约和未签合同的谈判,争取较高的效益;四是加强管理,认真做好引进技术的消化、吸收和创新,加快国产化进程;五是通过技术和智力引进,培养人才,锻炼队伍,提高引进工作的整体水平。在各部门的重视和努力下,签订了一批政府间协议和合同,重点引进了一批武器装备和技术,在一些方面开展技术合作,通过引进、消化、吸收和创新,提高了型号研制的技术水平,加快了更新武器装

---

[1] 怀国模:《难忘岁月——我的军工生涯》,国防工业出版社2013年版,第121页。

备的进程，促进了国防科学技术的发展。[1]

第三节 国庆60周年阅兵展示国防科技工业巨大进步*

经过改革发展奋力拼搏，国防科技工业研制的一批具有先进水平的武器装备陆续列装部队，使我军的"两化"建设水平有了大幅改观。陆军方面，积极发展了以新型武装直升机、新型主战坦克、大口径自行火炮、重型反坦克导弹、新型防空导弹和自行高炮为骨干的武器装备，形成了快速机动、立体突击的陆军装备体系。海军实现了舰载、机载精确打击兵器的升级换代和水下、水面、空中装备的协调发展。通过建造新型潜艇、驱逐舰、护卫舰和飞机，初步形成以第二代装备为主体、第三代装备为骨干的武器装备体系。空军拥有了第三代轻型歼击机、第三代重型歼击机、第二代改进型歼击机和战术运输机、新型歼击轰炸机、加油机、空降作战装备以及新一代近程、中程、中远程地空导弹。2006年12月，我国自主研制的歼-10战斗机正式装备航空兵部队，形成实战能力。按照攻防兼备的要求，空军还陆续装备了以空警-2000和空警-200为代表的一批较先进的信息化装备和空空、空地精确制导弹药，改进了现役装备电子信息系统，建立起完善的情报预警、指挥控制和通信基础网络。[2]2011年1月，歼-20作为我国自主研制的新一代隐身战机成功实现首飞。歼-20是我国自主研

---

* 本节内容摘自央视国庆60周年阅兵解说词。
[1]《刘华清军事文选》下卷，解放军出版社2008年版，第518—519页。
[2] 元龙:《军品研制迈上台阶——国防科技工业"十一五"成就之一》,《国防科技工业》2010年第12期。

制的第四代战斗机,在态势感知、信息对抗、协同作战等多方面取得了突破,这是中国航空工业从跟跑到并跑,再到领跑的必由之路。它的研制实现了既定的四大目标——打造跨代新机、引领技术发展、创新研发体系、建设卓越团队。通过一大批大国重器的研制,我们建立了具有我国特色的数字化研发体系。[1] 2012年9月25日,我国首艘航母"辽宁舰"在大连造船厂正式交付海军。11月下旬,歼–15舰载机成功着舰,航母初步形成战斗力。我国发展航空母舰,是中共中央、国务院、中央军委着眼国家安全和发展全局作出的重大战略决策。首艘航母顺利交接入列和舰载机成功着舰,是我军发展史上的重要里程碑,标志着我军武器装备建设取得了重要进展,标志着国防和军队现代化建设取得了显著成就。

国庆60周年大阅兵充分展示了我军装备现代化建设所取得的巨大成就。30个装备方队以崭新阵容即将接受检阅。受阅装备全部由中国自主研制和生产,90%的装备是首次亮相,集中反映了国家科技进步和技术创新的最新成果。

一、战车方队

99式主战坦克方队,由驻守在太行山下的某红军团编成,该团在国庆35周年阅兵时为摩托化方队,50周年阅兵时为机械化步兵战车方队,这次阅兵换装为有较高信息化程度的99式主战坦克。这支部队武器装备更新换代正是解放军现代化建设的生动缩影。

96A式坦克方队是由某集团军装甲旅编成的。该坦克是目前解放军装备的主战坦克。陆军建设按照精干合成、灵敏多能的目标,逐步

---

[1]《歼20研制实现了既定四大目标》,《光明日报》2018年3月21日。

向小型化、多能化、模块化方向发展，不断提高信息化条件下的联合作战能力。

05式两栖突击车方队是解放军历史上第一支水陆两栖战车部队。以信息化为主导、机械化信息化复合发展是解放军转型建设必由之路，逐步换装新一代装备，不断优化力量结构，努力建设新型机械化部队。

新型步战车方队来自祖国南疆，主体是秋收起义中诞生的红兵团方队。伴随着陆军现代化步伐，机械化、信息化水平大幅提高，部队的机动力、突击力、防护力明显增强，复杂地形下的陆上攻防作战能力得到整体跃升。

新型轮式步战车方队由某集团军步兵团编成。按照打赢信息化战争的要求，大力推进机械化条件下军事训练向信息化条件下军事训练转变，涌现出一大批精通信息化知识、掌握信息化装备的新型指挥人才，解放军信息化条件下的实战能力不断提高。

05式两栖陆战车方队由海军某陆战旅编成。这个旅组建于1980年，是一支年轻的两栖机动作战部队。他们首批列装的05系列两栖陆战车，以其优越的机动性能，较强的攻坚能力，良好的综合防护能力，使中国海军陆战主战装备，进入世界先进行列。

空降兵战车方队，由空军空降兵某军上甘岭特功八连为主编成。解放军空降兵由单一到合成，走出一条跨越式发展的道路，已经具备远程机动、重装空投、伞降机降相结合的能力，成为在关键时节、关键部位发挥关键作用的重要战略力量。

08式武警装甲车方队，由武警北京总队特战大队编成，该大队被中央军委命名为"雪豹突击队"。武警特战部队作为国家处突、反恐、维稳的突击力量，出色完成了处置突发性事件、打击重大暴力犯罪、重大活动安全警卫任务，赢得了广泛赞誉。

二、炮兵方队

05式履带自行加榴炮方队,由某集团军炮兵旅组成。解放军炮兵逐步形成了炮种齐全、结构合理、射程衔接、信息化水平较高的力量结构体系,是陆军部队的重要作战力量。

07式履带自行榴弹炮方队,来自战功卓著的某红军团。面对世界新军事变革的机遇与挑战,解放军炮兵信息化建设步伐不断加快,自行化、远程化、机械化程度明显提高,炮兵的快速反应能力、机动能力、火力范围、打击精度有了突破性发展。

轮式自行迫榴炮方队由前身被誉为"铁军"的叶挺独立团编成。随着自行迫榴炮的列装,解放军炮兵的构成有了新的变化,打击手段更加灵活多样,战场环境适应能力进一步增强。

100毫米轮式自行突击炮方队,由某集团军炮兵团编成。该型突击炮的列装,标志着地面炮兵装备体系更加完善,伴随支援能力明显提高,随着解放军炮兵不断发展壮大,精确打击能力、综合毁伤能力和战场适应能力明显增强,这一传统兵种焕发新的时代光彩。

远程火箭炮方队。300毫米远程多管火箭炮是我军射程最远的火箭炮之一。乘着科技强军的东风沿着信息化作战的时代主题,以指挥信息系统和信息化装备为重点,不断加大信息资源利用力度,解放军炮兵在信息化建设的道路上阔步向前。

重型反坦克导弹方队,现由某集团军炮兵旅组成。反坦克导弹,是性能先进的反坦克武器。经过长期发展,解放军已经形成单兵便携式、车载自行式、直升机机载式反坦克导弹武器系列,反装甲作战能力稳步提升。

三、防空火力方队

高射炮兵方队来自某集团军装甲团。该型武器是防空导弹与高炮结合的地面防空武器系统，射击速度快、命中精度高、抗干扰能力强，随着先进预警探测系统、火力打击系统和指挥控制系统的不断发展，解放军地面防空体系作战能力明显提高。

红旗-7B防空导弹方队来自某集团军防空团。解放军现已陆续装备一批性能先进的野战防空导弹、新型雷达和情报指挥系统，逐步建立完善了以侦查预警、指挥控制、信息对抗、火力拦截于一体的防控作战体系，对空防护能力显著增强。

红-9地空导弹方队，由空军地空导弹部队编成。经过50多年的建设发展，解放军地空导弹部队基本形成了以新型导弹为骨干的作战力量体系，具备远、中、近相衔接，高、中、低相结合的防空作战能力，为保障国家领空安全构筑起可靠的安全屏障。

红-12地空导弹方队，由空军某师编成。地空导弹兵是地面防空作战的主战兵种，是防空作战体系的中坚力量。解放军地空导弹部队实现了武器装备由单一型号向多型号转变，作战能力由单一防空向防空、反导兼备发展，国土防空水平大幅提升。

机动雷达方队是首次参加国庆首都阅兵。近年来，空军把侦查预警作为信息化建设的重点，发展新型雷达和多平台预警备，基本形成预警手段封闭一体、空情信息融合共享的预警体系。

四、海军装备方队

由海军舰空导弹、反舰导弹和岸舰导弹方队组成。近年来，海军积极推进新型作战能力建设，一大批新型潜艇、巡护舰和飞机等主战装备相继列装，努力构建与维护国家主权和海洋权益相适应的海上防卫体系。进入 21 世纪，中国海军着眼打赢信息化条件下局部战争要求，全面提高海上综合作战能力、战略威慑与反击能力、维护海洋权益和战略通道能力，海军发展成为兵种齐全、核常兼备的现代化军种，海军建设实现新的历史跨越。海军圆满完成海上抢险救灾、护渔护航、支援保障科研事业等任务，舰艇编队出访五大洲几十个国家，赴亚丁湾、索马里海域执行护航任务，向世界展示了中国负责任大国的良好形象。

五、无人机方队

无人机方队由总参谋部所属部队为主组成。解放军无人机部队已经构成了多机型、多航程、多用途的力量体系。国庆 60 周年阅兵中，无人机方队首次公开亮相，这标志着无人机这一新型作战力量已经成为人民解放军的一部分。首次接受检阅的无人机，架设在地面车辆上，以整齐的队形通过天安门广场。用无人机替代有人飞机执行高风险作战任务，是当今国际航空领域一个重要发展方向。无人机具有体积小、重量轻、机动性好、飞行时间长、成本低、便于隐蔽、无需机场跑道、可多次回收重复使用等优点。在近几年世界范围的几场局部战争中，无人机被大量使用，已成为世界各军事大国武器装备发展的重点。

六、第二炮兵装备方队

第二炮兵装备方队最受瞩目。尖头方队东-15 乙常规导弹方队由被誉为"常规导弹第一旅"的某旅编成。第二炮兵战略地位重要，使命任务特殊，经过几十年的建设，已成为一支具有双重威慑和双重打击能力的整体作战力量。紧随而来的是由第二炮兵某旅编成的地地常规导弹方队。常规导弹能够全天候、全方位对多种任务目标实施精确打击。常规导弹部队作为中远程打击的精兵劲旅，多次执行重大军事任务，不断在各种复杂艰苦环境中摔打磨炼，努力提高打赢未来信息化战争能力。首次亮相的巡航导弹方队（长剑-10巡航导弹方队）来自第二炮兵某旅，这支部队的诞生，是战略导弹部队打击样式和作战能力的新飞跃、新突破。陆基巡航导弹航程远、精度高，能够低空飞行、隐蔽突防、连续突击，是对敌实施中远程精确打击的一把利剑。新型中远程地地导弹方队（东-21丙常规导弹方队），来自第二炮兵某旅。近年来，第二炮兵多种新型导弹武器陆续装备部队，形成了型号配套、射程衔接的作战力量体系。最后通过的地面方队是核导弹方队。这是中国实施战略威慑的核心力量。作为此次受阅地面方队中的最后一个方队，体型最大的核导弹方队，以无与伦比的威严阵势驶过天安门广场，正是中国国防实力的重要标志。

七、空中梯队

受阅的12个空中梯队共151架飞机。率先飞过天安门广场上空的是多机编队的领队梯队，带队长机是空警-2000预警机，担任护卫任务的是被誉为"空中仪仗队"的八一飞行表演队。预警机梯队，由空军某师两架空警-200预警机和6架歼-11战机编成，该型预警机是中国自主研发的新型支援保障装备，大大提高了低空远程探测能力，增加了空中指挥作战控制手段，扩大了作战指挥范围。9架轰-6H飞机编成了轰炸机梯队。近年来，空军坚持以信息化为主导，侦查预警、指挥控制、打击力量和综合保障体系建设不断完善，信息化支撑环境明显改善，体系作战能力大幅提高，信息化建设步入快速发展时期。加受油机梯队，由2架轰油-6加油机、4架新型歼击机编成。现代空中加油给空中作战力量带来革命性变化，中国自行设计的第一代空中加油机，可同时向2架受油机加油，它的列装标志空军航空兵远程机动和持续作战能力有了大幅提高。歼击轰炸机梯队由海军航空兵某团歼轰-7A机组成。海军航空兵已发展成为拥有歼击机、轰炸机、反潜机、电子21干扰机等多机种的航空兵部队。歼击轰炸机可携挂空空导弹、空舰导弹等武器。歼击机梯队分别由16架歼-8F飞机、15架歼-10飞机和12架歼-11飞机编成，这三型飞机是中国自行研制的全天候、多用途作战飞机，是夺取制空权、空中进攻和国土防空的主战力量。3个直升机梯队，由10架武装直升机编成，分别来自空军航空兵、空降兵部队和陆军航空兵部队。在未来战争中，直升机的地位作用越来越重要，它以其广泛的战略适应性、战术灵活性等优势，担负着低空侦察、兵力输送、对地攻击、空降空投、搜索搜救等任务，在反恐处突、抢险救灾、航拍测绘等非战争军事行动中承载着重要使命。

参考文献

年谱：

《邓小平年谱（1904—1974）》（下），中央文献出版社2009年版。

《邓小平年谱（1975—1997）》上、下卷，中央文献出版社2004年版。

《毛泽东年谱（1949—1976）》第5、8、9卷，中央文献出版社2023年版。

《杨成武年谱（1914—2004年）》，解放军出版社2014年版。

《周恩来年谱（1949—1976）》中、下卷，中央文献出版社1997年版。

《朱德年谱（新编本）》（下），中央文献出版社2006年版。

姜为民主编：《刘华清年谱》上卷，解放军出版社2016年版。

李烈主编：《贺龙年谱》，人民出版社1996年版。

王焰主编：《彭德怀年谱》，人民出版社1998年版。

中共江苏省委党史工作办公室编：《粟裕年谱》，当代中国出版社2012年版。

周均伦主编：《聂荣臻年谱》（上、下），人民出版社1999年版。

人物传记、回忆录：

《黄克诚传》，当代中国出版社 2012 年版。

《回忆与思考——刘鸿志回忆录》，航空工业出版社 2010 年版。

《刘华清回忆录》，解放军出版社 2004 年版。

《王树声传》，当代中国出版社 2003 年版。

《张爱萍传》，人民出版社 1999 年版。

《张万年传》（下），解放军出版社 2011 年版。

《张震回忆录》，解放军出版社 2003 年版。

方强：《为国防而战》，海潮出版社 1991 年版。

鲁之玉等：《王诤传》，电子工业出版社 1998 年版。

吴殿尧：《刘鼎传》，中央文献出版社 2012 年版。

人物著作：

《陈赓军事文选》，解放军出版社 2007 年版。

《贺龙军事文选》，解放军出版社 1989 年版。

《贺龙文选》，军事科学出版社 1996 年版。

《黄克诚军事文选》，解放军出版社 2002 年版。

《建国以来毛泽东军事文稿》，中央文献出版社 1992 年版。

《刘华清军事文选》上、下卷，解放军出版社 2008 年版。

《刘亚楼军事文集》，蓝天出版社 2010 年版。

《刘寅文集》，电子工业出版社 1995 年版。

《罗瑞卿军事文选》，当代中国出版社 2006 年版。

《聂荣臻军事文选》，解放军出版社 1992 年版。

《聂荣臻科技文选》，国防工业出版社 1999 年版。

《彭德怀军事文选》，中央文献出版社1988年版。

《粟裕文选》，军事科学出版社2004年版。

《王树声军事文选》，军事科学出版社2000年版。

《张爱萍军事文选》，长征出版社2000年版。

《张万年军事文选》，解放军出版社2008年版。

《周恩来军事文选》，人民出版社1997年版。

《朱德军事文选》，解放军出版社1997年版。

史料文献：

《兵工史料》1—12辑，兵器工业部兵工史编辑部1987年编印。

《中共中央文件选集》第29、36、38、47册，人民出版社2013年版。

程望主编：《当代中国的船舶工业》，当代中国出版社1992年版。

段子俊主编：《当代中国的航空工业》，中国社会科学出版社1988年版。

韩怀智、谭旌樵主编：《当代中国军队的军事工作》，中国社会科学出版社1989年版。

李觉、雷荣天等主编：《当代中国的核工业》，中国社会科学出版社1987年版。

刘寅、张挺等主编：《当代中国的电子工业》，中国社会科学出版社1987年版。

孟广荣、孙广运：《新中国航空工业史稿（1951—1965年）》，航空工业部档案馆1982年编印（内部发行）。

王立、庞天仪、于桂臣主编：《当代中国的兵器工业》，当代中国出版社1993年版。

谢光主编：《当代中国的国防科技事业》（上、下），当代中国出版社 1992 年版。

  杨国宇主编：《当代中国海军》，中国社会科学出版社 1987 年版。

  张钧主编：《当代中国的航天事业》，中国社会科学出版社 1986 年版。

后　记

强国必先强军。全面推进国防和军队现代化，坚持走中国特色强军之路，是实现中华民族伟大复兴的根本保证要求。党的十九大报告明确提出，力争到 2035 年基本实现国防和军队现代化，到本世纪中叶把人民军队全面建成世界一流军队。武器装备是军队现代化的重要标志，是国家安全和民族复兴的重要支撑。当前和今后一个时期是我军装备建设的战略机遇期，也是实现跨越式发展的关键时期。

深化国防科技工业改革，构建一体化的国家战略体系和能力。改革开放以来，国防科技工业改革取得了重要进展。进入新时代，国防科技工业紧紧围绕建设新时代中国特色先进国防科技工业体系的总目标，在军工科研院所改革、管理体制改革、军工企业改革等方面，作出了一系列重要的改革举措。积极推动军工集团实行战略性重组。2016 年 8 月，中国航空发动机集团有限公司（简称"中国航发"）成立。这是为了加快实现航空发动机及燃气轮机自主研发和制造生产，推进航空工业体制改革采取的重大举措。中国航发以提高科研生产资源配置效率和推动相关军民融合产业做实为目标，积极建立"小核心、大协作、专业化、开放式"的供应链体系，扎实推进各项军民融合措施落地，确保各项任务有序推进。2018 年 1 月 31 日，经报国务院批准，中国核工业集团有限公司与中国核工业建设集团有限公司实施重组，中国核工业建设集团有限公司整体无偿划转进入中国核工业集团有限公司，不再作为国资委直接监管企业。2019年11月，在分拆了20年之后，中国船舶工业集团有限公司（中船集团）与中国船舶重工集团有限公司（中船重工）实施联合重组，合并重组为中国船舶集团有限公司，新的中国船舶集团员工数量超过30万，拥有9家上市公司，资产总额超过8000亿元，成为全球最大造船集团。当前，如何重构体系、合理布局是国防科技工业履行强军首责的重中之重。大力推进军工集团专业化重组，有助于改变基于各军兵种不同武器平台为基础的集团划分，以及集团—厂所管理模式，改变集团内部带有行政管理色彩的上下游配套关系，引导集团内、跨集团专业重组，最终形成以政府基础性、公益性科研机构为先导，具体总体设计和总装集成能力的大企业为龙头，以若干专业化分系统和基础配套企业为支撑的产业组织体系。

我国武器装备的发展进入了又一个黄金期。保军强军是国防科技工业的第一要务，是国防科技工业的立业之本，是广大国防科技工业工作者的首要责任。载人航天、探月工程、北斗导航、载人深潜、航空母舰等工程技术成果，为我国经济社会发展提供了坚强支撑，为国防安全作出了历史性贡献，也为我国作为一个有世界影响的大国奠定了重要基础。2019年10月1日，威武雄壮的人民解放军方队和新式武器装备通过天安门广场，充分展示了国防科技工业战线取得的最新成果。